충남대학교 국가정책연구소 과학기술정책 기획연구 ❶

국가 성장동력 정책

정책 변동과 혁신방향

"과학기술이 만드는
더 행복한 사람, 더 좋은 세상을 꿈꾸며"

이 책은 지난 20여 년간 추진되어 온 우리나라 국가 성장동력 정책 (national growth engine policy)의 정책문제를 도출하고 향후의 정책혁 신 방향을 논의하기 위해 집필되었다. 우리는 과거에 중화학공업육성정책 과 G7프로젝트 등을 통해 성공적인 경제성장과 사회발전을 이룩한 경험 을 가지고 있다. 이러한 국가 사회의 성공경험은 노무현 정부 이후에도 계 속 이어져 모든 정부는 국가 성장동력 정책을 지속적으로 추진하여 왔지만, 2021년 현재에도 우리나라는 여전히 국가발전의 정체 또는 둔화라는 문제 를 안고 있는 실정이다.

이러한 상황은 '국가 성장동력을 발굴·육성하기 위한 지난 20여년의 정 책에도 불구하고 같은 문제가 계속되는 이유가 무엇일까?' 라는 의문을 제 기할 수 있을 것이다. 이와 같은 국가 성장동력의 위기라는 정책문제의 원 인 규명과 해결을 모색하기 위한 노력은 여러 학문 분야에서는 물론이고 정 부 차원에서도 다양하게 진행되어 왔다. 그럼에도 쉽게 풀리지 않는 국가적 정책문제를 분석하고 해결하기 위한 방안을 이 책에서는 정책변동(policy change)과 정책혁신(policy innovation) 이론을 활용한 정책학적 관점에 서(policy sciences approach) 접근하고 있다.

그동안 과학기술과 국가발전은 불가분의 관계로 여겨져 왔지만, 과학기술을 통한 국가발전의 구체적인 목표에 대해서는 사회적인 합의가 쉽지 않은 상황이다. 과거에는 국가발전과 경제성장을 동일시하여 과학기술을 통한 경제성장이 중요한 국가정책이었으나, 이제는 경제성장 중심의 과학기술정책이 한계에 직면하면서 좀 더 장기적인 국가 사회의 발전 관점에서 과학기술의 역할을 검토할 필요성이 커지고 있다. 특히, 제4차 산업혁명이 본격화되고 있는 현 시점에서, 국가 성장동력의 핵심으로 작용하는 과학기술의 혁신 현황과 문제점을 살펴보고, 향후 과학기술을 통한 지속적인 경제성장과 사회발전을 위한 정책혁신 방향을 설정할 필요성이 커지고 있다. 따라서 이 책에서는 역대 정부가 각기 다른 명칭으로 추진한 성장동력 정책의 정책변동 분석과 정책평가를 통해 과학기술정책의 혁신방향과 구체적인 정책과제를 제시하였다.

이 책은 과거 정부에서 추진한 중장기 국가발전 전략인 성장동력 정책을 기술·경제·사회·정책 혁신의 통합적 시각에서 정책변동 과정과 평가결과의 종합을 통해 분석하였다. 먼저 역대 정부의 성장동력 정책을 정책변동 관점으로 재구성하고, 과거 정책이 중시했던 혁신영역과 정책변동의 내용을 분석함으로써 미래 국가 중장기 발전전략 도출을 위한 정책근거로 활용될 수 있도록 하였다. 특히, 정책변동과 평가종합의 통합적 접근을 통해 국가 성장동력 정책의 장기적인 혁신 방향뿐만 아니라 이를 성공적으로 집행하기 위한 정책과제를 정책환경, 정책변동, 정책구조로 범주화하여 상세 내용을 논의하였다.

정책은 다양한 내·외부의 정책환경 변화와 정책대상자의 수요를 합리적으로 반영하여 시기적절하게 정책변동을 관리하는 정책과정(policy process)이라고 할 수 있다. 이런 점에서 특정 정책이 변화하는 환경과 핵심 정책대상자의 수요를 반영하여 합리적인 정책승계나 유지 혹은 과감한 정책종결과 정책혁신 등의 합리적인 정책변동이 이루어졌는가를 분석하는 것은 매우 중요하다 할 것이다. 이러한 관점에서 국가 성장동력 정책도 당시 변화한 정책환경과 핵심 정책대상자인 기업과 민간의 정책수요가 적절히 반영되어 합리적인 정책변동이 이루어졌는지를 분석할 필요가 있다. 이를 통해 향후 동일하거나 유사한 정책의 실패를 최소화할 수 있는 정책지식과 정책정보의 축적이 가능하기 때문이다.

이 책은 많은 기관의 도움과 성원으로 발간할 수 있었다. 우선 책의 기본내용을 구성하는 1차 연구는 국회미래연구원과 한국기술혁신학회의 공동 지원으로 수행되었다. 다음으로 연구내용의 발전을 위한 여러 번의 대내·외 워크숍과 출판을 위한 재정은 2019년 대한민국 교육부와 한국연구재단의 인문사회연구소지원사업(혁신과 정책의 공진화 연구; NRF-

2019S1A5C2A02081304) 및 2020년 과학기술정보통신부와 국가과학기술인력개발원의 과학기술정책 전문인력 육성·지원사업으로 이루어졌다.

2021. 2.

대한민국 혁신의 중심, 대덕에서

이 찬 구

차 례

66

Evaluation and Policy Change of
Growth Engine Policy

99

Ⅰ부

성장동력 정책의 변동과 평가

제**1**장

국가 성장동력의 위기, 정책의 위기

제1절 연구의 필요성

우리나라는 2006년도에 국민 1인당 소득 2만 달러를 달성하고 2018년도에 3만 달러를 넘어서는 데 12년의 기간이 소요되었다. 3만 달러를 달성한 2018년도 이후에도 우리나라 경제는 성장의 정체 또는 둔화라는 문제를 여전히 안고 있는 실정이다. 이러한 국가 사회의 문제는 노무현 정부 이후 모든 정부마다 국가 성장동력 정책을 계속하여 추진해 왔음에도 불구하고 '20여 년이 경과한 현재에도 계속되고 있는 이유가 무엇일까?' 라는 의문을 제기할 수 있을 것이다.

이와 같은 국가 성장동력의 위기라는 정책문제의 원인을 규명하고 해결을 모색하기 위한 노력은 여러 학문 분야에서는 물론이고 정부 차원에서도 다양하게 진행되어 온 것이 사실이다. 그럼에도 풀리지 않는 국가적 정책문제를 분석하고 해결하기 위한 방안을 본 연구에서는 정책변동(policy change)과 정책혁신(policy innovation) 이론을 활용한 정책학적 관점에서(policy sciences approach) 접근해 보고자 한다.

정책은 다양한 내·외부의 정책환경 변화와 정책대상자의 수요를 합리적으로 반영하여 시기적절하게 정책변동을 관리하는 정책과정(policy process)이라고 할 수 있다. 이런 점에서 특정 정책이 변화하는 환경과 핵심 정책대상자의 수요를 반영하여 합리적인 정책승계나 유지 혹은 과감한 정책종결과 정책혁신 등 정책변동이 이루어졌는지를 분석할 필요가 있다. 예를 들어, 국가 성장동력 정책에서도 당시 변화한 정책환경과 핵심 정책대상자인 기업과 민간의 정책수요가 적절히 반영되어 합리적인 정책변동이 이루어졌는지를 분석해야 하는 것이다. 이를 통해 향후 동일하거나 유사한 정책실패를 최소화할 수 있는 방안을 모색할 수 있기 때문이다.

한편, 과학기술과 국가 발전은 불가분의 관계로 여겨져 왔으며, 지금까지 과학기술을 통한 국가 발전은 주요한 정책이슈 중의 하나였다. 그러나 과학기술을 통한 국가 발전이 무엇인가에 대해서는 여전히 합의가 이루어지지 않고 있다. 그 동안은 '국가발전=경제성장'이라는 인식 하에 과학기술을 통한 발전도 경제성장과 연관시켜 인식하였으나, 경제성장 중심의 과학기술 혁신은 한계에 직면했고 이제 장기적인 국가 사회의 발전 관점에서 과학기술 혁신에 대한 새로운 역할 검토가 필요한 시점이다.

특히, 과학기술 혁신을 위한 연구개발은 우리나라의 경제성장을 이끌어 왔으며, 보건의료, 환경, 노동 등 삶의 다양한 측면에 영향을 미쳐왔다. 연구개발은 물적·인적 자본의 축적과 이를 바탕으로 경제성장과 사회발전이라는 효과를 발휘한다. 그러나 최근 주력산업 경쟁력과 혁신 동력 저하에 대한 우려가 제기되면서 과학기술에 대한 연구개발 투자의 효율성이 낮다는 주장이 제기되고, 이와 함께 과학기술의 성과가 고숙련 노동자와 자본에 집중됨으로써 사회 양극화의 원인이 될 수 있다는 주장도 제기되고 있다(주원·서행아, 2017; 문혜선, 2006; 장영배, 2009; 정혁, 2014).

또한 고령화와 저출산, 재난 및 안전문제, 원자력 발전, 미세먼지 등 과학기술과 연계된 다양한 사회문제가 제기되면서 과학기술의 새로운 역할과 사회적 기여에 대한 관심도가 증가하고 있다. 일반적으로 혁신정책은 경제성장 관점에서 연구개발 투자를 강조하지만 포용적 성장 관점에서는 소외된 개인, 기업, 지역의 참여를 목표로 하며 기술혁신과 지속가능성장 개념을 연계하는 측면에서 살펴볼 수 있다. 이에 따라 정부는 2013년에 '과학기술 기반 사회문제해결 종합실천계획'을 통해 과학기술로 해결이 가능한 15개 문제를 사업화하여 추진하였으며, 2017년에는 4대 혁신·복합 과제에 따라 고령층·장애인 등 취약계층 지원 R&D를 확대하였다. 이러한 정책 전환은 과학기술 혁신이 연구개발 투자 확대나 연구인력 양성의 문제를 넘어 정책문제에 대한 개념화와 접근방식의 변화, 연구수행 방식과 타 분야와의 협업, 사회적 영향력과 효과 등 다층적인 측면을 고려해야 함을 의미한다. 따라서 포용적 혁신성장 관점에서 다양한 사회문제에 대한 과학기술 혁신의 문제해결 역량이 필요하다.

이는 포용적 혁신성장 등의 사회적 요구를 국가 성장동력으로 연계하기 위해서는 기술혁신 중심의 제한적인 관점을 벗어나, 기술·경제·사회의 통합적 관점에서의 정책변동과 정책혁신이 필요함을 의미하는 것이라고 할 수 있다. 그동안 우리 정부는 미래 환경 변화와 글로벌 도전에 대응하기 위해 다양한 성장동력 정책을 추진하여 왔다. 즉, 차세대 성장동력, 신성장동력, 미래성장동력과 혁신성장동력에 이르기까지 다부처 종합계획을 통해 새로운 혁신과 장기발전을 위한 시도를 해왔다. 그러나 그동안의 국가 성장동력 정책은 지속적으로 연계되어 추진되거나 새로운 정책혁신으로 이어지지 못하였으며, 기술혁신은 물론 사회혁신 측면에서의 성과분석도 이루어지지 못한 것이 현실이다.

따라서 정책변동과 정책혁신을 연계한 통합적 관점에서 과거 국가 성장동력 정책에 대한 종합적인 연구가 필요한 시점이라고 할 수 있다. 그동안 정부별 개별 성장동력 정책의 도입 필요성과 성공전략 등에 대한 미시 수준에서의 연구와 분석은 다양하게 이루어졌으나, 정책의 성공적인 수립과 집행을 위한 정책환경, 정책목표 및 정책수단, 거버넌스, 재원조달 및 배분 등의 포괄적·거시적 측면에서의 분석은 부족한 실정이다. 더욱이 중장기적인 성장동력 정책의 성공을 위해서는 이를 뒷받침하거나 선도해야 할 정책영역(정책내용과 정책과정)에서의 혁신이 필수적이나, 정책현상과 정책영역의 괴리나 시차로 인해 종합적인 정책효과에 대한 분석도 부족하였다. 이에 역대 정부에서 국가 성장동력을 확보하기 위하여 추진한 중장기 정책의 정책과정과 정책효과를 정책평가와 정책변동의 관점에서 분석하여 정책의 혁신 방향을 도출하기 위한 종합적 연구가 필요한 실정이다.

제2절 연구의 목적 및 차별성

제4차 산업혁명의 본격화 등 급변하는 대내·외 정책환경 변화와 패러다임 전환기에 국가 성장동력의 핵심으로 작용하는 과학기술 혁신의 현황과 문제점을 살펴보고 향후 지속적인 경제성장과 사회발전을 위한 정책방향을 설정할 필요성이 커지고 있다. 따라서 본 연구에서는 역대 정부가 각기 다른 명칭으로 추진한 성장동력 정책의 정책변동 분석과 정책평가를 통해 과학기술 분야의 정책혁신 방향과 전략을 제시하고자 한다.

구체적으로는 먼저 노무현 정부 이후의 성장동력 정책의 정책과정을 정책변동 관점에서 분석하고 정책효과를 종합적으로 평가함으로써 과거 정부의 정책문제를 도출하고자 한다. 다음에는 우리나라 성장동력 정책의 문제를 해결하기 위한 미래의 정책혁신 방향을 논의하게 될 것이다. 이를 위해서 우선적으로 정책혁신 논의의 전제(前提)인 권력분립과 분산의 강화를 논의한 다음에, 이를 뒷받침하기 위한 정책환경, 정책변동, 정책구조의 3대 관점에서 성장동력 정책의 혁신방향을 제안하게 될 것이다.

과거 추진된 성장동력 정책의 필요성, 추진전략, 정책성과 등에 대한 연구는 다양하나 상대적으로 타 분야와의 연계나 통합적 관점에서의 분석은 부족하였다. 즉, 과거 정부에서 추진한 성장동력 정책에 대한 연구는 대체로 개념 정립과 필요성, 정책 추진계획 및 전략, 정책의 문제점과 개선방안, 향후 정책과제, 정책 성공요인, 관련 기술동향 등에 초점을 두고 있다. 따라서 상대적으로 기술혁신이나 경제성장 이외의 타 분야와의 연계나 파급효과, 정책성과의 복합적 영향 등 통합적 관점에서의 분석은 부족한 상태이다.

본 연구는 기존 연구들과 달리 과거 정부에서 추진한 중장기 국가발전전략인 성장동력 정책을 기술·경제·사회·정책 혁신의 통합적 시각에서 정책변동 관점과 평가결과의 종합을 통해 분석하고자 하였다. 기존 선행연구와 달리 역대 정부의 성장동력 정책을 정책변동 관점으로 재구성하여 분석하였으며, 과거 발전전략이 중시했던 혁신영역과 정책변동의 내용을 분석함으로써 미래 국가 중장기 발전전략 도출을 위한 정책근거로 활용될 수 있도록 하였다. 특히 정책변동과 평가의 종합이라는 통합적 접근을 통해 혁신성장의 장기적 방향뿐만 아니라 이를 성공적으로 수행하기 위한 정책조건 등을 제안하고자 하였다. 즉, 정책환경, 정책변동, 정책구조로 구별하여 성장동력 정책의 혁신 방향을 제시하고자 하였다.

제3절 연구방법

이 연구에서는 분석 대상이 20여 년의 장기간에 걸쳐 진행된 4개 정부의 국가 성장동력 정책이기 때문에, 기본적으로 연구자료의 획득과 활용에서 한계를 가지고 있는 상황이다. 따라서 당시의 정책과정 전체를 파악할 수 있는 1차 자료가 많지 않아, 기존에 수행되었던 관련 연구결과를 재분석하고 의미를 재해석하는 메타분석(meta analysis) 또는 연구의 종합(synthesis of research)이라는 질적 연구방법을 주로 활용하였다. 기본적으로 정책자료, 예산안, 보도자료 등의 정부 발간물, 관련 선행연구, 정책보고서 등을 분석하였고 정책추진 당시의 환경과 다양한 의견 등을 파악하기 위하여 언론기사 등을 추가적으로 분석하였다. 이에 더하여 과거 정부의 성장동력 정책의 주요 정책행위자와 이해관계자를 대상으로 인터뷰를 수행하여 좀 더 정확한 사실관계를 파악하고자 노력하였다.

한편, 분석결과 및 정책대안에 대해서는 전문가 자문을 통해 분석 및 평가 결과와 정책혁신 방향에 대한 객관성을 담보하고자 하였다. 특히, 다양한 학문적 배경과 연구 경험을 갖춘 전문가 자문을 활용한 융합적 접근을 추진하였다. 즉, 다른 학회와 달리 이공계열과 사회계열 전문가, 정부출연(연) 등의 현장 연구자와 대학 교수 등이 함께 참여하는 한국기술혁신학회의 회원을 전문가 자문그룹으로 활용하여 다양한 측면에서 문제를 개념화하고 이에 대한 진단과 해결방안 등을 모색하였다.

이러한 연구내용 및 방법을 토대로 하여 I부에서는 국가 성장동력 정책의 혁신방향을, II부에서는 지난 노무현 정부에서부터 현재의 문재인 정부에 이르기까지의 각 정부별 성장동력 정책의 정책과정 및 정책변동의 분석 결과를 수록하였다.

제**2**장

이론적 논의

이 연구는 과거와 현재의 우리나라 성장동력 정책의 문제점과 향후 정책 방향을 정책변동과 정책평가의 이론을 활용하여 논의하였다. 또한 성장동력 정책을 통해 추구하고자 하는 혁신성장은 단순한 기술혁신으로 이루어지는 것이 아니고, 이를 활용하여 경제혁신과 사회혁신으로 이어질 때 진정한 의미의 혁신성장의 정책목표가 달성될 수 있을 것이다. 이러한 관점에서 본 장에서는 이 연구의 이론적 배경인 정책변동, 정책평가, 통합혁신 이론에 관하여 간략한 논의를 전개하고자 한다.

제1절 정책변동의 개념과 유형

1. 정책변동의 개념

일반적으로 정책변동은 정책과정의 마지막 단계로 취급되어 왔다(유훈, 2002). 그러나 정책변동은 실제로는 전체 정책과정에서 발생하는데, 이를 정책환류 측면에서 살펴보면 다음과 같다. 이론적으로나 논리적으로 정책과정은 정책의제설정, 정책형성, 정책집행, 정책평가 등의 단계로 구성된다. 이때 각 단계의 활동 결과에서 얻게 되는 정보는 전 단계로 끊임없이 환류 되어야 각 단계의 활동이 바람직하게 이루어질 수 있다. 정책집행과 정책평가 과정에서 얻게 된 새로운 정보가 정책의제형성과 정책결정 과정에 환류 되어야 하는 것이다. 정책정보를 정책과정에 환류시키는 것은 매우 주요한데, 예를 들어 정책평가에서 정책효과가 없는 것으로 밝혀지면 그것을 정책의제설정 과정에 환류시켜 그 정책을 종결시키는 결정을 하거나 또는 정책형성 과정에서 정책목표와 정책수단을 재검토하는 것이 필요하다. 이처럼 환류 활동은 정책과정 각 단계에서 얻게 되는 새로운 지식이나 정보를 활용하는 것으로 중요한 정책학습 활동이라고 할 수 있다. 일반적으로 정책활동을 유발시킨 사회문제는 정책 환경이 변화함에 따라 성격이 달라지고 또 정책집행 결과로서 나타나는 정책효과나 영향이 문제의 성격을 변화시키기도 한다. 이러한 문제의 변화는 정책과정 중에 인지되거나 파악되고 이것이 환류되어 정책변동을 일으킨다(정정길 등, 2005: 833-835).

즉, 정책변동은 정책형성 과정을 통해 정책이 결정된 이후에 문제의 변화를 인식하고 이를 정책의제설정 및 정책형성 과정으로 환류시켜 이전의 정책형성 과정에서 결정된 정책을 수정하거나 종결하는 것이다. 그리고 수정이나 종결이 결정된 정책은 정책집행 과정을 통해 받아들여질 때 비로소 완전한 정책변동이 이루어지는 것이다. 즉, 정책의제설정 및 정책형성 과정을 통해 정책의 수정이나 종결이 도출되는 것이 1단계 정책변동의 범위이고, 수정되거나 종결된 정책이 정책집행과 평가 과정으로 이어지는 것이 2단계 정책변동의 범위라고 할 수 있고, 이는 (그림 Ⅰ-2-1)과 같이 나타낼 수 있다.

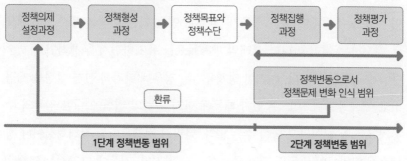

(그림 Ⅰ-2-1) 정책변동의 개념 흐름도

정책의제 설정과정 → 정책형성 과정 → 정책목표와 정책수단 → 정책집행 과정 → 정책평가 과정

환류

정책변동으로서 정책문제 변화 인식 범위

1단계 정책변동 범위   2단계 정책변동 범위

자료: 양승일(2014)에서 재인용

2. 정책변동의 유형

Hogwood와 Peters(1983)에 의하면, 정책변동은 정책혁신, 정책유지, 정책승계, 그리고 정책종결로 유형화할 수 있는데, 이를 일정 부분 수정하여 논의하여 다음과 같다(양승일, 2014: 50).

첫째, 정책혁신(policy innovation)이란 정부가 그동안 관여하지 않았던 분야에 진출하여 새로운 정책을 수립하는 것으로, 새로운 분야에 처음 관여하는 것이기 때문에 그와 관련된 기존의 조직이나 법률, 예산 등이 존재하지 않는다. 기존의 것이 전혀 없다는 의미에서 순수한 형태의 정책혁신이란 비교적 드물다는 것이 Hogwood의 주장이다. 한편, 정책혁신의 유형은 창조형과 반복형으로 분류할 수 있다. 창조형은 특정 정책이 처음 도입되는 상황을 의미하는 것으로 추진하려는 정책이 과거에 한 번도 정책입안자들에 의해 도입된 적이 없는 정책을 뜻한다. 반복형은 추진하려는 특정 정책이 이전에 정책입안자들에 의해서 도입은 되었으나 어떤 이유로든 집행되지 않는데, 그것을 참조하여 새로이 도입하는 경우를 뜻한다.

둘째, 정책유지(policy maintenance)도 넓은 의미의 정책변동에 포함시킬 수 있다. 정책환경의 변화에 따라 정책은 적용 대상을 확장하거나 관여 수준을 조정해야 하는 경우가 많은데, 이는 기존 정책을 새로운 정책으로 대체하는 것이 아니라 본래의 정책목표를 유지하면서 구체적인 정책수단을 조정하는 것이다. 이러한 정책유지는 경우에 따라서 관계 법령을 개정하고 예산액도 조정할 수 있기 때문에 단지 환경의 변화에 대한 정부의 수동적 적응일 뿐이라고 말할 수는 없다. 따라서 정책유지는 정책혁신이나 정책승계에 비하여 변동의 질적 중요성은 덜 하지만, 경우에 따라서는 정책유지에 필요한 적응적인 변동의 폭이 정책혁신이나 승계의 경우보다 더 클 수도 있다(유훈, 2002: 516). 한편, 정책유지의 유형은 순응형과 불응형으로 분류할 수 있는데(양승일, 2014: 51-52), 순응형은 정책유지를 촉발시킨 것에 대해 이해당사자들이 순응하는 것이고, 반대로 불응형은 정책유지의 촉발기제에 대해 이해당사자들이 불응하는 경우를 뜻한다.

셋째, 정책승계(policy succession)란 동일한 분야에서 기존의 정책이 새로운 정책으로 대체되는 것을 말한다. 낡은 정책이 폐지되고 새로운 정책이 등장했다는 점에서 새로운 요소를 지니지만, 정책혁신과는 달리 정부가 새로운 분야에 처음으로 진출하는 것은 아니다. 정책승계는 새로운 정책 분야를 개척하는 것이 아니라, 기존 정책을 수정하고 기존의 조직, 법률, 예산 등을 개편, 재·개정, 조정하는 것이다.

한편, 정책승계는 (그림 Ⅰ-2-2)와 같이 선형형, 정책통합형, 정책분할형, 부분종결형, 그리고 비선형형 등으로 세분화할 수 있다(유훈, 2002: 540-568; 정정길 등, 2005: 839-842). 선형형은 정책승계 유형 중에서 가장 순수한 형태로 정책목표는 동일하지만 정책내용이 다른, 즉 정책수단이 다른 것으로 대체되는 경우이다. 정책통합형은 서로 다른 두 개의 정책이 하나의 정책으로 통합되는 경우로, 두 개의 정책이 동일하거나 비슷한 목표를 지니고 있는 정책에서 있을 때 일어난다. 이론적으로 정책통합이 간단해 보이지만 실제에 있어서 정책통합은 정책 수혜자나 담당 행정기관 등이 찬성할 수도 있지만 반대로 저항할 수도 있기 때문에 간단한 일이 아니다. 특히, 정책통합이 담당 행정기관의 업무조정이나 개편에 크게 영향을 미치게 되면 심한 저항에 직면할 수도 있다. 정책분할형은 정책통합형과 반대되는 유형으로 하나의 정책이 두 개 이상의 정책으로 나뉘는 것으로 그 정책을 담당하던 조직의 분할을 수반하는 경우가 많다. 부분종결형은 일부 정책을 유지하면서 일부는 완전히 폐지하는 것으로, 정책유지와 종결이 혼합된 형태로 나타난다. 마지막으로 비선형형은 정책목표는 유지되고 정책수단만 바뀌는 선형형과는 달리 정책목표와 정책수단 모두가 바뀌는 경우이다.

넷째, 정책종결(policy termination)은 특정한 정책을 의도적으로 종결시키거나 중지하는 것을 말한다. 정책종결은 소요되는 시간의 관점에서 폭발형, 점감형, 혼합형으로 분류할 수 있다(유훈, 2002: 516-572; 정정길

(그림 Ⅰ-2-2) 정책승계의 세부유형

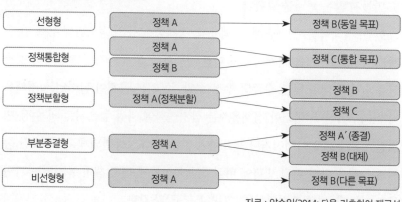

자료 : 양승일(2014: 5)을 기초하여 재구성

등, 2005: 842-843). 가장 일반적인 유형은 폭발형으로 특정 정책이 일시에 종식되거나 중지되는 것을 의미하는데, 정책종결의 결정이 있기까지 정책 유지론자와 폐지론자 간 정책적 갈등과 투쟁이 계속되는 것이 일반적이다. 점감형은 단일한 정책적 수준에서 정책결정이 이루어지는 것이 아니라 장기간에 걸쳐 소요자원이 감축됨에 따라 종결도 서서히 일어나는 것이다. 마지막으로 혼합형은 비교적 단기간에 걸쳐 단계적인 종책종결을 의미하는데, 이는 흔히 볼 수 있는 정책종결 유형은 아니지만 폭발형이나 점감형에 비해 좋은 성과를 거둘 수 있다.

이상에서 논의한 정책변동의 유형과 각각을 발생시키는 기본성격, 조직, 법률, 예산 등의 측면을 종합하면 〈표 Ⅰ-2-1〉과 같다. 즉, 정책혁신은 기존 정책이 부재하고 담당 조직과 예산이 없는 상태에서 정책이 만들어지는 것을 의미하고, 정책유지는 기본 골격을 유지하면서 낮은 수준의 수정·보완을 추진하는 것을 말한다. 그리고 정책승계는 큰 틀 차원의 정책목표는 유지하되 이를 위한 하위 정책 등을 대폭적으로 수정·변경하는 유형을 의미하고, 정책종결은 추진하고 있는 정책을 완전히 없애고 이를 대체하는 정책도 만들지 않는 형태를 말한다.

한편, 정책혁신, 정책승계, 정책유지, 정책종결 등의 정책변동 유형 간 관계를 살펴보면, 처음 정책이 만들어진 정책혁신 후에 환경변화에 따라 정책산출물 등에 대한 낮은 수준의 수정·보완, 즉 기본 골격이 남아있는 정책유지가 이루어진다. 이러한 정책유지는 환경변화에 따라 높은 수준의 수정·변경인 정책승계로 이어지거나 필요성이 없는 정책은 종결되게 된다. 또한 승계된 정책은 다시 환경 변화에 따라 정책혁신을 통해 정책이 유지되는 과정을 거치는데, 이를 도식화하면 〈그림 Ⅰ-2-3〉과 같다.

<표 Ⅰ-2-1> 정책변동의 종합적 유형

구 분	정책혁신	정책유지	정책승계	정책종결
기본성격	의도적 성격	적응적 성격	의도적 성격	의도적 성격
조직측면	기존 조직 부재	기존 조직 유지, 정책상황에 따라 조직 보완 가능	기존 조직의 개편 필요	기존 조직 폐지
법률측면	기존 법률 부재	기존 법률 유지	새로운 법률 제정 기존 법률의 개정 필요	기존 법률 폐지
예산측면	기존예산 부재	기존 예산 유지	기존 예산의 조정 필요	기존 예산 폐지
세부유형	- 창조형 - 반복형	- 순응형 - 불응형	- 선형형 - 정책통합형 - 정책분할형 - 부분종결형 - 비선형형	- 폭발형 - 점감형 - 혼합형

자료 : Hogwood & Peters(1983)

(그림 Ⅰ-2-3) 정책변동 유형 간 관계

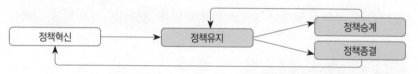

자료 : 정정길 등(2005: 838)을 근거로 재구성

제2절 정책평가 : 포괄적 평가모형

1. 정책평가 모형 개관

　　정책평가 모형에 관해서는 다양한 견해들이 제시되고 있으나, 이 연구에서는 판단준거(criterion of merit)를 활용하여 기존 연구들을 종합한

Vedung(2009)의 논의를 활용하였다. Vedung은 평가의 논리적인 출발점을 판단준거로 보았고 이에 따라 평가모형을 분류하고 있다. 이에 따라 분류된 정책평가모형의 유형은 (그림 Ⅰ-2-4)와 같다.

첫째, 정책과정에 주목한 평가모형으로는 정부 부처나 기관이 실제로 정부 개입을 실행에 옮길 때 적용하는 절차상의 특성인 정통성, 형평성, 대표성 등을 중심으로 평가하는 모형인 절차중심모형과 정부 개입의 실제적인 결과에 초점을 두는 효과성 모형으로 분류할 수 있다. 특히 효과성 모형은 여러 하위 모형들이 포함되는데 목표달성모형, 부수효과모형, 목표배제 평가모형, 포괄적 평가모형, 고객지향적 평가모형, 관련자 모형 등이 이에 해당한다.

둘째, 경제성 모형은 정책 결과뿐만 아니라 정책에 소요된 비용에도 관심을 둔다. 효과성 모형이 정책의 비용 측면을 전혀 고려하지 않고 정책의

(그림 Ⅰ-2-4) 평가모형의 유형

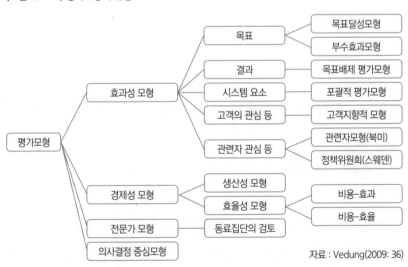

자료 : Vedung(2009: 36)

결과에 대해서만 살펴보는 것인 반면, 경제성 모형은 정책의 비용과 효과 측면을 통합하고자 한다. 일반적으로 평가자들은 결과 측면(효과성)만을 고려하는 경우가 많고, 행정가들은 비용만을 고려하는 경우가 있다. 한편, 경제성 모형은 다시 생산성 모형과 효율성 모형으로 분류할 수 있다. 여기에서 효과성(effectiveness)과 효율성(efficiency)을 구별할 필요가 있는데, 효과성은 비용은 고려하지 않고 결과에만 초점을 맞추지만 효율성은 비용을 고려하는 것이다. 따라서 효율성은 투입과 산출, 노력과 규제(control), 지출과 수입 등의 비율이라는 의미가 포함된다.

셋째, 전문가 모형은 누가 평가를 수행하는지에 관심을 두는 평가주체에 초점을 맞춘다. 가장 널리 행해지는 전문가 모형은 동료 집단에 의한 평가이다. 예를 들어 교수가 교수를 평가하고 공학기사가 공학기사를, 의사가 의사를 평가하는 것을 말한다.

마지막으로 앞으로 있을 의사결정을 평가의 판단준거로 삼는 접근방법도 있는데 의사결정 중심모형이 이에 해당한다.

2. 포괄적 평가 모형 : 총괄평가와 과정평가의 종합

1) 총괄평가

총괄평가(summutive evaluation)는 특정 정책이나 프로그램이 집행된 후에 나타나는 다양한 정책효과를 체계적으로 분석·판단하는 활동이다(이윤식, 2010). 일정기간 실시된 또는 실시 완료된 특정 정책의 목표달성도(effectiveness)를 판단하는 것으로, 해당 정책이 전반적으로 성공했는지 실패했는지에 관한 결정을 내리는 것을 주목적으로 한다(Bryson and

Cullen, 1984: 267-289; Kidder, 1981: 82-100). 이러한 정의를 통해 총괄평가는 다음과 같은 세 가지 특징을 가지게 된다.

첫째, 총괄평가는 특정 정책이 집행되기 전에 이루어지는 것이 아니라, 집행 이후 일정한 기간이 지난 다음 또는 집행이 완료된 후에 정책을 평가하는 것이다. 특정 정책이 완전히 집행되지 않은 상태에서 평가해 얻은 결론은 그 정책의 영향에 대한 전반적이고 총체적인(summative) 분석으로 볼 수 없기 때문이다. 이런 점에서 총괄평가는 후술하는 과정평가와 구별된다.

둘째, 총괄평가는 정책이 초래한 제반 영향을 분석한다. 정책이 집행된 이후에도 평가의 주안점을 재무회계 책무성(fiscal accountability) 또는 정책집행 책무성(implementation accountability), 수혜 범위 책무성(coverage accountability)에 관한 것으로 한정하여 부분적 평가만 할 수 있다. 그러나 이러한 경우는 엄밀한 의미에서 총괄평가라고 볼 수 없다. 총괄평가는 특정한 정책이 초래한 긍정적인 영향(positive impact), 즉 그 정책이 제안될 때 의도했던 효과를 분석하는 것뿐만 아니라, 그 정책을 실시하지 않았을 경우에 정책집행 대상자, 특히 정책집행 수혜자에게 미치는 부정적인 영향(negative impact)도 아울러 분석·판단하기 때문이다.

셋째, 총괄평가의 특징 중의 하나로서, 총괄평가는 과정평가와는 달리 정성적 평가보다는 정량적 평가가 좀 더 유용하다는 점이다. 따라서 총괄평가에서는 계량적 평가방법이 활용될 수 있을 때에 평가결과의 타당성이 좀 더 높아질 것으로 기대할 수 있다. 그러나 계량적 방법에 의한 영향 측정의 타당성을 높이기 위해서는 질적 판단이 함께 이루어져 한다는 점에 유의해야 할 필요가 있다(Rossi and Berk, 1981: 296-297).

총괄평가의 주된 목적은 특정한 정책이 전체적인 면에서 성공했는지 또는 실패했는지를 결정하는 것인데, 이러한 판단이 쉽지만은 않다는 점이다. 이는 집행된 정책의 성패가 명확하게 나타나는 측정 가능한 결과를 나타내는 절대적인 개념이라기보다는 성패의 정도에 관한 문제를 다루는 상대적인 개념이기 때문이다. 더욱이 총괄평가의 어려운 점은 특정 정책이나 사업이 실시되지 않을 경우의 정책 수혜자에게 초래되는 영향도 고려해야 하는데, 이에 대한 정확한 측정이 곤란하다는 점이다. 그러나 이 같은 문제는 정책의 긍정적 또는 부정적 효과를 측정하기 위한 평가기법의 문제 이전에 그런 효과를 평가하는 준거가 되는 평가설계의 문제이기 때문에 원만한 총괄평가를 실행하기 위해서는 평가에 대한 적절한 설계가 필요하다.

2) 과정평가

과정평가(process evaluation)란 특정 정책의 집행과정을 분석·판단함으로써 정책 또는 사업 효과의 인과적 관계(causal chain)를 규명하려는 시도이다(이윤식 외, 2004). 정책의 인과관계(causal relationships) 정보는 정책관리자 및 정책결정자에게 집행 절차와 설계를 개선하고 조정·보완하게 하여 정책 효과를 높일 수 있기 때문이다. 과정평가에서는 구체적으로 정책집행(program implementation) 측면의 정책 구성요소, 정책의 현재 상태를 유지하는 요소, 정책의 강점과 약점, 정책 고객의 활동, 정책 관리자와 참여자 간 상호 작용 등을 분석한다(Patton, 1979: 318-346; Scriven, 1967: 49-50; Suchman, 1976: 67).

과정평가는 정책집행 종료된 직후 내지는 집행 도중에 행해지는 것이 보통이다. 특히 집행된 정책 결과의 성패 요인을 규명하기 위해 실시되는 과정평가는 주로 정책이 종료되는 직후에 주로 행해진다. 반면, 정책집행이 본래 의도대로 전개되고 있는지의 여부와 만약 그렇지 못할 경우 정책집행 절차나 설계 등을 수정·보완하는 데 필요한 정보를 제공할 목적으로 이루어지는 과정평가는 정책집행 도중에 주로 실시된다. 정책은 특정한 목적이나 취지를 갖고 실시되는데, 예기치 못한 환경변화로 인해 재형성되거나 계획을 수정하는 일이 실제로 빈번히 일어나는데, 과정평가는 이처럼 진행 중인 정책집행 과정을 평가하는 것이다. 따라서 과정평가를 위해서는 정책이 실시되는 과정에서 발생하는 질적·양적 변화에 대해 정책담당자는 민감하게 대응해야 한다.

3. 평가방법 : 평가종합과 메타평가

1) 평가종합

평가종합은 평가의 종합(synthesis of evaluation)을 의미하는 것으로, 여러 가지 방법으로 수행된 기존의 평가결과들을 특정한 평가목적과 부합되게 재해석하고 재구성하는 활동을 말한다. 이러한 평가종합은 한 가지 방법으로 평가하는 것보다 정책의 효과성이나 영향을 좀 더 다양하게 판단할 수 있는 장점을 가지고 있다(이윤식, 2010: 55-56).

이러한 장점을 위해 평가종합은 다른 평가자에 의해 다른 시기에 여러 가지 방법으로 수행된 평가결과를 활용하여 전반적인 정책의 효과성 문제나 특정 정책이 성공하거나 실패하게 된 이유들을 밝히고자 하는 데 활용된다. 종합적으로 평가종합이란 동일한 정책에 대한 기존의 평가(총괄평가와 과정평가)를 종합하여 그 의미를 다시 해석하고 판단하는 것을 의미한다. 따라서 기존 평가결과를 활용하여 정책을 조정하거나 감독하기 위해 수행하는 경우가 많고 하나의 평가 대상에 대해 평가된 총괄평가나 과정평가의 결과를 종합해 평가하는 것이다.

2) 메타평가

메타평가(meta-evaluation)는 평가 주체가 실시한 1차 평가에 대해 평가 자체의 강점과 약점, 평가의 전반적인 유용성과 정확성 및 타당성, 실현 가능성 등에 대한 비평적인 2차 평가를 하는 것을 의미한다(이윤식, 2010: 57). Scriven(1969)은 메타평가를 한마디로 '평가의 평가(the evaluation of an evaluation)'로 정의하고 있는데, 메타평가는 특정 평가활동의 질적 수준을 판단하기 위한 평가활동이라고 할 수 있다.

메타평가는 이미 이루어진 평가를 최종 보고자에게 보고하거나 보고서를 발간하기 전에 이루어질 수도 있다. 그리고 이러한 메타평가는 평가자 자신에 의해 이루어질 수도 있으나 일반적으로는 상급자나 외부 전문가에 의해 이루어질 수도 있다. 메타평가의 주요 목적은 평가에 사용된 방법의 적절성, 사용된 자료의 오류 여부, 그리고 도출된 결과에 대한 해석의 타당성 등을 검토하는 데 있다(이찬구, 1997: 7-8).

따라서 메타평가의 방식은 일반적인 평가의 기준 및 방식을 원용해 특정 정책 및 사업의 성격에 맞춰 적용할 수 있는데, 평가 자체의 가치를 평가하는 것이기 때문에 일반적인 평가의 구성요소인 평가기조, 평가자원, 평가실행, 평가활용에 대한 사항을 메타평가의 요소로 구성하게 된다(이찬구, 1997: 19).

제3절 기술·경제·사회·정책의 통합혁신[1]

　최근 국내·외적으로 국가발전 전략의 일환으로서 제4차 산업혁명에 대한 논의가 활발하게 진행되고 있다. 제4차 산업혁명은 파괴적 기술혁신을 통해 경제혁신과 사회혁신을 달성하고자 한다는 점에서 국가 성장동력의 지속적 확보라는 시대적 요구가 반영된 또 다른 정책적 접근이라고 할 수 있다. 이러한 관점에서 이하에서는 제4차 산업혁명을 현 시대의 국가·사회적 필요성이 반영된 국가 성장동력 또는 혁신성장의 이어동의(異語同意)로 간주하여, 기술·경제·사회·정책 혁신의 통합적 관점에서 해석하고 향후 성공적인 추진과 확산에 필요한 논의를 전개하고자 한다.

1. 혁명적 사회변화로서의 제4차 산업혁명

　제4차 산업혁명의 개념과 실체 등에 관한 논의는 지난 몇 년 동안 전 세계적으로 지속되어 왔고, 2020년 현재 시점에서도 이러한 논쟁이 확실하게 정리되었다고 보기는 어렵다. 따라서 혁신연구(innovation studies)와 과학기술정책 연구(science and technology policy studies)에서는 제4차 산업혁명을 유행어가 아닌 학문적 관점에서 혁명적인 사회변화(societal change 또는 social trend)의 한 유형으로 인식하고 연구하는 것이 필요하게 되었다. 첨단 과학기술과 이들의 상호작용 및 융·복합으로 인해 나타나는 파괴적이고 급진적인 기술혁신이 산업과 경제, 사회와 문화, 정책과 제

---

[1]　본 내용은 이찬구 등(2018, 12-34)을 연구 주제에 맞게 재구성하여 전재한 것임.

도에 미치는 영향과 파급효과가 과거와는 전혀 다른 모습으로 전개될 것으로 예측되기 때문이다.

따라서 기존에 수행되어 왔던 다양한 개별적인 연구성과를 비판적으로 계승·발전하여 체계적이고 종합적인 연구주제로 발전시키기 위한 노력이 필요한 시점이다. 즉, 향후 소위 제4차 산업혁명을 추동하게 될 핵심적인 과학기술 지식의 특성과 이를 바탕으로 전개될 기술혁신을 학문적 관점에서 1차적으로 분석하고 규명해야 할 것이다. 그리고 이러한 파괴적(disruptive)이고 급진적인 기술혁신이 사회 전 영역(societal)에서 새로운 환경변화로 작용함으로써 나타나게 될 파급효과를 정치, 경제, 사회, 문화 등의 영역에서 '혁신의 확산과 이전'이라는 관점에서 분석하고 이를 뒷받침하기 위한 정책기획과 정책개발이 이루어져야 할 것이다.

다른 한편으로, 제4차 산업혁명을 체제론(system theory) 또는 정책과정론(policy process theory) 관점에서 해석한다면, 제4차 산업혁명의 성공과 정착을 위해서는 사회 각 분야에서의 다양한 혁신활동이 뒷받침되어야 할 것이다. 즉, 과거의 산업혁명과는 그 대상과 파급효과가 전혀 다를 것으로 예측되는 제4차 산업혁명이 성공하기 위해서는 첫째, 파괴적 혁신을 이끌어 낼 수 있는 새로운 과학기술 지식의 발견과 응용(기술혁신), 둘째, 급진적인 기술혁신의 결과를 활용할 수 있는 산업구조와 경제체제로의 변화(경제혁신), 셋째, 기술혁신이 수반하는 각종 변화를 수용할 수 있는 개인과 집단 차원에서의 인식과 관련 제도의 전환(사회혁신), 넷째, 혁신을 지원하기 위한 관련 정책 및 제도의 설계와 정책과정 자체의 혁신(정책혁신) 등이 긴밀하게 연계되어야 한다. 즉, 제4차 산업혁명에서는 기술혁신의 단순한 성공을 넘어, 기술혁신이 출발점이 되어 경제혁신, 사회혁신, 정책혁신으로의 순방향 또는 역방향의 환류로 이어지는 혁신의 '전환'과 '통합'이 필요하다.

2. 혁신 관점의 제4차 산업혁명 해석

1) 제4차 산업혁명의 혁신적 특징

제4차 산업혁명은 우리가 대응과 적응을 동시에 추구해야 하는 가장 큰 사회변화의 하나로서, 기술혁신이 단순한 기술의 진보와 변화로 끝나지 않고 산업·경제혁신을 넘어 사회혁신과 상호작용하는 현상이라고 할 수 있다. 따라서 이러한 사회체제의 총체적인 변화와 혁신은 기존의 산업혁명들과 달리 제4차 산업혁명만의 특징이라고 할 수 있을 것이다. 즉, 제4차 산업혁명 시대에는 첫째, 기술혁신이 연쇄적으로 진행되고 있으며, 둘째, 산업구조와 경제체계의 혁신이 가속화되며, 셋째, 사회변화의 가시적 진행이 나타나고 있고, 넷째, 앞의 기술·경제·사회 혁신을 뒷받침하기 위한 미증유의 정책혁신이 요구되고 있다.

■ 기술혁신의 융·복합화

제4차 산업혁명 시대의 여러 핵심 기술들은 동시 다발적으로 혁신적 진화가 진행되면서 응용분야와 맞물려 다양한 기술융합이 이루어지고 있다. 실제 인공지능 기술의 발전은 30년 정도 후면 인간의 지능과 기계의 지능이 같아지는 특이점(singularity)이 올 것으로 예상되기도 한다. 빌 게이츠, 앨런 머스크, 스티븐 호킹 등은 인공지능 기술발전이 인류를 멸망으로 이끌지도 모른다며 개발을 중지하거나 강력한 규제 가이드를 만들어야 한다고 주장하기도 한다. 이러한 인공지능이 ICBMS(IoT, Cloud, Big Data, Mobile, Security)와 연결되고 자율자동차, 로봇, 드론, VR, 합성생물학 등의 기술과 연결되어 활용될 때 그 파급효과는 가늠하기 어려울 정도이다.

새로운 기술의 동시다발적 융합 혁신과 신기술이 몰고 올지 모르는 불확실성과 복잡성은 산업과 사회의 패러다임적 변화와 급격한 정책변동을 예고하고 있다. 기계의 인간화와 인간의 기계화가 인간과 사물의 경계를 무너뜨리며 인류의 정체성을 변화시킬 수도 있다. 기술혁신이 경제혁신으로 이어지고 사회변화로 이어지는 혁신모델을 넘어 기술-경제-사회가 동시다발적으로 혁명적 변화가 일어나는 상태가 예견되고 있는 것이다. 최근 미국과 유럽의 혁신에 대한 접근 방식이 기술, 인간, 지구, 사회문제 해결의 통합적 혁신으로 변화하고 있음은 시사하는 바가 크다. 이러한 세계적인 흐름에도 불구하고 우리나라의 혁신정책은 기술혁신과 경제혁신·사회혁신이 별개로 진행되고 있어 이론과 정책의 간극이 점차 커지는 현상을 보이고 있다.

■ 경제혁신의 가속화

기술융합 혁신은 제조업의 모양과 형태, 규모와 방식 등 산업구조와 경제체계를 혁명적으로 바꾸고 있다. 제조공정을 빅 데이터와 인공지능으로 연결하여 공정을 최적화하는 것을 넘어서서 자원조달부터 제품 판매 후 서비스까지 연결하여 고객맞춤형으로 진화하고 있다. 3D프린팅의 발전으로 다품종 맞춤형 생산, 유연 대량생산, 가정 제조, 1인 기업 등이 가능해지면서, 제조업과 서비스업의 통합과 기존 제조업 형태를 해체시키는 급격한 변화가 예상되고 있기도 하다.

고정적인 시스템을 중시하는 혁신으로는 돌파하기 어려운 플랫폼 중심의 혁신, 사람에 의한 축적과 창조, 시민의 참여에 의한 혁신 주체의 확장 등을 통한 제조업의 수직적·수평적 경계와 방법들을 허물고 있는 것이다. 그런 측면에서 대한민국의 성장을 이끌어왔던 재벌 중심의 수출주도형 경제, 대량 전력시스템에 기반을 둔 투입 중심 성장, 온실가스 배출산업을 기반으로 하는 중대형 산업모델, 고용 없는 양극화 성장, 저비용 기반 성장, 생존의 한계적 상황에 직면한 중소기업의 구조적 위기 등은 또 다른 기술융합 혁신과 경제혁신의 필요성이 요구되는 시대적 상황이라고 할 것이다.

■ 사회변화의 연계와 심화

글로벌 네트워크와 인공지능의 중첩, 새로운 신소재와 바이오기술의 융합, 자율자동차와 드론의 운송 혁신 등은 사회 모든 부분을 급격하게 변화시키고 있다. 생산방식의 변화는 물론이고, 일상생활의 변화, 서비스 부문 등을 포함한 모든 일자리의 변화를 가져오는 가운데, 기술과 인간의 역할에 대한 재규정 및 조정이 지속적으로 요구된다.

한편, 일자리 변화, 일의 내용과 일하는 방식의 변화 속에, 인력양성 및 교육 등의 내용과 형식도 혁신되어야 할 것이다. 기존 지식을 습득하는 주입식 교육 위주의 정규학교 중심에서 공감능력과 창의적 역량을 강조하는 평생학습 중심으로의 패러다임이 강화되고 있다. 또한 환경, 재해 등 생태적 문제에 대한 삶의 질 제고와 함께, 기술발전 속에 역설적으로 악화되는 양극화 극복이라는 이중의 과제 속에 사회와 기술의 새로운 접목을 통한 혁신이 요구된다. 기술-산업 중심의 기술혁신 패러다임에서, 사회혁신을 향한 기술-산업-사회-사람의 통합적 패러다임으로 변화되어야 할 것이다. 특히, 우리나라의 저출산, 저성장, 청년일자리 부족 등의 문제에 대한 사회혁신 과제는 장기적 안목의 전략적 대응을 요구하고 있다.

그 동안 사회문제를 상대적으로 경시해 온 대한민국의 과학기술 혁신은 이제 그 한계를 드러내며 저성장과 고령화의 위험에 효과적으로 대응하지 못하였다는 비판에 직면하여 왔다. 이러한 문제를 해결하기 위하여 2018년 2월 발표된 제4차 과학기술기본계획은 '과학기술로 모두가 행복한 삶'을 주요한 전략으로 채택하고 국민생활문제 해결을 주요 과제로 하는 연구개발을 확대하면서 사회변화와 연관된 전략을 추진하고 있다. 그러나 현재의 우리 상황은 기술혁신을 사회혁신과 연계하여 기술-산업-사회-사람의 패러다임으로까지는 아직 만족스럽게 진전시키지 못하고 있는 상황이다.

■ 정책과정과 정책내용의 동시 혁신

앞에서 논의한 기술융합 혁신, 제조혁신, 사회변화의 양상 등은 차세대 제조혁신, 인더스트리 4.0, 제4차 산업혁명 등의 용어로 불리며 전 세계 국가들의 정책을 혁명적으로 변화시키고 있다. 기존에는 기술개발, 산업지원, 사회문제를 별도로 해결하거나 일부만 대응하는 정책들을 개발하였으나, 제4차 산업혁명을 선도할 수 있는 기술혁신 방식과 모델들을 개발하는 방식으로 급진적으로 변화하고 있다. 이러한 변화의 양상은 기존 한국식 성장 모델과 혁신시스템을 유지·확장하려는 정책의 효과성을 떨어뜨리고 있다. 각 분야 정책 간에 산발적이거나 연계와 통합이 부족했던 방식에서 전방위적인 통합적 패러다임으로 변화되지 않으면 안 되게 되었다.

따라서 제4차 산업혁명의 성공을 위해서는 향후 관련 정책의 결정, 집행, 평가와 변동의 정책과정 자체를 과거와는 달리 설계해야 하는 '정책과

정의 혁신'과 이를 통해 적실성 있고 실효성 있는 정책을 산출해야 하는 '정책내용의 혁신'이 동시에 이루어져야 할 것이다.

2) 제4차 산업혁명의 정의: 기술혁신을 넘어 경제·사회·정책 혁신으로의 확장

앞에서 제4차 산업혁명을 혁명적 사회변화로서 인식할 필요가 있으며, 이를 뒷받침하는 제4차 산업혁명의 혁신적 특성을 기술혁신, 경제혁신, 사회혁신, 정책혁신의 관점에서 논의하였다. 따라서 제4차 산업혁명에 대한 정의도 제4차 산업혁명의 본질과 특성을 반영할 수 있도록 이루질 필요가 있다.

제4차 산업혁명에 대한 정의는 제4차 산업혁명 자체가 아직은 유동적 현상이라는 점 때문에 다양한 관점에서 시도 및 논의되고 있는 상황이다. 우선 해외 정의를 살펴보면, 스위스 글로벌 금융그룹 UBS는 다보스 포럼을 맞아 발간한 백서에서 4차 산업혁명을 다음과 같이 정의하고 있다. '제4차 산업혁명은 인공지능에 의해 자동화와 연결성이 극대화되는 단계로 현재 모습을 드러내고 있는 현상'이다. 특히 자동화는 인공지능(AI)으로 인해 인간만이 할 수 있다고 여겨졌던 의사결정을 가능하게 하는 단계 즉, 초지능화 단계로 발전하게 되었다. 제4차 산업혁명을 주창한 세계경제포럼에서는 제4차 산업혁명을 '물리계, 디지털계, 바이오계 기술의 다양한 융합과 이로 인한 사회적 파급효과 현상'으로 정의하고 있다(Schwab, 2016). 국내에서는 해외 사례를 참고하여, 제4차 산업혁명을 '인간·만물·가상공간이 디지털로 상호 연결된 상황에서 스스로 현상을 인지·분석하고 대응하는 디지털 시스템이 초래하는 포괄적인 변화'(정준화, 2017), 또는 '디지털화를 바탕으로 사이버 물리시스템을 구현하여 산업에서 차세대 제조혁명을 달성할 뿐 아니라 무인자동차, 바이오기술 등의 신기술로 인하여 인류의 생활방식이 혁명적으로 변화하는 현상'(장필성, 2016) 등으로 제시하고 있다.

이상과 같은 제4차 산업혁명에 대한 국내·외의 정의를 종합할 때, 기존 논의들은 우선적으로 기술혁신을 강조하면서 기술혁신이 가져올 경제혁신 중심으로 정의하고 있음을 알 수 있다. 그러나 1차, 2차, 3차의 산업혁명이 기술혁신과 경제혁신에만 국한되었던 것이 아니라 장기간에 걸쳐 사회혁신과 정책혁신을 유발하고 또한 이를 강제하였던 역사적 사실을 볼 때, 제4차 산업혁명의 여러 현상과 특징들은 기술혁신에서 시작된 파괴적인 변화가 경제혁신, 사회혁신, 정책혁신으로 이어지는 현상이 선형적(linear)이 아니라 동시다발적(multiple and simultaneous)으로 진행될 것임을 예고하고 있다.

이런 이유로 제4차 산업혁명에 대한 정의도 특정한 혁신의 관점이 아니라 연계성 있는 다양한 혁신을 포괄할 수 있는 전환적 관점에서 접근할 필요가 있다. 따라서 이 연구에서는 제4차 산업혁명의 정의를 협의와 광의로 구분하되, 혁신정책의 전환 관점에서 재구성하여 제시하고자 한다. 먼저, 협의로는 제4차 산업혁명을 '물리계, 디지털계, 바이오계의 과학기술 혁신과 생산방식의 상호작용으로 인해 나타나는 초연결성과 초지능화를 지향하는 혁명적 변화와 그 결과로 나타나는 일련의 현상'으로 정의하고자 한다. 여기서 새로운 과학기술 혁신을 일으키는 기술로는 새로운 인터페이스 기술(구글 글래스를 포함하여 새로운 아이웨어, 헤드셋 등), 웨어러블 인터넷, 유비쿼터스 컴퓨팅, 주머니 속 슈퍼컴퓨터, 사물인터넷, 커넥티드 홈, 스마트 도시, 빅 데이터와 사용기술, 자율주행자동차, 인공지능, 로봇공학, 비트코인과 블록체인, 3D 프린팅, 새로운 신경기술 등이 있다(Schwab, 2016).

초연결성이란 인간과 인간, 인간과 사물, 사물과 사물 등 모든 세계가 서로 연결되어 작동되는 현상을 가리킨다. 초지능화란 기계가 현상을 스스로 인지하고 분석하여 대응할 수 있는 능력을 의미한다.

다음으로 광의적 관점에서는 제4차 산업혁명을 다음과 같이 정의하고자 한다. '물리계, 디지털계, 바이오계의 과학기술 혁신과 생산방식의 상호작용으로 인해 나타나는 초연결성과 초지능화를 지향하는 혁명적 변화와 이로 인해 인류의 생활방식에 중대한 영향을 미치는 경제, 사회, 정치(정책) 시스템의 광범위한 변화 현상'이다. 경제시스템에서 나타나는 변화로는 인공지능(AI)을 도입하는 사이버-물리적 시스템 형태의 생산방식의 변화 등과 우버(Uber), 에어비앤비(Airbnb) 등 온디멘드(on-demand) 경제의 출현, 그리고 일자리와 고용의 변화, 국가와 기업의 경영방식의 변화 등을 포함한다. 정치·사회시스템의 변화에는 새로운 형태의 직접 참여 민주주의의 대두, 블록체인(block-chain) 기술 등에 의한 국가와 조직 등에서의 새로운 거버넌스 출현, 초연결화로 인한 디지털 정체성과 관련한 투명성, 상호연결성, 정보의 교류, 사생활, 신원도용, 온라인 스토킹, 정보 양극화 등의 현상과 노동의 본질, 사회적 협력방식, 소비패턴, 여가 활용, 사회적 관계, 사회적 윤리와 도덕성 등에서 나타나는 변화를 포함한다.

이상과 같이 제4차 산업혁명의 정의를 분석적 관점에서는 협의와 광의로 분류할 수 있으나, 이 연구에서는 광의의 관점에서 제4차 산업혁명을 정의하고 이를 활용하여 기존 국가 성장동력 정책의 분석과 평가를 수행하고 미래의 혁신방향을 논의하게 될 것이다.

3. 통합적 혁신으로서의 제4차 산업혁명 전개

이미 논의하였듯이, 제4차 산업혁명은 다양한 기술 분야의 동시다발적인 혁명적 진화를 기반으로 경제혁신, 사회혁신, 정책혁신 등이 총체적으로 이루어지는 패러다임적 변화와 진화의 개념이라고 할 수 있다. 따라서 제3차 산업혁명까지가 지난 시기를 규정하는 사실적 개념이라면, 제4차 산업혁명은 앞으로 다가올 변화를 개념화하고 미래를 상정하여 그렇게 바꾸어 나가고자 하는 규범적 개념이자 전략적 혁신모형 관점에서 접근해야 할 것이다.

과거 3차례에 걸친 산업혁명에서도 기술혁신, 경제혁신, 사회혁신, 정치(또는 정책)혁신의 현상이 발생하였다. 그러나 당시에는 〈그림 Ⅰ-2-5〉와 같이 기술혁신을 시발점으로 하여 각각의 혁신활동이 단계적이며 순차적으로 장기간에 걸쳐 나타나는 선형모형(linear model)이었다고 할 수 있다. 따라서 개인, 기업, 사회, 정부 등 각각의 혁신주체들은 다가올 변화를 예측하여 이에 대응할 수 있는 시간적 여유가 있었다고 할 수 있다. 이러한 이유로 과거의 산업혁명에서는 혁신체계 전체적인 관점에서의 통합·연계된 대응보다는 특정 혁신활동에서의 분야별·기능별 대응방식이 상대적으로 효율적

〈그림 Ⅰ-2-5〉 과거 산업혁명의 전개 과정 : 선형모형

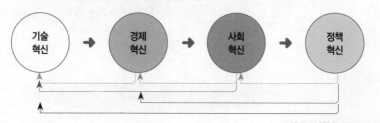

자료 : 이찬구 등(2018: 31)

일 수 있었다.

이에 반하여 앞으로 전개될 제4차 산업혁명에서는 기술혁신, 경제혁신, 사회혁신, 정책혁신이 동시다발적으로 발생하면서, 각 혁신활동의 전개 및 관계는 즉각적이며 상호 영향성을 가지게 된다. 따라서 제4차 산업혁명의 연구에서는 기존 선형모형에 의한 분석과 처방이 적실성과 타당성을 확보하기 못할 것은 자명하다.

한편, 제4차 산업혁명에서는 각 분야의 혁신활동이 그 자체로서 종결되는 것이 아니라, 이것이 출발점이 되어 다른 분야에서의 또 다른 혁신을 유발하는 핵심 동인으로 작용하게 될 것이다. 이처럼 제4차 산업혁명에서는 혁신 자체의 전환이 필요함은 물론 개별적인 혁신의 통합이라는 현상이 동시에 발생할 것으로 예측되고 있다.

이상과 같은 혁신의 전환 및 통합이라는 관점에서 미래 성장동력 확보를 위한 제4차 산업혁명의 분석틀은 (그림 Ⅰ-2-6)과 같이 기술·경제·사회·정책 혁신의 '통합모형'(integrated innovation model)으로 설계

(그림 Ⅰ-2-6) 제4차 산업혁명의 전개과정 : TESP 통합 모형

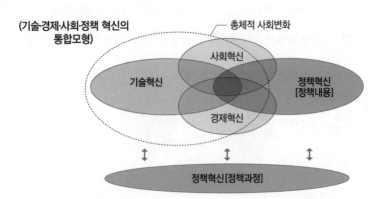

자료 : 이찬구 등(2018: 32)

할 필요가 있을 것이다. 그리고 이와 같은 혁신의 통합모형을 기술혁신(technology innovation), 경제혁신(economic innovation), 사회혁신(social innovation), 정책혁신(policy innovation)에서 각 영문의 첫 자를 채택하여 약칭으로 TESP 통합 모형으로 제안할 수 있다. 이러한 관점에서 제안하는 제4차 산업혁명의 분석모형은 우리나라 사례뿐만 아니라 다른 국가들과의 비교연구를 위한 분석틀로서도 유용하게 활용할 수 있을 것으로 기대한다.

제4절 연구의 분석틀

이 연구에서는 〈표 Ⅰ-2-2〉와 같이 과거 정부가 국가 성장동력을 확보하기 위해 중장기 발전전략으로 추진하였던 차세대 성장동력 발전전략(노무현 정부), 신성장동력(녹색성장 국가전략, 이명박 정부), 미래성장동력(창조경제 실현계획, 박근혜 정부), 혁신성장동력(제4차 산업혁명 대응계획, 문재인 정부)을 분석대상으로 선정하였다.[2]

차세대 성장동력은 2003년 산업별 주관부처 및 종합조정체계를 최종 확정하여 10대 산업을 지정하여 육성한 정책이며, 신성장동력은 2009년 국무회의 의결을 통해 최종 확정되었다. 미래성장동력은 2014년 미래성장동

---

2) 분석대상 중 문재인 정부의 '4차 산업혁명 대응계획'은 이전 정부의 중장기 발전전략과 달리 현재 집행 중에 있지만, 정책형성 및 정책집행 관련 정책과정과 정책구조의 변동을 살펴보기 위하여 같은 틀로 분석하였다.

<표 Ⅰ-2-2> 분석대상 선정

구 분	내 용
차세대 성장동력 발전전략	• 2003년 산업별 주관부처 및 종합조정체계를 최종 확정 • 10대 산업을 지정하여 육성
신성장동력(녹색성장 국가전략)	• 2009년 국무회의 의결을 통해 최종 확정 • 3대 분야 17개 신성장동력 선정
미래성장동력(창조경제 실현계획)	• 2014년 미래성장동력 발굴·육성계획에 따라 13대 미래성장동력 (9대 전략산업, 4대 기반산업)을 범정부적으로 육성
혁신성장동력(4차 산업혁명 대응계획)	• 2017년 4차산업혁명위원회 심의를 통해 확정·발표

력 발굴·육성계획에 따라 13대 미래성장동력(9대 전략산업, 4대 기반산업)을 범정부적으로 육성한 정책이다. 그리고 혁신성장동력은 2017년 4차산업혁명위원회의 심의를 통해 확정·발표된 정책이다.

이 연구에서는 역대 정부의 성장동력 정책을 (그림 Ⅰ-2-7)과 같은 분석틀에 근거하여 〈표 Ⅰ-2-3〉과 같은 구체적인 분석변수와 내용을 활용하여 분석하였다. 한편, 분석틀과 분석변수에 의한 실제적인 분석은 다음과 같은 절차로 수행되었다.

먼저, 각 정부별 성장동력 정책을 일반적인 정책과정에 따라 정책의제 설정, 정책형성, 정책집행 및 정책평가로 재구성하였다. 정부별 성장동력 정책 대부분은 당시의 정책상황에서 경제성장 내지는 국가 발전 패러다임으로 채택한 정부 주도의 정책결정이었으며 부처별 추진에 따른 종합 조정

(그림 Ⅰ-2-7) 분석틀

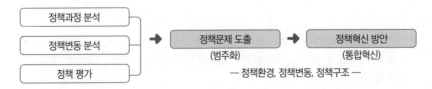

등에 어려움이 있었다.

다음 단계에서는 Hogwood와 Peters(1983)가 제시한 정책혁신, 정책유지, 정책승계, 정책종결 등 정책내용의 변동에 초점을 둔 정책변동 관점으

<표 Ⅰ-2-3> 분석변수와 분석내용

구 분	변 수	분석내용
정책과정	정책의제설정	• 사회문제의 정책문제로의 채택과정
	정책형성	• 정책목표 및 정책대안의 탐색과 결정과정
	정책집행	• 정책수단을 활용한 정책의 실질적인 실행과정
	정책평가	• 정책집행 및 영향의 측정과 판단
정책변동 분석	정부와 민간의 역할분담	• 경제성장 동인 분석
	정책기조	• 국정과제 등
	법률 제·개정	• 성장동력 추진 근거
	거버넌스	• 성장동력 추진체계 및 종합조정 체계
	예산배분	• 성장동력 추진 예산
	종합	• 정책변동 유형 분류(혁신, 유지, 승계, 종결)
정책평가	과정평가	• 정책의제 설정의 대응성, 정책형성의 합리성, 정책집행의 효율성
	총괄평가	• 정책목표 달성 정도
정책문제 도출	정책환경 관점	• 정부주도형의 민간과 정부관계 • 미래사회 변화에의 대응성
	정책변동 관점	• 정책의 경로의존성 • 분절적 정책관리
	정책구조 관점	• 정책기조/법률/거버넌스/예산 등
정책혁신 방안	정책환경	• 민간·정부 역할 재정립 • 국정철학의 전환
	정책변동	• 정책혁신과 정책종결 강화 • 정책유지와 정책승계 균형
	정책구조	• 정책기조 전환; 통합 혁신 도입 등

로 재구성하여 분석을 수행하였다. 역대 정부의 성장동력 정책은 과학기술정보통신부보다는 산업통상자원부 중심의 기술혁신에 초점이 맞추어졌으며, 정책변동 측면에서는 정책혁신과 정책종결은 거의 없고 정책유지나 정책승계가 주로 이루어진 것으로 나타나고 있다. 이어서 개별 정부의 성장동력 정책의 정책목표 달성도와 역대 정부 전체로서의 국가 성장동력 정책의 정책목표 달성도를 판단하기 위하여 총괄평가와 과정평가를 동시에 활용하는 평가종합인 포괄적 평가모형과 메타평가 방법을 활용하여 정책평가를 수행하였다.

다음에는 각 성장동력 정책의 정책과정 및 정책변동의 분석 결과와 정책평가 결과를 활용하여, 성장동력 정책의 개별 정부별 문제점과 모든 정부를 관통하여 나타나는 정책문제를 도출하였다. 도출된 정책문제는 정책환경, 정책변동 및 정책구조의 관점으로 범주화하여 정책혁신 논의를 위한 기초자료로 활용하였다.

마지막으로 우리나라 국가 성장동력의 정책문제를 해결하기 위한 정책혁신 방향을 논의·제시하였다. 국가 성장동력 정책과 같이 범국가적이며 장기적인 정책의 혁신은 해당 정책 자체로서의 완결성을 가지기 어려운 점이 있다. 따라서 이 연구에서는 정책혁신의 전제로서 헌법 구조와 관련된 사항인 권력분립과 분산의 강화를 먼저 논의하였다. 이러한 전제를 바탕으로 첫째, 정책환경의 발전방향으로 민간의 혁신을 장려하는 민간과 정부의 역할 재정립 및 혁신정책의 통합성을 추구하는 패러다임 전환을 강조하였다. 둘째, 정책변동 관점의 혁신과제로는 부단한 정책혁신과 과감한 정책종결로 정책의 경로의존성 극복 및 증거기반의 정책변동 관리로 정책유지와 정책승계의 균형성 확보를 논의하였다. 셋째, 정책구조 관점에서는 기술혁신에서 경제혁신과 사회혁신으로의 정책기조 확장, 법률 제·개정의 적시성과 구체성 확보, 통제 중심에서 통합적 거버넌스로의 재설계, 총괄예산제도 활성화와 예산집행의 연구자 자율성 강화 등의 네 가지를 제안하였다.

제3장

정부별 성장동력 정책

본 장에서는 각 정부별로 추진했던 성장동력 정책의 정책과정과 정책변동 내용을 개략적으로 살펴보았다. 이를 바탕으로 각 정부별로 추진된 정책을 평가하여 성장동력 정책의 문제점을 도출하고자 하였다. 각 정부에서 추진된 성장동력 정책의 세부적인 내용은 II부 정부별 성장동력 정책과정에 기술하였다.

제1절 정책개요

성장동력(growth engine)이란 특정 시점에서 기존 주력산업의 성장한계를 극복하고 미래 주력산업으로 발전하여 양질의 일자리를 제공하는 한편, 글로벌 시장 선점 등을 통해 경제의 지속 성장과 삶의 질 향상에 기여할 것으로 기대되는 유망 핵심원천기술, 신제품, 신서비스로 정의되고 있다(국민경제 자문회의, 2021).

정부의 성장동력 정책은 G7 프로젝트(1992~2002)를 시작으로 차세대 성장동력(2003), 신성장동력(2009), 미래성장동력(2014), 그리고 혁신성장동력(2017)으로 변화·유지되어 왔다. G7 프로젝트는 정부의 첫 대형 범부처 연구개발 사업으로서 10년간 3조 6,000억 원(정부예산 1조 6,000억 원)을 투입하여 자동차, 고속철도 등 18개 분야를 지원하였다. 이후 참여정부의 차세대 성장동력을 시작으로 각 정부별로 정책 브랜드와 대상 분야를 발표하여 추진하여 왔다.

지금까지 추진된 역대 정부 성장동력 정책의 주요 성과로는 크게 주력산업 고도화와 국내·외 시장점유율 확대, 그리고 신산업 육성으로 나누어서 살펴볼 수 있다. 먼저 자동차, 통신, 반도체 등 우리가 강점을 가진 주력산업 분야에서 지속적인 R&D투자를 통해 선도국 위치를 유지하였다. 아울러 고속철도, 이차전지, 로봇분야와 같이 국내 기업이 기술력 부족으로 참여하지 못한 분야에서 핵심기술을 확보하여, 세계 시장에서의 점유율을 확대하고 있다. 또한, 바이오 등 아직 산업이 존재하지 않는 분야에 대한 원천기술 투자를 통해 경제가치를 창출하는 신산업을 육성하였다. 기초·원천기술 개

<표 I-3-1> 역대 정부의 성장동력 육성정책

추진시기	G7 프로젝트	차세대성장동력	신성장동력	미래성장동력	혁신성장동력
	1992~2002	2003	2009	2014	2017
키워드	과학기술 선진국진입	주력산업의 기술력 확보	녹색성장, 서비스산업육성	과학기술과 ICT융합	소득주도 혁신성장
분야	18대	10대	17대	19대	13대
책임부처	과학기술부	과학기술부	지식경제부	미래창조과학부	과학기술정보통신부
사업단	운영	운영	미운영	미운영	미운영
예산규모	별도예산 (10년 1조 6,000억원)	각 부처 예산	각 부처 예산	각 부처 예산	각 부처 예산

자료: 방연호(2017: 72)에서 수정 인용

발 수준이던 바이오 분야에 대한 꾸준한 투자로 국산 신약개발 및 해외기술 수출 계약 등의 성과를 창출하였다(방연호, 2017: 72-73).

그러나 이러한 성과에도 불구하고 성장동력 정책에 대해서는 여러 가지 문제가 제기되어 왔다. 우선, 정부마다 새로운 성장동력 분야를 선정·발표하여 중장기적으로 일관된 정책추진이 부족하였다. 특히 지난 박근혜 정부 시절 19대 미래성장동력(2014)을 추진하는 과정에서 9대 국가 전략프로젝트(2016) 등 신산업 정책을 추가로 발표하여 기존 성장동력 정책과 중복하여 추진하였다. 또한, 민간 R&D투자가 정부의 3배를 넘는 상황에서 정부 R&D 사업을 중심으로 운영되어 민간의 적극적인 참여를 유도하는데 한계가 있었으며, 성장동력 분야별 특성을 고려한 맞춤형 육성전략이 부족하여 성장동력 정책을 뒷받침하는 강력한 지원수단에 한계가 있었다.

이와 함께 우리나라의 GDP 대비 R&D투자는 세계 2위인데 비해 OECD 국가 중 혁신기업 비중은 낮고 IMD가 매년 공표하는 세계기술경쟁력 순위도 14위 수준(한국과학기술기획평가원, 2019)에 머물고 있는 등 R&D투자의 성과는 높지 않아 혁신성장에 대한 회의와 불신이 공존하고 있다. 더욱이 정권의 국정운영 방향과 국정과제에 따라 성장동력 정책의 명칭과 내용이 변하고 정책에 대한 평가나 완결 여부와 관계없이 정권변동으로 인하여 또 다시 성장동력 정책이 바뀌는 현상이 반복되고 있다. 이처럼 성장동력 정책의 잦은 변화는 장기적 호흡으로 추진되어야 하는 과학기술과 R&D가 단절되고 지체되는 현상을 초래하였다.

다음 제2절과 제3절에서는 노무현 정부부터 문재인 정부에 이르기까지 역대 정부별로 추진했던 성장동력 정책과정과 정책변동 내용을 간략하게 살펴보고 요약하여 제시하도록 하겠다.

제2절 정부별 성장동력 정책과정

1. 차세대 성장동력

차세대 성장동력은 대통령이 인수위원회 시절부터 중요하게 강조하였던 과학기술 이슈가 구체적인 정부의제로 제시된 사례라고 할 수 있다. '과학기술혁신'이나 '과학기술 중심사회'는 대통령선거 공약에서부터 지속적으로 제시된 이슈였는데, 당시 불리한 경제여건을 극복하고 향후 경제를 이끌어갈 수 있는 새로운 기술과 산업을 확보하기 위한 성장정책으로써 차세대 성장동력이 제시되었다. 대통령이 성장동력 이슈를 지속적으로 제시함에 따라 과학기술부, 산업자원부, 정보통신부 등 유관부처도 이를 빠르게 수용하고 대응하였다. 이처럼 대통령과 주요부처 등 주요정책결정자들은 적극적으로 차세대 성장동력을 정부의제로 발전시켰으며, 전형적인 하향식(Top-down) 방식에 따라 의제가 내부에서 외부로 확산되었다.

동 정책은 2003년 5월에 성장동력 발굴을 위한 위원회가 운영된 이후 같은 해 8월 10대 성장동력산업이 발표되어 비교적 빠른 시일 내에 관련 정책이 수립되었다. 그러나 실제로는 성장동력을 발굴하는 기획과정에서부터 주요 3부처(과학기술부, 산업자원부, 정보통신부)의 갈등이 나타났다. 부처별로 별도의 기획위원회를 통해 성장동력을 발굴함에 따라 부처 간 의견을 조정·조율하기 쉽지 않았으며, 이 과정에서 부처 간 이견을 조정하기 위한 위원회가 4차례에 걸쳐 변화하였다. 결국 기획단계에서부터 제시된 부처 간 갈등문제를 해결하기 위해서 2004년 과학기술부가 부총리 부서로 격상되었으며 과학기술정책의 총괄조정기구로서 과학기술혁신본부가 설치되어 부처 간 이견을 조정하고 통합하는 과정을 거쳤다.

한편, 동 정책은 별도의 법률제정 없이 「과학기술기본법」개정을 통해 법적 기반을 마련하였는데, 이 과정에서 상위단계 위원회나 조직의 역할과 임무는 명확하게 제시한 반면 하위단계 사업단의 역할과 관련 규정은 제시하지 않았다. 그리고 이는 정책집행 과정에서 혼란을 가져왔는데, 사업단과 같은 하위단계에서는 여전히 부처의 별도규정에 따라 운영되었기 때문이다. 따라서 사업단장의 임기나 사무국인력과 예산 등은 부처에 따라 서로 다를 수밖에 없었으며, 차세대성장동력추진특별위원회에서 이 문제를 다루었지만 명백한 규정을 마련하지는 못했다. 더욱이 10대 성장동력산업이 도출되고 사업이 진행된 이후에야 법적 근거가 마련되어 집행과정에서 취약성을 내보였다. 이처럼 차세대 성장동력을 추진하는 과정에서 부처 간 의견을 조율하거나 사업단 운영규정 마련을 위한 노력을 기울였음에도 불구하고 사업집행 과정에서의 구체성은 부족했다.

차세대 성장동력은 정책목표에서부터 경제성장을 중시하였으며, 중·단기 내에 성과를 낼 수 있는 기술에 초점을 두어 로봇이나 바이오장기·신약을 제외한 대부분이 IT기술분야로 선정되었다. 이러한 분야가 실제 성과를 내기 위해서는 성장동력 사업의 기술개발뿐만 아니라 신시장이나 고용창출, 인력양성, 민간기업의 참여 등에서 성과를 가져와야 하지만 실제 차세대 성장동력에 대한 기업의 R&D투자와 고용확대는 미비한 것으로 나타났다.

차세대 성장동력은 부처별 및 정부통합 기획과정을 통해 과제를 선정하고 관련 계획을 수립한 후, 국가과학기술위원회와 과학기술혁신본부를 중심으로 사업을 총괄·조정하며 실제 사업은 각 산업별 주관부처를 중심으로 수행되는 특징을 보였다. 이 과정에서 전반적으로 하향식 접근을 통해 정책이 집행되었으며, 상위단계에서 결정된 내용을 산업별 사업단에서 순응하고 집행하는 양상을 보였다. 또한 동 사업의 사업추진체계와 대상은 명확하고 구체적이었으며, 초기 기획과정에서 부처 간 갈등이 나타나기도 했지만 이를 극복하는 과정에서 강력한 추진체계와 전체 과학기술정책의 총괄·조정기구를 신설하는 성과를 가져오기도 하였다.

2. 신성장동력

이명박 정부는 임기 첫 해인 2008년 광복절 경축사를 통해서 새로운 국가발전 패러다임으로 녹색성장 국가전략을 제시하였다. 녹색성장은 녹색기술과 청정에너지를 통해 신성장동력을 육성하고 이를 통해 경제를 발전시키려는 패러다임으로, 이명박 대통령이 후보시절부터 강조한 '경제 살리기'의 연관성 측면에서 살펴볼 수 있다. 녹색성장은 대통령이 새로운 국가발전 패러다임으로 제시한 만큼 매우 빠른 시일 내에 국내·외로 관련 이슈가 확대되고 정책의제로 채택되었다.

한편, 녹색성장을 성장동력 분야에 적용한 구체적인 정책이 바로 '신성장동력 육성정책'이라고 할 수 있는데, 동 정책은 초기 기획단계에서부터 지식경제부를 중심으로 명확한 추진체계를 갖추어 추진되었다. 이에 따라 차세대 성장동력과 달리 기획단계에서 부처 간 갈등이 나타나지는 않았으며, 내부참여자의 주도적인 역할에 의해서 의제가 외부로 확산되었고 매우 빠른 속도로 정책화가 진행되었다. 실제로 신성장동력은 2009년 1월 '미래 한국 프로젝트: 신성장동력 비전과 발전전략'이 발표됨에 따라 2008년 광복절 축사 이후 불과 6개월 만에 관련 계획이 수립되었다. 동 정책은 '저탄소 녹색성장'을 구현하기 위한 최상위 국가계획인 '녹색성장 국가전략 및 5개년 계획'의 하위계획으로 추진되었기에 '녹색뉴딜'이나 '서비스산업 선진화 방안' 등과도 연계를 맺게 되었다.

이전 차세대 성장동력이 주관부처의 부재로 부처 간 갈등을 경험한데 비해, 신성장동력은 초기부터 지식경제부를 중심으로 정책이 체계적으로 수립되었다. 이와 함께 민간의 참여를 적극적으로 유도하였는데, 민간을 대상으로 신성장동력 수요조사를 실시하고 이를 정부차원에서 검토하고 확정하는 과정을 거쳐 2009년 최종 17개 신성장동력에 대한 '신성장동력 비전과 발전전략'을 제시하였다. 신성장동력은 지식경제부를 중심으로 정책이 기획되고 형성됨에 따라 부처 간 갈등은 적었지만 상대적으로 이 과정에서 과학기술 전담부처인 교육과학기술부의 역할은 약했다고 평가할 수 있다. 이전 차세대 성장동력에서 과학기술 전담부처인 과학기술부의 위상과 역할이 강화된 것과 비교해서 교육과학기술부의 역할은 줄어들었다.

또한 신성장동력은 국무총리실 산하의 신성장동력 TF를 중심으로 추진체계가 형성되었는데, 이전 차세대 성장동력에서 과학기술혁신본부와 같은 조직이 없다보니 상대적으로 각 부처가 본인들이 개별적으로 추진하는 과제에만 집중하였기 때문에 총괄적인 조정기능은 약화되었다. 특히, TF 조직과 같은 형태에서 타 부처에서 추진하는 R&D사업을 총괄조정하기에는 그 한계가 명확했다고 할 수 있다.

신성장동력은 국가발전 패러다임인 녹색성장이 성장동력 분야에 적용된 것으로 이 과정에서 이전 차세대 성장동력에서 지원했던 사업이 다수 포함되어 있어 보다 빠르게 관련 정책을 수립하고 추진하고 있었다. 그러나 이전 차세대 성장동력보다 헬스케어, 교육서비스, 녹색금융, 소프트웨어,

MICE·관광 등 고부가 서비스산업이 포함되어 이전 정부보다 성장동력 정책의 범주가 확대되었다. 또한 민간의 적극적인 참여를 독려하여 기획과정에서 수요조사를 실시하기도 하였으나, 실제 계획수립 단계나 정책평가 과정에서 민간의 참여는 저조했다. 이와 함께 별도의 사업단 구성이나 예산확보 없이 기존에 각 부처에서 독자적으로 추진하던 사업 일부가 신성장동력 사업으로 구분됨에 따라 가시적인 성과를 나타내지 못하는 한계를 보였다. 특히, 이명박 정부 출범과 동시에 기존 과학기술부와 교육인적자원부의 통합이슈가 과학기술계 전면에 부각되고 통합출범한 교육과학기술부야 교육현안에만 집중하여 상대적으로 과학기술정책 추진기능은 약화되었다.

3. 미래성장동력

박근혜 정부는 출범과 함께 국정비전으로 '국민행복, 희망의 새 시대'를 제시하고 이를 달성하기 위한 첫 번째 국정목표로 '일자리 중심의 창조경제'를 제시하였다. 과학기술과 ICT(Information & Communication Technology)에 개인의 상상력과 창의성을 접목한 경제 운영을 통해 새로운 성장동력, 시장 및 일자리를 창출한다는 창조경제를 경제 분야의 대표적인 국정 기조로 마련하고 2013년 6월에 '창조경제 실현계획'을 발표하였다.

이러한 창조경제의 구체적인 전략 제시 및 성장잠재력 확충을 통해 신산업 육성과 일자리 창출 등 창조경제의 실현을 뒷받침하기 위해 '제3차 과학기술기본계획('13-'17)'에서는 추진전략 중 하나로서 '국가전략기술 개발' 고도화가 제시되었으며, 5대 분야 전략기술(국가전략기술 120개, 중점기술

30개) 개발을 추진하는 것으로 국가과학기술심의회에서 의결하였다. 다만, 이 시점에서는 구체적인 미래성장동력 계획이 수립되지 않은 상태였었다.

'제3차 과학기술기본계획'에 의거하여 '창조경제 실현계획'이 국가 전체의 발전 패러다임으로 제시되면서 실제 이를 성장동력 분야에 적용하기 위한 구체적인 정책으로서 미래성장동력이 정책의제로 설정되었다 할 수 있다. 박근혜 정부의 성장동력 정책은 정부주도 의제로 설정되었으나 국정기조로서의 '창조경제 실현계획'의 수립이 늦어지는 관계로 정부출범이 1년이나 지나서야 '미래성장동력 발굴·육성계획'이 수립되는 정책지연 현상이 일어났다.

2014년 3월 미래창조과학부는 '미래성장동력 발굴·육성계획'을 발표하면서 13대 미래성장동력 분야를 선정하였다. 이와는 별개로 산업통상자원부는 '창조경제 산업엔진 프로젝트'를 발표하면서 별도로 13대 산업엔진 분야를 선정하면서, 이원화된 성장동력 정책이 추진되었다. 또한, 같은 해 4월에 미래성장동력 육성 정책의 효율성 추진을 위해 국가과학기술심의회 산하에 미래성장동력특별위원회를 설치하였다. 민간이 참여하는 범정부 차원의 심의기구 설립으로 부처 간, 정부·민간 간 효율적인 협력 체계를 구성하고, 미래성장동력 정책 및 사업을 총괄하는 기능을 부여함으로써 미래성장동력 육성 정책의 컨트롤타워 역할을 하였다.

2015년 4월 정부는 성장동력 정책이 이원화 되어 있는 문제를 해결하기 위해 미래성장동력특별위원회를 통해 양 정책을 통합하여 '미래성장동력 종합실천계획'을 발표하였다. 이렇게 발표된 계획에는 범부처·민간 공동으로 스마트자동차, 5G 이동통신, 융복합소재, 지능형반도체, 지능형사물인터넷, 착용형 스마트기기 등을 포함하는 19대 분야로 확대하여 발굴·선정하고 범정부적으로 육성하는 내용이 포함되었다. 정부의 R&D투자를 통해 기술 개발과 실증을 지원하고, 규제개선, 세액공제, 정책금융, 공공조달 등 민간이 적극적으로 참여할 수 있는 환경 조성 노력을 병행하고자 하였다.

이러한 성장동력 정책은 범부처적 성격을 갖고 있기 때문에 정책추진에 있어 통합과 조정 역할이 매우 중요하다. 지난 정부에서는 부처별로 많은 과제가 수행되었던 반면 이를 통합하고 조정할 수 있는 체계가 부재하여 전체 성과관리가 미흡하였다. 미래성장동력특별위원회가 성장동력정책에 대한 통합 및 조정 역할을 맡아 큰 틀의 형식적인 면에서는 통합·조정의 역할이 보강된 체계를 갖추었지만 내용적으로는 지난 정부보다 분야가 확대되었으며, 지속적인 분야의 변동으로 추진과제에 대한 평가와 관리체계를 갖추는 것도 미흡하였다.

또한, 당시 정부에서는 잦은 미래성장동력 분야의 변동이 이루어졌다. 2014년 13대 미래성장동력 분야(미래창조과학부), 13대 산업엔진 분야(산업통상자원부)를 통합하여 2015년에 19대 미래성장동력 분야로 확대하였으나, 2016년에는 9대 국가전략 프로젝트를 선정하면서 4차 산업혁명 시대를 대비하는 성장동력 확보를 내세웠다.

미래성장동력 분야의 정책 통합은 정책 추진의 효율성 및 책임성 확보 측면에서는 바람직하였지만, 자칫 양 부처 선정분야의 물리적 통합 수준에 머무를 수 있다는 우려도 제기되었다. 이에 따라 책임부처가 복수인 분야는 부처 간 의견 조율 등을 효과적으로 수행할 수 있도록 간사부처를 지정하여 부처간 협력을 유도하고 관계부처 국장급 협의회를 개최하는 등 미래성장동력 추진 주체 간 긴밀한 협업체계를 마련하여 실질적 정책통합을 추진하였다고 밝히고 있다. 결과적으로 정부의 미래성장동력 분야는 중복분야를 제외하고 19대 분야로 확대되었으며, 노무현 정부의 10대 분야에 비해 전략적 투자분야가 2배 가까이 늘어나게 되었다.

지난 정부의 성장동력 정책이 박근혜 정부의 성장동력 정책으로서 정책 승계로 이어졌으나, 구체적인 평가가 이루어지지 않은 상태에서 정책이 다음 정부로 이어졌다고 할 수 있다. 미래성장동력은 박근혜 정부에서 추진한 '창조경제 실현계획'이 국가 전체의 발전 패러다임으로 제시되면서 실제 이를 성장동력 분야에 적용하기 위한 구체적인 정책으로서 추진되었다 할 수 있으나, 당시에는 잦은 미래성장동력 분야의 변동이 이루어졌다.

또한, 역대정부에서와 같이 성장동력 분야별로 산업적 특성, 인프라가 다양한 데 획일적인 지원정책으로 수요기반 형성에 한계가 있었다. 성장동력의 선정과 발전 비전 및 중간 목표에는 상위 정책기조 변화가 어느 정도 반영되었으나, 세부 실행계획 단계에서는 발전패러다임 전환에 따른 세부 목표와 전략의 정합성이 다소 미흡한 것으로 나타난다. 이는 미래성장동력 정책의 잦은 변화와 정책추진체계의 혼선에 의한 선정분야가 확대됨에 따라 정부가 우선순위를 재조정한 것으로 볼 수 있다. 즉, 19대 미래성장동력 분야가 너무 광범위한 분야를 선정하고 있어 선택과 집중의 전략성이 떨어짐에 따라 다시 9대 국가전략 프로젝트를 선정하여 우선 지원하겠다는 것이다.

이렇듯 다양한 부처에서 수차례에 걸쳐 성장동력을 선정하여 발표하고 관계부처 합동으로 발표된 미래성장동력에서도 변경이 계속됨으로서, 정책의 일관성 내지는 연속성 확보가 어려운 측면이 있었다. 이러한 연속성이 부족할 경우 중장기의 시간이 필요한 성장동력 육성의 성과가 부진하게 된다. 한편, 정책 추진체계상의 문제도 정책의 성과에 영향을 미치며 또한 연속성의 부재와도 관련이 있으며, 성장동력 선정이 남발된 것은 관련 법제가 미흡하기 때문이기도 하다.

4. 혁신성장동력

문재인 정부는 제4차 산업혁명이라는 경제패러다임의 변화에 따른 산업경제 생태계 구축과 일자리 창출을 강조하며 국가의 장기 발전전략으로 혁신성장동력을 제시하였다. 당시 제4차 산업혁명은 새로운 메가트랜드로서 논의가 시작되는 시기여서 시민들의 관심은 그리 높지 않았으나 정권 변동기와 맞물리며 정치권을 중심으로 화두가 되었고 갑작스런 대선으로 공약사항에 관련 사항들이 포함되면서 집권 이후 곧바로 제4차 산업혁명정책이 형성되었다. 제4차 산업혁명정책은 혁신성장을 위한 산업 및 사회 부문의 실질적 효과를 위한 종합적 지원 정책이라고 할 수 있다.

정책의 주요 내용은 2017년 11월 발표된 '혁신성장을 위한 사람 중심의 제4차 산업혁명 대응계획'에 담겨 있는데, 과학기술과 ICT를 통해 혁신성장을 달성하고 그 성과가 국민의 삶의 질로 연결되도록 한다는 정책비전에 따라 12개 분야의 지능화 혁신프로젝트와 3대 기반과제를 제시하였다. 지능화 혁신 프로젝트는 의료, 제조, 이동체, 에너지, 금융·물류, 농수산업 등 산업분야와 시티, 교통, 복지, 환경, 안전, 국방 등 사회분야로 구성되었고, 기반과제는 기술, 산업, 사회 분야로 구성되었다. 또한 'I-KOREA 4.0'이라는 정책브랜드를 통해 사람 중심 경제와 그것을 위한 과학·기술, 산업·경제, 사회·제도 전 영역을 포괄하는 국가 성장정책임을 분명히 하였다.

이전 정부의 성장동력 정책이 산업경제 중심의 양적 성장을 주로 담고 있었던 반면, 문재인 정부의 제4차 산업혁명정책은 경제성장과 사회발전을 동시에 추구하였다는 점에서 차이가 있다. 구체적으로는 '사람 중심'을 지향함으로써 양적 성장에서 질적 성장으로 전환하는 계기가 되었고, 과학·기술과 산업·경제와 사회·제도를 연계한 전 영역의 혁신을 지향하며, 상향식(bottom-up) 방식으로의 전환을 통해 정부 역할을 조력자로 인식하고 있는 점 등이 이전 정부의 성장동력 정책과는 다르다고 할 수 있다.

한편, 제4차 산업혁명정책은 구체적인 집행을 위해 다양한 세부계획들을 제시하였는데, 2017년 12월 '혁신성장동력 추진계획', 2018년 2월 '혁신성장 전략투자 방향' 등을 제시하였고, 이후 2019년 2월 '8대 핵심 선도사업 세부추진계획', 8월 '혁신성장 확산·가속화 전략-성장동력 업그레이드, 삶의 질 제고' 등을 통해 정책이 집행되고 있다. 이들은 혁신성장을 가져오리라고 예측되는 산업분야와 사업을 선정하여 중점적으로 추진한다는 것이었지만, 장기적 시각에서 성장을 주도할 사업 분야를 새롭게 선정했다기보다는 이전 정부에서 선정하여 추진하던 사업의 수정·보완이라는 한계가 있다. 따라서 정책의 내용 측면에서 제4차 산업혁명정책은 새롭게 형성된 정책이라기 보다는 기존 정책의 유지라고 볼 수 있다.

한편, 문재인 정부는 과학기술정책 관련 추진체계를 정비하였는데, 구체적으로는 과학기술정보통신부의 출범, 대통령 직속 4차산업혁명위원회의 신설, 과학기술혁신본부 신설, 과학기술의 최상위 의사결정 기구인 국가과학기술자문회의의 출범, 과학기술 관계장관회의의 복원 등이며, 이외에도 정책의 실효성을 위해 예산 증액과 규제 샌드박스를 시행하였다. 특히 제4차 산업혁명정책의 추진체계로서 특이점은 민·관 공동의 심의·의결기구인 4차산업혁명위원회를 들 수 있는데, 이는 정책 추진의 효율성을 위하여 다양한 정부 부처의 참여에 따른 종합·조정 기능의 필요에 의한 것이었다. 그러나 집행체계가 각 부처와 위원회로 이원화 되고 예산 조정권의 부재 등으로 실질적인 조정은 한계가 있기도 하다.

제4차 산업혁명정책은 2021년 현재 진행 중이어서 실질적 효과에 대한 평가가 이르기는 하지만, 기술개발 및 산업생태계 조성 등 성장동력과 함께 사회문제의 해결을 동시에 추구하는 점, 규제개선을 시도하는 점 등은 이전 정책에서 진일보한 것이라고 할 수 있다. 또한 이러한 성장동력 정책이 실질적인 국가 사회의 성장과 발전으로 이어지기 위해서는 미래의 핵심기술과 품목에 대한 체계적인 진단을 통한 사업의 선정과 그에 대한 지속적인 R&D 투자, 법제 보완 등이 필요할 것이다.

5. 정부별 정책과정 요약

앞서 살펴본 정부별 성장동력 정책과정의 내용을 정책환경, 정책기조, 정책결정 및 정책집행의 특징 등으로 나누어서 정리하면 다음의 〈표 I -3-2〉와 같다. 우선, 대부분 정부에서 성장동력 정책은 경제문제와 밀접하게 연관되어 있음을 알 수 있는데, 박근혜 정부와 문재인 정부 들어서는 구체적으로 '일자리 창출'과 관련된 경제·사회적 환경이 중요하게 고려되었음을 알 수 있다. 이처럼 성장동력 정책이 '경제문제'와의 연관성이 높았기에 국정기조 또한 자연스럽게 과학기술을 통한 사회발전이나 국가발전과 연계되는 측면이 강하게 나타났다. 대부분의 정부에서 과학기술 전담부처가 있었는데, 이명박 정부 시절에만 교육과 과학기술 기능을 합친 교육과학기술부가 전담부처의 역할을 담당했었고 그 이외 정부에서는 교육기능과 분리된 과학기술정책 관련 기능을 주로 전담하였다.

한편, 모든 정부에서 가장 큰 특징이라고 할 수 있는 점은 바로 정책결정과 관련된 부분인데, 이는 이후의 정책집행에서의 특징과도 연계된다. 예를

<표 Ⅰ-3-2> 정부별 정책과정 요약

구 분	차세대 성장동력 노무현 정부 (2003-2008)	신성장동력 이명박 정부 (2008-2013)	미래성장동력 박근혜 정부 (2013-2017)	혁신성장동력 문재인 정부 (2017-2019현재)
경제· 사회적 환경	기술진보 가속화, 글로벌경쟁 격화 사회적 수요 증대	글로벌 경제위기, 지구환경 변화	일자리창출, 미래먹거리 적극 발굴	신산업, 일자리 창출
국정기조	과학기술 중심사회 구축	선진일류국가 도약	창조경제실현	사람중심의 4차 산업혁명 구현
과학기술 정책기조 (주무부처)	제2의 과학기술 입국 (과학기술부)	실용화, 577전략 (교육과학기술부)	창조적 과학기술 (미래창조과학부)	과학기술·ICT로 안전하고 풍요로운 삶 실현 (과학기술정보 통신부)
정책결정의 특징 (의제설정, 정책형성)	• 국가발전전략으로 과학기술혁신을 제시했으나 여전히 성장발전 도구로 인식 • 부처간 의견조율과 협업이 부재	• 지식경제부 중심의 정책수립·형성 • 이원화된 정책추진 (지식경제부, 교육 과학기술부) • 교육이슈에 가려진 과학기술정책의 부재	• 이원화된 정책집 행 후 정책통합 • 짧은 기간 동안 잦은 정책변동	• 기존의 정책을 수정·보완 • 매년 정책변화가 이루어짐 • 부처별 추진과 종합 조정에 어려움이 있음
정책집행의 특징	• 차세대성장동력 추진특별위원회 (국가과학기술위원 회) 설치 • 사업 집행의 구체성 부족	• 신성장동력 TF (총리실) 설치 • 다부처 사업에 대한 총괄조정 기능 약화 • 민간참여 미흡	• 미래성장동력 특별위원회(국가 과학기술심의회) 설치 • 민간·정부 주도 여부 등을 기준 으로 유형화하여 맞춤형 투자전략 • 정책추진의 일관 성/ 지속성 확보 어려움	• 4차산업혁명위원 회 (정책관련) 및 국가과학기술자 문회의(8대 선도 사업) 역할 분리

들어, 노무현 정부에서는 정책결정과정에서 부처 간 의견조율과 협업이 부재하였는데 이는 이후에 전체 성장동력 정책 총괄기구의 설치와 운영이라는 결과로 이어진다. 한편, 이명박 정부에서는 이전 정부처럼 정책과정에서 부처 간 의견조율 문제가 크게 나타나지 않았었는데, 이는 초기 정책기획과 형성, 결정과정에 이르기까지 지식경제부에서 체계적으로 추진되었기 때문이다. 그리고 이후 정책집행 과정에서도 지식경제부의 역할은 확대되었는데, 이는 오히려 과학기술전담부처인 교육과학기술부와 이원화된 정책집행 구조를 만들어 내게 되었으며 이 과정에서 교육 현안에 묻힌 교육과학기술부의 역할과 기능은 약화되었다고 볼 수 있다.

박근혜 정부의 성장동력 정책은 정부주도 의제로 설정되었으나 국정기조였던 '창조경제 실현계획' 수립이 늦어지는 관계로 성장동력 정책 수립도 늦어지는 정책지연 현상이 나타났다. 또한 미래창조과학부가 제시한 13개 미래성장동력 분야와 달리 산업통상자원부도 별도의 13대 산업엔진 분야를 선정하면서 이원화된 성장동력 정책이 추진되었다. 이러한 문제를 해결하기 위해 정부는 두 부처의 정책을 통합하여 성장동력을 19개 분야로 확대하였으나 지속적으로 분야가 변동되어 추진되다보니 체계적인 평가와 관리체계를 갖추지는 못하였다. 특히, 박근혜 정부에서는 다양한 부처에서 여러 차례에 걸쳐 성장동력을 선정·발표하고 관계부처 합동으로 발표된 미래성장동력도 계속 변경됨에 따라 정책추진의 일관성과 연속성을 확보하기 어려웠다.

문재인 정부의 혁신성장동력은 신산업을 통한 일자리 창출이 절실한 상황에서 정부 관료 중심으로 정책이 형성되었다. 제4차 산업혁명이라는 경제 패러다임 변화가 대중에게는 크게 인식되고 있지 않은 시점에서 정권 변동기를 맞아 정치권을 중심으로 공약사항에 관련 내용들이 포함됨으로서 정책의제가 자연스럽게 형성되었다. 한편 정책형성은 과학기술정보통신부를 중심으로 기획재정부를 비롯하여 범 부처가 참여하여 이루어졌다. 정책기조 및 정책 비전에 있어서는 이전 정부와 달리 사람 중심을 강조하면서 경제와 사회 발전을 동시에 지향하고 있지만, 정책 내용은 이전 정부의 성장동력 사업이 대부분 유지되었다. 한편, 정책집행에 있어서는 추진체계의 이원화, 관련 법률의 부재, 예산 자율성의 문제 등이 정책추진을 어렵게 하는 요인이 되고 있고 또한 구체적인 집행정책도 각 부처에서 다양하게 수립·제시하여 정책의 종합조정과 일관성 있는 추진이 어려운 것으로 보인다.

제3절 범정부간 정책변동

1. 차세대 성장동력

노무현 정부는 국내산업의 경쟁력 수준과 시장형성시기에 따라서 정부와 민간이 주도할 기술분야를 구분하고 이 둘 사이의 협력체계를 구축하는 전략을 통해 차세대 성장동력 정책을 추진하였다. 이에 따라 실질적인 개발과정이나 제품생산은 민간에서 담당하고 정부를 이를 위해 필요한 규제완화, 인력양성, R&D투자 등의 역할을 수행하고자 하였다. 그러나 실제로 동 정책을 추진하는 과정에서 정부와 민간의 역할이 명확하게 구분되지는 않았다. 이는 초기 기획과정부터 정부가 주도하다 보니 상대적으로 민간의 적극적인 참여가 부족했고 민간에서는 이미 성장동력분야와 관련된 기술개발을 추진하고 있었기 때문이다.

이처럼 노무현 정부가 민간과의 협력을 강조한 이유는 동 정책이 정책기조에서부터 과학기술을 통한 경제성장을 강조했기 때문이다. 노무현 정부는 인수위원회 시절부터 '과학기술'을 전면에 내세웠는데, 차세대 성장동력은 이러한 기조를 반영하여 조직구성과 법률개정 등을 추진함으로써 정책혁신을 추구하고자 하였다고 할 수 있다. 그러나 동 사업은 여전히 과학기술을 통한 국가발전과 경제발전을 추진하려고 했다는 점에서 여전히 과학기술을 발전의 도구로 보는 시각에서 벗어나지는 못했다. 더욱이 사업 초기 기획단계에서부터 부처 간 갈등을 원만히 해결하지 못하고 이를 중재·조정하기 위한 조직이 4차례 이상 변화되는 등 안정화되는 데 시간이 소요되기도 하였다. 또한 민간과의 역할분담을 추진하였지만 실제 정부가 주도하여 성장동력 분야를 도출하였고 투자에 있어서도 민간과의 차이점이 나타나지는 않았다. 마지막으로 차세대 성장동력을 추진하는 과정에서 별도의 법을 제정하지 않고 기존 법률에 조항을 추가하는 형태로 법적 기반을 마련하였으나 이미 사업기획이 시작된 이후 법적 정비가 이루어져 3개 부처의 갈등을 사전에 조율하지 못하기도 하였다.

한편, 차세대 성장동력에서 가장 큰 정책변동은 바로 거버넌스의 변화라고 할 수 있다. 초기 기획단계에서 부처 간 갈등을 조정하기 위한 여러 차례의 노력 끝에 결국 노무현 정부는 전체 과학기술정책을 총괄·조정할 수 있는 새로운 거버넌스를 구축하였다. 이 과정에서 과학기술부는 부총리 부서로 격상되었으며 위상이 높아진 과학기술부 장관이 국가과학기술위원회의 부위원장을 맡았고 국가과학기술위원회의 사무국 조직으로 과학기술혁신본부가 신설되었다. 과학기술혁신본부는 과기부와 타 부처의 R&D사업을 조정하였을 뿐만 아니라 R&D사업 평가와 예산조정, R&D지출한도설정과 중점투자방향 제시 등 기존의 과학기술행정체계와 달리 돋보적인 권한과 역할을 수행하였다고 볼 수 있다. 이는 예산과 관련된 모든 권한을 가지고 있었던 재정경제부에서 R&D예산 편성과 관련된 권한의 일부가 과학기술 혁신본부로 이관된 매우 이례적인 정책혁신 사례라고 할 수 있다.

2. 신성장동력

신성장동력은 이전 차세대 성장동력과 마찬가지로 정부와 민간의 역할 구분을 통해 동 정책을 효과적으로 추진하고자 하였는데, 이와 함께 민간의 참여를 확대하기 위해 초기기획과정에 이들을 대상으로 수요조사 등을 실시하였다. 그러나 실제 정책이 추진되는 과정에서 정부와 민간의 명확한 역할분담은 미비했으며, 신성장동력의 기획과 정책형성, 추진체계 및 법·제도 정비에 이르기까지 정부주도로 매우 빠르게 정책이 수립되는 과정을 거쳤다. 더욱이 이 과정에서 '경제'와 '환경'이라는 서로 양립하기 어려운 정책목표가 제시되어 오히려 산업계와 정부가 환경이슈를 두고 서로 반대입장을 보이기도 하였다.

이처럼 이명박 정부는 '경제'와 '환경'을 모두 고려한 녹색성장이라는 정책기조를 제시하였으나 실제 신성장동력에서는 경제성장을 정책의 최우선 기조로 제시하였다. 시대변화를 반영하여 환경을 고려한 패러다임을 제시하였지만 이를 통해 일자리를 창출하고 양질의 경제성장을 달성하고자 하였으며, 이는 결국 과학기술 정책기조가 '경제발전과 성장'의 범주에서 벗어나지 못했음을 의미한다.

앞서 차세대 성장동력이 기존 법률의 개정한데 비해, 신성장동력은 「저탄소녹색성장 기본법」을 제정하여 성장동력을 추진하기 위한 법적인 근거를 마련하였다. 그러나 동 법은 제정과정에서부터 정부와 산업계, 환경단체의 갈등이 나타났으며, 「에너지기본법」, 「지속가능발전 기본법」, 「에너지이용 합리화법」 등 다수의 법률과 중복되거나 충돌되는 문제를 가지고 있었다. 더욱이 녹색성장법 세부조문에 기후변화대응 기본계획, 에너지 기본계획, 지속가능발전 기본계획 등을 5년마다 수립·시행하도록 명시함으로써 하나의 법률 안에 녹색성장국가전략을 포함해 4개의 기본계획을 수립하여 시행하도록 하여 위계문제를 초래하기도 하였다. 이러한 논란에도 불구하고 신성장동력의 법적 정비는 비교적 단 시간 내에 이루어졌는데, 이는 당시 이명박 정부에서 신성장동력과 연계된 녹색성장 이슈를 그만큼 중요하게 인식하고 있었기 때문이다.

노무현 정부에서 과학기술 행정체제는 큰 변화를 보였었는데, 이명박 정부에서도 과학기술 행정체제는 여러 번의 큰 변화를 보였다. 가장 큰 변화로 교육인적자원부와 과학기술부가 통합되어 교육과학기술부로 출범했으며, 이전 정부에서 강력한 과학기술정책 조정기능을 수행했던 과학기술혁신본부가 폐지되고 국가과학기술위원회의 권한도 축소되었다는 점이다. 특히, 과학기술 행정체제 개편을 통해서 산업기술R&D정책과 산업기술분야 출연(연)의 관리기능이 지식경제부로 이관되어었으며, R&D예산 조정·배분 기능은 기획재정부로 넘어가게 되었고 국가과학기술위원회는 비상설 위원회로 권한과 기능이 약화되었다.

결국 이명박 정부에서 과학기술정책은 교육과학기술부와 지식경제부로 이원화되어 추진되었는데, 이 과정에서 과학기술정책의 총괄 컨트롤 타워 기능이 부재하다는 문제는 이명박 정부 내내 지속적으로 제시되었으며 과학기술 정책 자체에 대한 이슈보다 과학기술분야 거버넌스 개편문제가 모든 담론의 중심에 놓여 있었다. 지속적인 문제제기는 이후에 전체 R&D사업의 조정기구로서 국가과학기술위원회가 다시 상설조직으로 변모하는 조직개편을 유도하여 거버넌스와 R&D예산 배분체계에서 변화로 나타났다. 이처럼 정부변화에 따라 과학기술 행정체계가 지속적으로 개편됨에 따라 장기적으로 추진해야 할 성장동력 정책은 매번 단절되는 과정을 경험할 수밖에 없었다.

3. 미래성장동력

박근혜 정부는 성장동력정책이 추격형에서 선도형으로 경제 정책의 패러다임 전환을 강조한다는 점에서 기본적으로 이명박 정부의 성장동력 정책과 맥을 같이 한다. 그러나 기술 및 산업분야뿐만 아니라 중소 벤처기업 육성 등 경제의 구조적 문제와 복지 수요, 안전문제 등 사회적 문제해결도 고려하는 등 포괄성 측면에서 과거 정부 정책과 차별성이 있다(장석인 등, 2014: 123). 또한 경제·사회적 상황 변화에 따라 이미 수립한 계획을 조정 또는 수정하는 연동 계획(Rolling Plan) 개념을 도입해 정책 수행의 유연성을 제고하고자 노력하였다. 성장동력 정책이 사회·제도까지 포함하는 포괄적인 방향으로 확장되고 대상 기술 분야도 폭넓어짐에 따라 종합적인 정책으로서의 완성도는 높아지게 되었으나, 관련 대상 사업의 수가 늘어난 만큼 예산 배정과 사업 차원의 조정 능력이 뒤따르지 못하면서 실행력 및 성과가 미약하다는 지적이 제기되기도 한다(한국과학기술기획평가원, 2016: 223).

박근혜 정부에 있어서 성장동력 정책변동은 정권교체에 의한 국정기조의 변화 속에서 일자리 창출과 미래먹거리를 적극적 발굴하고자 하는 경제·사회적 환경 요인들 하에서 '창조경제 실현계획'이라는 국정목표를 달성하고자 진행된 정책변동으로 정책변동 유형은 정책승계라 할 수 있다. 기본성격은 의도적이며, 2013년도 정권 출범과 함께 정부조직 개편으로 주무관청이 미래창조과학부로 변경이 되었다. 관련 법률은 「과학기술기본법」에 성장동력 정책과 관련한 법률조항을 추가하여 개정하였으며, 예산 측면에 있어서도 지난 정부에서의 승계라 할 수 있다.

박근혜 정부는 저성장 극복을 위한 새로운 성장 전략이 필요하게 되었으며, 기존 성장동력의 발굴과 육성에서 공급자 관점의 기술주도(technology push) 기획-발굴-육성 구도에서 벗어나 경제성장과 일자리 창출, 사회비용 절감과 효율화 및 사회적 문제 해결과 삶의 질 제고 등 새로운 정책목표를 효과적으로 달성하기 위한 전략적 세부과제를 발굴하고자 하였다.

미래창조과학부로 창조경제를 뒷받침하기 위한 성장동력 정책을 추진함에 있어서 관련 법제가 미흡하다고 판단하여, 이를 보완하고자 「과학기술기본법」을 개정하기에 이른다. 이러한 법 개정의 취지는 '과학기술이 신산업·일자리 창출 등 창조경제 실현에 기여할 수 있도록 하기 위하여 정부가 성장동력의 발굴·육성 등에 관한 시책을 수립·추진'할 수 있도록 하였다. 또한 미래성장동력 분야 규제개선을 통해 다양한 의의를 찾고자 하였다.

범부처 과학기술정책의 심의·조정을 담당하는 국가과학기술심의회를 설치하는 등 국가 과학기술정책의 효율적 추진을 위한 과학기술 거버넌스를 구축하였으나 기능이 오히려 약화되었다는 평가를 받았다. 또한 국가 과학기술의 혁신을 통한 국가발전을 도모하기 위해 대통령이 주재하는 과학기술전략회의를 신설하여 거버넌스에 혼돈을 자초했으며, 정권 중반기에도 잦은 과학기술 거버넌스 개편으로 정부R&D 정책의 혼선을 가중시키고 있었다.

예산운영은 기존 예산구조로 부처별로 관련 성장동력 사업 예산이 편성되어 있었다. 정부가 전략적 투자대상으로 집중 육성하고 있는 미래성장동력 분야의 R&D사업은 다음과 같은 문제점이 있어 이를 개선할 필요성이 제기되었다. 먼저, 부처 간 정책통합 과정에서 난립한 19대 미래성장동력 분야의 대상사업을 재조정함으로써 정책의 효율성을 제고할 필요가 있었으며, 정부의 미래성장동력·산업엔진 종합실천계획 및 정부R&D투자방향, 예산배분조정안과 예산안 편성 내용이 서로 상이하므로 정책과 예산의 연계를 강화할 필요가 있었다.

4. 혁신성장동력

문재인 정부의 혁신성장동력은 선도형 패러다임을 취하고 있다는 점에서 이전 정부와 맥을 같이 한다. 그러나 제4차 산업혁명이라는 메가트랜드를 반영하여 기술혁신을 경제뿐만 아니라 사회적 혁신으로 확산시켜 국민의 삶의 질과 연계하고자 했다는 점에서 이전 정부와는 차별성을 갖는다. 과거 성장전략이 경제발전에 초점이 맞추어져 산업화에는 성공하였으나 국민의 삶의 질로 연계되지 않았기에 패러다임의 전환과 성장전략의 수정을 통해 국민의 삶의 질 향상과 연계시키고자 하였다.

정부의 역할 또한 민간의 혁신 역량을 키우는 조력자 또는 지원자로서 간접적 역할로 규정하고 정책의 종합·조정을 위해 민간 중심 기구를 설치하였다는 점 등은 새로운 시도였다. 과거 성장전략에서 정부는 주도자 역할을 통해 하향식의 추격형 성장이 가능하였으나 이러한 전략은 삶의 질 문제는 해결하지 못하였다는 인식하에 정부의 역할을 시장 환경 개선, 혁신의 공공분야 도입 등에 한정하고자 한 것이다. 그러나 이러한 정부와 민간의 역할 분담을 위해서는 관련 법률의 지원, 추진주체의 역량, 예산의 뒷받침 등이 지속적으로 보완되어야 한다.

문재인 정부는 미래성장동력과 ICT업무를 담당했던 미래창조과학부를 과학기술정보통신부로 변경하였다. 또한 과학기술을 통한 혁신과 연구개발의 자율성을 보장하기 위하여 차관급의 과학기술혁신본부를 설치하였는데, 이는 이명박 정부에서 폐지되었다가 9년 만에 부활한 것이다. 한편, 정책의 추진체계는 4차산업혁명위원회라고 하는 민간 부문이 주도하는 컨트롤타워와 각 부처인 정부 부문이 주도하는 집행기능으로 분리하고 있어, 심의·조정 기능과 집행기능이 이원화되어 일관된 정책 수립 및 집행이 어려운 것으로 보인다.

한편, 혁신성장동력 관련 예산은 산업구조 혁신을 위한 핵심 기술개발, 인력 양성, 인프라 조성을 중심으로 편성되어 있는데, 정부 R&D 예산은 매년 증가하고 있으며, 제4차 산업혁명 관련 정책 수요가 다각화 되면서 정부 R&D 예산의 전략적 배분의 중요성은 더욱 커지고 있다.

5. 정부별 정책변동 유형 및 요약

앞서 살펴본 정부별 성장동력 정책에 대한 정책변동 유형 및 관련 주요 내용을 요약하면 다음의 〈표 Ⅰ-3-3〉과 같다.

우선, 노무현 정부의 차세대 성장동력은 정부가 의도적으로 성장동력을 적극적으로 발굴하여 정책을 수립·추진하는 동시에 정책기획과 수립과정에서 나타났던 부처 간 갈등문제를 해결하고 전체 과학기술정책에 대한 총괄·조정기구를 설치함으로써 혁신적인 정책변동을 보였다고 할 수 있다.

〈표 Ⅰ-3-3〉 정부별 정책변동 유형 및 요약

구 분	차세대 성장동력 노무현 정부 (2003-2008)	신성장동력 이명박 정부 (2008-2013)	미래성장동력 박근혜 정부 (2013-2017)	혁신성장동력 문재인 정부 (2017-2019현재)
정책변동 유형	정책혁신	정책유지	정책승계	정책승계
기본성격	의도적	적응적	의도적	의도적
정책기조의 전환	기술관련 내용	기술+고부가가치산업	기술+서비스산업	기술+산업+사람
	전반적인 정책기조의 확대			
법률 제·개정	기존 법률 (「과학기술기본법」) 개정	신규 법률 (「저탄소 녹색성장 기본법」) 제정	법률과 추진체계와의 정합을 위한 「과학기술기본법」 개정, 「산업기술혁신 촉진법」 유지	법률 개정 없음, 추진체계 관련 법령만 제정 (4차산업혁명위원회 설치 및 운영에 관한 규정)
거버넌스 재설계	• 신규조직 (과학기술혁신 본부) 신설 • 과학기술부 (부총리부서) 위상강화	• 기존조직(과학기술 혁신본부) 폐지 • 국가과학기술 위원회변화 (비상설→상설) • 부처기능통합 (교육+과학기술)	• 미래창조과학부 (과학기술에 기반 을 둔 성장동력) • 산업통상자원부 (미래산업 성장 동력)	• 과학기술정보 통신부 • 4차산업혁명 위원회 • 과학기술혁신 본부
예산운영	신규예산 부재 (기존예산 활용)	신규예산 부재 (기존예산 활용)	예산 승계 (기존 예산구조로 부처별 운영)	신규예산 부재 (기존예산 활용)
기타			지속적 변동 있음	대상사업의 지속적 변동 있음

이후 이명박 정부에서는 과학기술 행정체제에 큰 변화가 있었음에도 불구하고 이전 차세대 성장동력에서 추진했던 사업 대부분이 신성장동력에서도 유지되고 있었다. 뒤를 이은 박근혜 정부와 문재인 정부에서도 미래성장동력이나 혁신성장동력을 통해서 이전 정부에서 추진했던 성장동력 정책이 대부분 승계되었다고 평가할 수 있다. 물론 각 정부별로 성장동력 정책을 추진하기 위한 별도의 기획과정이나 별도의 정책과 계획을 수립했지만 추진된 내용 측면에서는 큰 변화 없이 유지·승계되는 정책변화의 양상을 보였다고 평가할 수 있다. 또한 정부가 적극적으로 성장동력 정책을 추진하려고 했다는 점에서 동 정책은 기본적으로 '의도성'이 높은 특성을 지녔다고 평가할 수 있다.

이러한 유사성에도 불구하고 전체적으로 성장동력 정책을 추진하는 과정에서 몇 가지 변화를 보이기도 한다. 우선, 역대 정부는 기본적으로 성장동력 정책을 통해 경제나 사회발전을 추구하고자 하였다. 그러나 초기 성장동력이 한정된 기술만을 대상으로 한데 비해 시간이 지남에 따라 이와 연관된 서비스나 사람으로까지 성장동력 대상이 확대되었다. 이는 결국 기술을 개발함에 있어 단순히 기술개발이나 이로 인한 산업성장이 아니라 그 이후에 파생되는 사회 내 서비스분야나 이를 이용하고 활용하는 사람까지 고려하는 것으로 결국 성장동력 정책의 기조가 기술에서 점차 사회와 사람으로까지 확대되고 있음을 의미한다.

전반적인 정책기조가 확대됨에 따라 성장동력 정책을 추진하기 위한 법적 기반을 마련하였으나 이는 모두 동일한 방식으로 이루어지지는 않았다. 노무현 정부와 박근혜 정부에서는 기존 「과학기술기본법」 개정을 통해 법적 근거를 마련한데 비해, 이명박 정부에서는 신규로 법률을 제정하였다.

다만, 문재인 정부에서는 아직까지 뚜렷한 법률 개정 내용은 없으며 추진체계와 관련된 일부 법령만 제정하였다.

마지막으로 가장 큰 정책변동을 보인 분야는 바로 거버넌스 분야라고 할 수 있다. 노무현 정부와 이명박 정부, 박근혜 정부에 이르기까지 성장동력 정책을 둘러싼 거버넌스는 매우 다양하고 급진적으로 변했다고 할 수 있으며, 동시에 일관성이나 체계성은 부족했다고 할 수 있다. 앞서 살펴본 바와 같이 역대 정부의 성장동력 정책은 정책내용에서 큰 변화 없이 관련 정책이 유지·승계되었다고 할 수 있다. 이에 비해 동 정책을 추진하기 위한 추진체계 측면에서는 지속적으로 변화했는데, 새로운 조직이 신설되고 거버넌스 체계가 변화했다가 다음 정부에서는 이 조직이 전면적으로 없어지고 부처가 통합되었고 이후 정부에서는 또 다시 통합된 부서가 분리되는 등 지속적으로 거버넌스에서의 변화를 보였다. 이는 환경 변화나 국정기조를 반영하여 추진체계가 변화되었다고 평가할 수도 있지만 동시에 20여 년 간 지속적으로 추진된 성장동력 정책을 평가·환류하는 시스템의 구축이 미비했으며 이로 인해 일관성 있는 정책추진이 어려웠음을 의미할 수도 있다.

제4절 정책평가

1. 정책과정 평가(과정평가)

역대 정부의 성장동력 정책을 정책의제설정, 정책형성, 정책집행 등 정책과정에 따라 분석하면 다음과 같다. 우선, 정책의제설정 과정은 정책환경 변화와 국민 수요에 대한 대응성(responsiveness)에 초점을 두었으며, 정책형성 과정은 정책목표 설정 및 정책대안 탐색의 합리성(rationale)을 그리고 정책집행 과정은 집행정책 수립과 집행전략의 효율성(effectiveness)을 중심으로 살펴보았다.

1) 정책의제 설정의 대응성

정책의제 설정의 대응성은 정책환경 변화와 국민 수요에의 대응성을 의미한다. 노무현 정부의 과학기술 이슈는 경제문제와 밀접하게 연관성을 가졌으며, '과학기술 중심사회'라는 분명한 키워드를 인수위원회, 취임식, 국정토론회 등을 거치면서 비교적 빠른 시간 내에 정책의제로 형성하였으나, 성장동력을 발굴하는 과정에서는 주요 부처의 조정과 협의에 갈등이 있었다.

그러나 이명박 정부의 녹색성장은 대통령을 비롯한 고위 정책결정자들을 통해 관련 이슈가 확대되어 매우 빠른 시기에 정책형성이 완료되는 형태로 나타났다. 이 과정에서 당시 이명박 정부가 내세웠던 '경제 살리기'는 국민적 호응을 이끌어 냈으며, 이러한 경제 관련 이슈는 자연스럽게 성장동력 정책과 연계되어 비교적 빠른 시일 내에 정책이 수립되었다. 또한 신성장동력 역시 초기단계부터 지식경제부를 중심으로 의제를 형성하여 부처 간 갈등도 상대적으로 적었으나, 계획수립 단계에 민간의 의견이 반영되지 못했다는 한계는 갖고 있었다.

박근혜 정부는 선도형 성장의 경제운영 패러다임으로서 과학기술과 ICT 역량 등을 활용한 한국형 창조경제 추진전략인 '창조경제 실현계획'을 국정기조로 제시하였다. 이러한 국정기조를 추진하기 위한 구체적인 정책으로 미래성장동력이 정책의제로 설정하였으나, 계획수립이 늦어지는 관계로 정부가 출범한 지 1년이 지나서야 미래성장동력 정책이 추진되는 정책지연 현상이 일어났다.

마지막으로 문재인 정부에서 제시한 제4차 산업혁명 이슈는 국가와 사회구조에 직접적인 영향을 미친다고 할 수 있다. 따라서 4차 산업혁명정책은 국가 사회적인 담론 형성을 통해 인식이 확산되어야 함에도 불구하고 관련 의제가 정책적·규범적 담론 절차를 거치지 않고 정부에 의해 일방적으로 제시되었다.[3] 이런 점에서 제4차 산업혁명정책은 사회적 맥락과 경험적 과정이 생략되어 대부분 기술적 시각과 산업육성 논리에 치중하였다(윤정현, 2018: 41)고 평가받는다. 제4차 산업혁명정책이 산업육성과 기술개발 위주로 논의가 진행됨에 따라 상대적으로 경제·사회 혁신에 필요한 기술의 적용이나 법·윤리적 논의는 지체되고 있다고 할 수 있다.

2) 정책형성의 합리성

노무현 정부의 차세대 성장동력은 '국민소득 2만불의 선진경제 도약을 위해 5년 이내에 제품화가 가능한 핵심기술을 발굴·육성'하는 사업으로 정

---

3) '제4차 산업혁명'에 대해 일부에서는 기술의 시대구분에 대해 동의하지 않거나, 혁명이라는 용어의 사후적 사용 때문에 적절하지 않다는 지적, '제4차 산업혁명'은 정치적으로 사용하는 용어라는 지적 등이 있어 왔다("4차 산업혁명이라는 용어는 다분히 정치적이다"(https://brunch.co.kr/@sihwanyoon/62) 참조). 산업혁명은 산업부문에서 촉발된 어떠한 획기적인 변화가 생산양식, 생산력, 산업구조의 전환을 초래할 뿐만 아니라 경제성장의 장기파동을 주도하고 거시적 사회·경제 환경 변화를 일으키는 경우를 일컫기 때문에 또, 어떤 변화가 과연 혁명적인지는 후대에서 평가할 수 있어 '4차 산업혁명'이란 레토릭에 불과하다는 비판과 제4차 산업혁명은 학술적 개념이나 역사적 사실이 아닌 선언적 주장, 슬로건에 해당한다는 주장도 있다(박상욱, 2018: 22).

책의 목표자체가 경제성장에 맞춰져 있었다. 따라서 정책추진 방향이나 목표 모두 경제성장과 밀접한 연관을 맺고 있었으며, 선정된 산업도 상대적으로 단기간에 성과를 낼 수 있는 IT분야 중심으로 구성하여 향후 미래를 위한 기술개발 분야가 IT 중심이라는 점에서 한계를 가지고 있었다. 이는 초기 기획단계에서 '무엇'을 차세대 성장동력으로 보고 '어떤' 기술을 선정하여 개발할 것인가에 대한 논의가 원활하게 진행되지 못한 것을 그 한 원인으로 제시할 수 있을 것이다. 또한 장기적 관점에서 국가가 어떤 기술 분야를 육성하고 키울 것인가에 대한 사회적 논의와 합의가 부족했기 때문으로도 볼 수 있다.

이명박 정부에서 제시한 국가발전전략인 '녹색성장'의 하위 정책으로 추진된 신성장동력은 국가발전 패러다임 자체가 '경제'를 우선순위에 놓음에 따라 자연스럽게 기술혁신이나 사회혁신보다는 경제성과와 밀접하게 연계될 수밖에 없었으며, 이전 노무현 정부와 마찬가지로 경제성장 중심의 성장동력 정책이 추진되었다.

이에 비해 박근혜 정부는 출범 후 잦은 미래성장동력 분야의 변동을 겪어 왔다. 2014년 13대 미래성장동력 분야(미래창조과학부)와 13대 산업엔진 분야(산업통상자원부)를 통합하여 2015년에 19대 미래성장동력 분야로 확대하였으나, 2016년에는 9대 국가전략 프로젝트를 선정하면서 4차 산업혁명 시대를 대비하는 성장동력 확보를 내세웠다. 이는 미래성장동력 정책이 자주 변화하고 선정분야가 확대되어 정책추진체계에 혼선이 가중됨에 따라 정부가 우선순위를 재조정한 것으로 볼 수 있다. 즉, 19대 미래성장동력 분야가 너무 광범위한 분야를 선정하고 있어 선택과 집중의 전략성이 떨어짐에 따라 다시 9대 국가전략 프로젝트를 선정하여 우선 지원하겠다는 것이다.

마지막으로 문재인 정부에서 제시한 제4차 산업혁명정책은 경제, 사회 전반으로 확산을 지향하고 있다. 따라서 정부는 기술혁신이 경제·사회 혁신으로 공진화가 이루어질 수 있도록 국가 사회적 관점에서 정책 혁신을 다루어야 하지만, 현실적으로 제4차 산업혁명정책은 각 부처에 대한 세부사업만을 나열하고 있다. 전체 시스템 차원에서 장기 기획과 설계보다는 세부사업들로 파편화되어 있는 실정이다. 이는 정책형성과정에서 산업·경제 논리를 사회·제도 영역까지 확산시키려는 논의 과정이 부족하였고 정부 중심으로 정책형성이 이루어져 기술혁신 및 사회혁신 전문가 집단의 목소리가 균형 있게 반영되지 못하였기 때문이다. 물론 민간 전문가가 참여한 다양한 위원회들이 존재하였으나 위원회의 심의·조정은 이미 각 부처에서 결정된 내용을 사후적으로 논의하는 것이어서 민간 전문가의 목소리를 제대로 반영하기는 어려운 구조였다. 또한 기술혁신이 국가 사회 혁신으로 확산되기 위해서는 전면적인 법·제도의 재설계가 필요하고 사회·윤리적 쟁점에 대한 논의가 필요하지만, 제4차 산업혁명정책은 이에 대한 논의를 배제한 채 개별적 법제 개정으로 접근하는 방식을 취하고 있다. 때문에 새로운 이해 갈등의 문제(예를 들면, '타다'와 같은 새로운 공유경제 사업자와 기존 사업자와의 갈등 문제 등), 윤리적 문제(개인정보보호와 공공데이터 개방의 문제) 등이 발생하고 있고 이에 대한 대응이 부족한 실정이다.

3) 정책집행의 효율성

정책의 일관성을 확보하기 위해서는 정책 추진체계의 연속성과 효율성이 중요하다고 할 수 있다. 이런 측면에서 본다면 역대 정부에서 추진한 성장동력 정책은 정권이 바뀔 때마다 정책 추진체계가 변화하였고 따라서 유사한 성장동력 정책이 유지·승계되었음에도 불구하고 정책의 일관성은 부족했다고 평가할 수 있다.

예를 들어, 차세대 성장동력은 정책추진을 위하여 차세대성장동력특별위원회, 총괄실무위원회, 과학기술혁신본부 등을 설치하여 효율적 추진체계를 갖추었다. 그러나 실제 사업에는 다양한 부처가 참여하고 각 부처가 자체적으로 과제를 진행·관리함으로써 부처 간 협업이 부족하고 갈등관계가 나타나기도 하였다. 이러한 문제를 해결하기 위해 과학기술부를 부총리 부서로 승격시키고 과학기술정책의 총괄·조정기구로써 과학기술혁신본부를 설치하였으나 다음 정부에서 곧바로 관련 조직이 폐지되고 과학기술부는 타 부처와 통합·출범하게 되었다.

이에 비해 신성장동력은 초기부터 지식경제부 중심의 신성장동력 TF를 통해 관련 정책이 추진됨에 따라 이전 차세대 성장동력과 같은 부처 간 갈등문제가 크게 부각되지는 않았다. 그러나 이전 정부의 과학기술혁신본부를 폐지하고 부처 간 정책조율을 담당했던 국가과학기술위원회를 비상설위원회로 설치함에 따라 전체 부처 간 정책조율과 통합기능에서 문제를 나타냈었다. 이와 함께 개별부처가 자체적으로 신성장동력 정책을 추진함에 따라 전체 성장동력 정책 측면에서의 성과는 낮았다고 볼 수 있다.

한편 미래성장동력 정책은 성장동력 정책의 수립·조정기능을 수행하는 국가과학기술심의회와 국가전략 분야 연구개발사업을 선정·추진하는 '과학기술전략회의'로 이원화되어 추진되었다. 또한 이명박 정부의 신성장동력과 같이 별도의 사업단과 예산확보 없이 각 부처에서 독자적으로 추진하던 사업 중 일부를 새로운 성장동력으로 구분하고 기존 과제의 추진과정에서 과제관리만 하는 수준에서 성장동력 육성정책을 추진하였다. 이는 개별 부처의 책임성을 강화함으로써 부처별로 독자적인 정책을 추진케 하는 장점이 있었으나 실효성 있는 추진동력 확보에는 미흡했다고 평가할 수 있다.

이러한 미래성장동력은 문재인 정부의 혁신성장동력으로 이어졌다. 매 정부마다 성장동력 분야를 선정하여 일관성이 저하되고, 성장동력 분야별 특성과 우선순위에 따른 전략적인 지원이 부족하다는 인식이 있어 왔다. 이에 따라 문재인 정부의 과학기술정보통신부는 박근혜 정부의 성장동력 분야에 대한 일관성을 유지하면서 분야별 특성과 대내·외 환경 변화를 고려한 혁신성장동력 추진전략을 마련하였는데(과학기술정보통신부, 2017), 그 내용으로는 박근혜 정부의 19대 미래성장동력과 9대 국가전략프로젝트를 연계·통합하여 13대 분야로 수정한 것이며, 이는 다시 혁신성장 전략투자 방향(관계부처합동, 2018)에서 3대 분야와 8대 사업으로 수정된다. 그러나 국내 정치환경의 특성과 법·제도의 불확실성은 제4차 산업혁명정책의 집행에 그대로 반영되고 있어 정권 변화를 초월한 장기비전 수립이 어려운 실정이다(윤정현, 2018: 41). 또한 제4차 산업혁명정책은 민·관 역할 분담에서 민간 중심을 강조하지만 여전히 기계적인 역할 분담(위원회 구성의 민간 참여 등)에만 치중하고 있어,[4] 민간 중심의 혁신 성장은 아직 현실과 유리되어 있다고 볼 수 있다.

---

4) 민간 부문의 참여는 위원회와 같은 제도적 절차가 아니더라도, 과학기술의 특수성을 고려하여 전문성을 높이기 위해 민간경력채용의 확대 등이 필요하다는 지적이 있다.

2. 정책목표 달성 평가(총괄평가)

정부 정책은 목표·수단의 계층구조에 의하여 상위정책과 하위정책 간에 상위목표를 공유하고, 상위목표와의 연속성 차원에서 하위목표와 상호보완적인 관계가 형성되어야 한다. 노무현 정부의 차세대 성장동력은 '경제성장'이라는 정책목표를 분명히 하고, 5~10년 이내 성과를 낼 수 있는 IT기술을 중심으로 제품개발을 지원하여 실용화가 가능한 과제를 발굴하고 사업화를 촉진하고자 하였다. 차세대 성장동력 추진 결과, 10대 산업분야별 기술수준이 세계 최고 수준 대비 50~90%(2003년)에서 70~95%(2006년)로 향상된 것으로 나타났고, 고용인력의 증가와 세계시장 점유율 등에서 성과가 있었다(장석인 등, 2017: 31). 그러나 미래를 대비하기 위한 기술 분야가 5~10년 이내 상용화가 가능한 IT기술로 대부분 구성되었다는 점에서 분야 선정의 적절성은 부족했다고 볼 수 있다(전종인·박장호, 2007).

한편, 이명박 정부의 녹색성장과 신성장동력 정책도 노무현 정부와 마찬가지로 경제 성장동력 확보를 위한 정책으로 추진되었다. 경제성장을 목표로 추진된 신성장동력은 첨단융합에서 432조원(2009년~2011년), 설비투자 38조원, 수출 661억 달러를 창출하였고 신재생에너지, 원전, NED등의 분야에서 선도적 위치로 성장하였다고 볼 수 있다(장석인 등, 2017: 40). 그러나 신성장동력의 정책목표가 너무 광범위하여 노무현 정부의 차세대 성장동력과는 연속성이 미흡하였다.

박근혜 정부와 과거 정부와의 차별성은 과거 추격형에서 선도형으로의 경제발전 패러다임 전환을 강조하면서 모든 경제정책의 패러다임 전환을 강조하였다. 동시에 성장동력 정책의 추진에 있어 실제 성장동력의 선정과 추진전략에서는 주력산업 고도화와 복지산업 동반성장, 중소벤처기업의 육성 등 당시 우리 경제의 구조적 문제와 새로운 복지수요와 안전 문제 등 사회적 문제의 해결도 기대하고 있었다. 이러한 성장동력의 선정과 실행계획의 내용에는 상위 정책기조의 변화와 중점추진 목표를 달성하기 위한 실적적인 세부과제들이 마련되고 세심하고 체계적으로 추진될 필요가 있었다. 박근혜 정부의 성장동력 선정과 발전비전 및 중간 정책목표에는 이러한 상위 정책기조 변화가 어느 정도 반영된 것으로 보이나, 세부 실행계획 단계에서는 발전패러다임 전환에 따른 세부 목표와 전략의 정합성이 다소 미흡했다는 평가를 받고 있다.

한편, 성장동력 분야는 글로벌 시장 환경, 경제상황 등 내·외부 환경 변화에 따라 변경될 수 있으며, 특히 첨단기술 분야의 경우 시장 상황이 급변하기 때문에 신속한 정책대응이 필요하다. 그러나 우리나라와 같이 정권 교체 시마다 성장동력 분야가 재검토되는 사례는 없으며, 보다 심각한 문제는 성장동력 정책의 기본방향 및 육성분야를 재수립하면서 정책의 틀이 바뀜에 따라 기존 정책의 체계적인 이행을 점검하기 어렵다는 점이다. 과거 노무현 정부의 10개 차세대 성장동력 분야, 이명박 정부의 17개 신성장동력 분야 및 박근혜 정부의 19개 미래성장동력 분야로 그 수가 점차 증가하였지만 분야 간 연계성은 떨어지는 것으로 나타났다. 정부가 성장동력 분야로 선정하여 중장기적으로 재정, 세제 및 규제개선 등 각종 지원을 집중하고 있는 분야가 5년마다 새롭게 개편되고 있었다. 이와 함께 박근혜 정부에서는 성장동력의 발굴선정이 과거 정부에 비해 그 범위가 확대되고 다양해져 그만큼 관리가 어려워졌다고 할 수 있다. 이러한 관리의 어려움을 반영하듯 다양한 분야에서 이미 추진 중인 사업들을 성장동력 사업에 편입시켜 성장동력 과제로 관리하는 방식으로 추진함으로써 육성역량이 분산되는 등 추진력이 과거 정부에 비해 크게 약화되었다고 할 수 있다.

마지막으로 문재인 정부의 '제4차 산업혁명 대응계획'은 '혁신성장을 위한 사람 중심'을 상위목표로 하고 있으나, 하위정책인 '혁신성장동력 추진계획'은 '소득주도 혁신성장' 등을 목표로 하고 있고 실제 정책내용은 성장동력 분야의 유형화 및 발굴에 초점을 두고 있어 정책목표와의 연계성이 부족하다. 특히 정부마다 유사하거나 중복되는 성장동력 분야를 선정하고 있지만, 각 정부마다 목표달성 여부에 대해서는 관리가 안 되고 있는 실정이다. 또한 국민 생활과의 연계성을 강조하고 있지만 국민이 체감할 수 있는 정책은 현재 부족한 것으로 보인다.

제5절 정책문제 도출

앞에서 살펴본 바와 같이 역대 정부의 성장동력 정책에서 공통적으로 나타나는 문제점들을 종합해 보면 다음과 같다. 우선 그동안 성장동력 정책은 정책의제설정에 정부가 주도적으로 대상 사업 및 추진체계 등을 설계하여 민간 부문의 의견이 반영되지 않는 것으로 나타났다. 정권교체 시마다 성장동력 정책은 차세대 성장동력, 신성장동력, 미래성장동력, 혁신성장동력 등으로 발표되지만, 대통령을 비롯한 정책결정자 중심으로 논의가 이루어지고 전문가를 포함한 민간의 의견 반영이 부족했다. 특히 최근의 혁신성장은 기술뿐만 아니라 경제 및 사회 혁신을 동시에 추구한다지만, 여전히 정부가 주도하는 기술 위주의 산업육성 논의가 주를 이루고 있다. 플랫폼 경제, 자율자동차 등은 경제 구조의 급격한 변화가 민간 중심으로 나타나고 있고 이에 따라 일자리 및 노동의 질 등 사회적 변화가 수반되어 기존 규제들에 대한 법·윤리적 논의가 필요하지만 오히려 이러한 부분은 정치적 이유 등으로 지체되고 있다. 이러한 국내 정치 환경의 특성과 법·제도의 불확실성은 혁신성장을 가로막고 있다.

둘째로 성장동력의 정책목표가 경제 성장에 맞추어져 있어 장기적 시계를 갖고 추진되기 보다는 단기적 경제성과를 중시하였고 따라서 정권변동 시에 정치적 이유로 자주 지체되고 단절되는 현상이 나타났다. 성장동력 분야는 글로벌 시장 환경, 경제상황 등 내·외부 환경 변화에 따라 변경될 수 있고 첨단기술 분야의 경우 시장 상황이 급변하기 때문에 신속한 정책대응이 필요하지만 정권이 바뀔 때마다 정책의 기본방향, 추진체계, 대상사업, 예산 등이 변화되면서 정책의 일관성이 확보되지 않았다. 더구나 성장동력은 다양한 부처가 참여하여 종합·조정의 총괄기능이 중요하지만, 총괄기구를 비롯한 추진체계 역시 자주 변동되고 기능이 분산되었다. 우리나라의 성장동력 정책은 정권 교체시 마다 재검토되어 성장동력으로 선정되기도 하고 제외되기도 하는 등 정책이 표류하였다고 할 수 있다.

이처럼 성장동력의 정책문제들은 정책환경 등 다양한 측면과 연계되어 있고 잦은 정책변동으로 정책표류 현상이 나타나고 있는데, 이는 단순히 성장동력 정책 자체에서만 기인하는 것이 아니라 넓게는 우리나라의 정치 환경이나 제도 등과 깊이 연계되어 있음을 보여주는 것이다. 따라서 성장동력의 정책문제를 단일 차원에서 도출하기보다는 정책환경(policy environment), 정책변동(policy change), 정책구조(policy structure)의

다차원적 관점에서 분석하였으며 이를 구체적으로 살펴보면 다음과 같다.

첫째, 정책환경은 성장동력 정책에 직·간접적으로 영향을 미치는 현재 대한민국의 사회문화와 정치구조 등을 포함하였다. 이러한 정책환경은 단기적으로는 정책실패의 간접적인 원인으로 작용하면서, 장기적으로는 새로운 사회변화를 수용하는 과정에서 장애 요인으로 작용할 수 있기 때문이다.

둘째, 정책변동은 통상 정책과정의 마지막 단계와 첫 단계를 동시에 포함하고 있는 정책활동으로 정의할 수 있다. 이런 관점에서 성장동력 정책의 정책변동 관리는 정책의제설정과 정책형성 단계에서는 새로운 사회변화와 국민의 수요를 반영할 수 있도록 부단한 정책혁신(policy innovation)과 시의적절한 정책종결(policy termination)이 이루어져야 하며, 정책집행 과정에서는 정책의 안정성과 지속성을 위하여 필요한 범위 내에서의 합리적인 정책유지(policy maintenance)와 정책승계(policy succession)가 필요하다.

마지막으로, 정책구조는 정책환경을 반영한 정책변동을 구체화하고 실현하는 수단적인 성격을 갖는다. 이 부분은 특히 행정부의 정책형성(policy formulation)과 집행정책 형성(executive policy formulation) 과정과 관련성이 높은 사항들로서 정책철학과 정책기조, 관련 법령, 거버넌스 및 예산 등의 내용을 포함한다.

이상과 같이 성장동력의 정책문제와 관련된 영역들을 논의하면서 각 영역 간 관계를 개략적인 형태로 범주화하면 (그림 I-3-1)과 같이 종합할 수 있고, 정책혁신 방향과 정책과제도 이와 같은 영역으로 구분하여 살펴볼 수 있다.

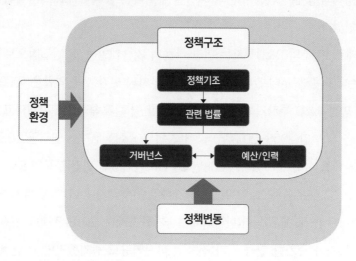

1. 정책환경 관점의 문제

1) 정부 주도형의 민간·정부 관계

정책의제설정 과정에서 환경변화 및 수요파악이 우선되어야 함에도 불구하고 정권마다 관료집단이 주도권을 갖고 있기 때문에 성장동력 정책은 정부 주도형의 민간-정부 관계가 지속되어 왔다. 과학기술의 핵심적인 공급 주체는 기업, 대학, 연구기관 등 민간부문임에도 불구하고 정책과정에서 이들의 의견수렴 과정이 없거나 있어도 형식적으로 이루어졌다고 할 수 있다. 더욱이 파괴적 혁신을 통한 혁신성장은 민간이 지니고 있는 강점임에도 불구하고 국가 전체적인 성장동력 정책의 형성과 집행에서 민간은 여전히 수동적 역할을 수행하고 있었다. 정부는 성장동력 정책을 수립할 때마다 민간과의 협업이나 역할분담을 강조하였고 정부의 역할을 민간 부문 성장을 위한 마중물로 정의했지만 실제는 정부가 정책을 주도적으로 추진하고 정책과정에서 민간 부문의 의견을 수렴하는 공식적이고 절차적인 장치가 없었다.

실례로, 정부의 R&D투자는 민간 부문의 기술개발을 직·간접적으로 지원하는데 비중을 두어 왔다. 그러나 R&D 투자의 민간 부문 역할은 1980년대 초 민간 R&D 투자가 공공 부문을 초월한 이후 지속적으로 확대되고 있고 최근 10년간(2008~2017년) 국내 기업의 R&D 투자는 연평균 10.2%의 증가세를 나타내고 있다. 2008년 26.1조 원이었던 민간 부문의 R&D는 2017년 62.56조 원으로 약 2.4배 증가하였으며 국가 R&D에서 차지하는 비중은 79.4%로 매우 높다(한국과학기술기획평가원, 2018: 3-11). 민간의 R&D 투자가 증가한 만큼 국가 전체의 혁신역량도 증가했지만, 지난 4개 정부의 성장동력 정책은 과거 정부주도형의 정책과정이 여전히 반복되는 형태를 보이고 있다.

2) 미래 사회 변화에의 대응성 부족 / 경제 위주의 양적 성장 중심 정책

각 정권마다 제시한 성장동력 정책은 미래에 대한 분석과 기존 정책에 대한 평가 없이 '계획 발표'만 반복적으로 이어져 왔다. 정책을 통해 성장이 실제로 있었는가, 부족한 점은 무엇이었는가를 파악하여 다음 계획에 반영해야 함에도 불구하고, 정권마다 계획의 제목만 리뉴얼한 채 새로운 정책으로 발표되어 '계획만 있을 뿐, 실행이 부족하다'는 것이라고 할 수 있다. 정책 환경은 급변하고 있고 기후변화, 저출산 심화, 계층간·산업간·세대간·지역간 격차 심화 등 그동안 경험하지 못했던 변화에 대응하기 위해 근거 중심의 미래예측과 새로운 의제 발굴이 필요했지만 성장동력 정책은 정책환경의 변화보다는 정치 변화에 적응하는 모습을 보였다.

또한 각 정권에서 추구해온 성장동력 정책은 과학기술과 혁신을 경제성장의 도구로 보는 관점에 기초해 있었으며 그 기조를 유지해 왔다. 이는 「헌법」 제127조에서도 살펴볼 수 있는데, 헌법에서 조차 과학기술을 경제발전을 위한 수단으로 규정하고 있다. 과거 추격형의 성장기에는 과학기술이 양적 성장을 위한 도구적 역할을 수행하였지만, 현 시점은 과거와는 다른 기술·경제·사회적 변화를 직면하고 있다. 제4차 산업혁명 시대의 과학기술은 경제구조를 변화시키고 있고 그에 따른 사회제도의 변화를 요구하고 있다. 그럼에도 불구하고 아직도 성장동력 정책은 과학기술을 경제 위주의 양적 성장의 도구적 관점에서 접근하고 있다고 볼 수 있다. 진정한 혁신성장을 위해서는 과학·기술, 산업·경제, 사회·제도의 각 분야에서 일어나는 혁신이 연계와 공진화를 통해 사회 전체로 파급되도록 하여야 한다. 그러나 성장동력 정책은 융합적 시각에서 재구성 되고 연계되지 못한 채, 각 부처에서 파편적으로 추진되는 양태를 보였다. 급변하는 미래 사회에는 과학기술 지식과 파괴적 혁신을 활용하여 다양한 사회문제를 해결하고 국민의 삶의 질 향상이 가능토록 하는 종합적이고 통합적인 정책기획 능력을 필요하다. 지금까지처럼 과학기술을 경제성장을 위한 도구로만 인식한다면 기존과 유사한 정책이 반복적으로 추진될 수밖에 없기 때문에 과학기술에 대한 새로운 인식 틀과 공감대 형성이 필요하다.

2. 정책변동 관점의 문제

1) 정책혁신과 종결을 저해하는 정책의 경로의존성

역대 정부의 성장동력 정책의 문제 중 하나는 유사한 정책이 반복적으로 수립되고 집행되었다는 점이다. 새로운 정부가 들어설 때마다 새로운 성장동력 정책이 수립되었지만 기존에 추진되던 정책에 대한 명확한 평가를 바탕으로 한 것이 아니었기 때문에 기존과 유사한 방식을 반복하여 왔다. 진정한 파괴적 혁신을 위해서는 기존 성장동력 정책에 대한 평가를 근거로 새로운 정책기획에 따라 더 이상 유효하지 않거나 정부가 주력하지 않아도 되는 부분에 대해서는 과감하게 종결하고 새로운 정책혁신을 유도하여야 한다. 그러나 성장동력 정책은 추격형에서 선도형으로 패러다임과 정책기조를 바꾸었고, 하향식(top-down)에서 상향식(bottom-up)으로 또한 정부 주도에서 민간 주도로 추진방식을 바꾼다고는 하였지만, 실질적인 정책결정 및 실행 과정의 패턴은 여전히 과거의 하향적인 거버넌스에 의해 세부과제는 각 부처 주관으로 추진하는 등 경로의존성을 보이고 있다.[5] 따라서 정부와 민간의 역할을 새롭게 설정하는 것, 정부가 추진하지 않아도 되는 정책에 대한 과감한 종결과 새로운 정책의 추진 등에 대한 고민이 필요하다.

2) 합리적 정책유지와 승계를 저해하는 분절적 정책관리

우리나라는 5년 임기 정권으로 인한 국정과제의 변화로 대부분의 정부정책이 5년을 주기로 단절되고 정체되는 현상이 반복적으로 발생하고 있

---

5)　경로의존성(path dependency)은 행위자들의 개별적 행위가 계산된 자기이익의 표출 결과가 아니라 '주어진 맥락 조건 하에서' 자신들의 이익과 관련하여 다양한 행위자들의 비용편익을 고려하여 이루어진다는 것으로, 광의적 개념은 시간적으로 앞선 단계가 다음 단계에 인과론적 영향을 미친다는 것이며, 협의적 개념은 어떤 제도가 시작된 후 계속 유지되는 것을 의미한다(김난영 등, 2011: 408). 여기에서는 광의로 사용하여, 일단 만들어진 제도가 종결이나 혁신되어야 됨에도 불구하고 실질적인 정책과정과 정책구조 등이 이전 정부에서 크게 벗어나지 못한다는 의미로 사용하였다.

다. 더욱이 과학기술의 연구개발과 혁신은 장기적으로 투자되고 지속되어야 하는 분야임에도 불구하고 정권이 바뀔 때마다 새로운 성장동력을 발표하기까지 단절과 지체가 반복되어 왔다. 정권이 바뀌면 국정과제가 바뀌고 성장동력 정책도 바뀌면서 혁신성장을 이끌어낼 생태계가 안정적으로 조성되고 유지되는 것이 어려웠다.

과거 정부의 성장동력 정책을 살펴보면, 구체적인 대상이 되는 과학기술 분야는 4개 정권 모두에서 중복과 반복 현상이 나타나고 있다. 그럼에도 불구하고 정권이 변동됨에 따라 R&D사업이 지체되고 재구조화 되는 현상이 반복적으로 나타나고 있다. 이는 결국 장기적 관점에서 추진되어야 할 성장동력 정책이 합리적인 정책승계나 정책유지 없이 정권이 바뀌면 이전 정권과는 다른 새로운 것을 제시하겠다는 강박관념이 작용한 것이라고 할 수 있다.

3. 정책구조 관점의 문제

1) '경제성장' 중심의 정책기조

현재까지의 성장동력 정책은 주로 과학기술의 혁신을 통한 경제성장에 치중하였다. Schumpeter(1942)의 혁신론에 기반한 연구들은 기술혁신이 경제성장의 중요한 원천이라는 점을 강조하였고, 우리나라 「헌법」 제127조 제1항[6]은 이와 맥락을 같이 한다. 「과학기술기본법」 제7조에 근거한 과

---

6) 헌법 127조 ① 국가는 과학기술의 혁신과 정보 및 인력의 개발을 통하여 국민경제의 발전에 노력하여야 한다.

학기술기본계획도 주로 기술혁신을 통한 경제성장에 치중하여 왔다.[7] 또한 Freeman(1987)과 Nelson(1988) 등은 혁신이 이루어지는 상호작용을 시스템으로 분석하는 국가혁신시스템(NIS: National Innovation System)에 관한 연구에서 국가 단위에서의 혁신 활동에 중점을 두어 정부의 중심적인 역할을 강조하였다(Evans, 1996). 우리나라도 2000년대 초반 국가혁신체제에 대한 관심과 논의가 이루어졌고, 이에 따라 정부 중심의 경제성장의 정책기조가 유지되어 왔다. 그러나 제4차 산업혁명으로 대표되는 최근의 기술혁신은 경제혁신, 사회혁신, 정책혁신으로의 공진화가 필요하고, 이를 위해서는 기술혁신-경제혁신-사회혁신-정책혁신의 통합적인 접근이 요구된다(이찬구 등, 2018). 하지만 아직까지 한국의 성장동력 정책은 기술혁신을 통한 경제성장에 중심을 두고 있다는 한계가 있다.[8]

2) 관련 법률 제·개정의 지체와 부재

정부가 추진하는 대부분의 정책은 명확한 법적 근거에 기반하여 추진된다. 성장동력 정책도 예외는 아니며 대통령의 국정과제로 추진되었다 하더라도 실제 하부단위에까지 정책이 명확하게 전달되고 추진되기 위해서는 법·제도적 기반 정비가 필요하다.

그러나 앞서 살펴본 성장동력 정책에서는 국정과제 변화와 정책기조의

---

7) 제3차 과학기술기본계획은 성과목표로 R&D 경제성장기여도 40%, 일자리 64만 개 창출, 과학기술 혁신역량 세계 TOP 7 달성을 설정하였다.

8) 제4차 과학기술기본계획에서는 그동안 주요 성과를 평가하는 데 있어서 경제성장 중심의 지표에 집중하였던 것과 비교해 국민의 삶의 질 제고와 인류 사회의 문제 해결 등에 기여하는지 등을 평가하는 체제로 변화하였지만, 아직까지 통합적인 시각을 제시하지는 못하고 있다.

전환을 뒷받침할 수 있는 관련 법률의 제정과 개정이 신속히 이루어지지 못했다. 정책추진을 위한 법적 기반이 구체화되어야 했지만 당시의 정치적 환경에 의해 필요한 법률이 적시에 제·개정되지 못했으며, 기존 법률의 부분 개정 등을 시도했지만 이러한 부분 개정으로는 정책 전체의 통합성과 일관성을 갖추기에는 부족한 측면이 있었다.

우리나라는 원칙적으로 성문법 체계이고, 이에 따라 관련 법률의 제·개정이 적시에 이루어지지 못하면 정책형성이 이루어졌다 하더라도 정책집행이 탄력을 받지 못하는 상황이 발생하게 된다. 이와 함께 상위법의 미비는 광의의 정책결정이라 할 수 있는 중앙부처의 행정법규(집행정책)[9] 수립과 집행을 저해하게 되고 법적 근거가 없다는 이유로 집행주체(공무원이나 관리기구 직원)들이 움직이지 않는 악순환을 초래할 수 있다.

실제 차세대 성장동력은 기존 「과학기술기본법」의 일부를 개정했으나 이명박 정부가 들어선 이후 관련 내용이 다시 개정되었다. 이명박 정부에서는 「녹색성장기본법」을 통해 관련 내용을 포함했으나 신성장동력은 녹색성장의 일부라는 점에서 한계를 가지고 있었다. 문재인 정부의 4차 산업혁명도 근거법이 존재하지 않아 실질적으로 정책집행의 한계가 있다.

3) 협치가 아닌 지시와 통제의 거버넌스

과학기술정책 집행기능이 다원화 됨에 따라 과학기술 행정체제에서 상위조정기구의 역할은 커지는데 비해, 현재와 같이 집행부처 중심의 조정체

---

9) 중앙부처의 행정법규(집행정책)는 시행세칙, 규정, 고시, 준칙, 예규, 훈령, 기본계획, 5개년 계획 등을 포함하고 있다.

계는 정책 환경 변화에 따른 수요를 충족시키는데 한계가 있다.

그 이유로는 첫째, 비상설 자문기구로서의 상위조정기구는(국가과학기술자문회의 등) 부처 간 첨예한 갈등 사안에 대해 강력한 정책조정 기능을 수행하기 어려운 구조를 갖기 때문이다. 둘째로, 사무국 기능을 수행하는 과학기술정보통신부와 같은 거대 R&D 집행부처로 인해 집행기능과 조정 기능의 중복에 대한 비판에서 자유롭기 어렵다. 이러한 논의는 정권이 바뀌고 과학기술 거버넌스가 변화할 때마다 반복적으로 제기되고 논쟁이 되었던 문제이다.

과거와 달리 과학기술정책과 연구개발정책을 추진하는 정부조직은 중앙과 지방정부를 포함해 다중화 되었으며, 중앙정부에서도 거의 대부분의 부처가 참여하는 형태로 변화하였다. 이러한 상황에서 국가 전체적인 관점에서 일관성과 통합성을 갖추고 성장동력 정책을 추진하기 위해서는 수직적 거버넌스만이 아니라 수평적 거버넌스를 동시에 고려해야 할 것이다.

수평적 거버넌스는 범국가적인 과학기술정책의 종합·조정기구(컨트롤타워)를 뜻한다. 예를 들어, 현 정부의 과학기술정책 컨트롤타워로는 국가과학기술자문위원회가 있고, 제4차 산업혁명 정책의 컨트롤타워로는 4차산업혁명위원회가 있다. 특히 4차산업혁명위원회는 혁신성장의 컨트롤타워이지만, 민간 중심의 심의기구여서 일관성과 통합성 차원에서 정책종합과 조정이 불가능하고 형식적 역할만 수행하고 있다. 이는 4차산업혁명위원회가 대통령 직속의 독립적 기관으로 설치되어 있지만, 역할과 기능에 대해 명문화된 규정이 없고 예산심의권을 보유하고 있지 않기 때문으로 볼 수 있다. 현재 과학(발견)과 기술(발명)은 과학기술정보통신부(과학)와 산업통상자원부(기술)에서, 예산은 과학기술정보통신부, 산업통상자원부 등의 연구개발 수행부처와 기획재정부에서, 인력양성 및 활용은 과학기술정보통신부, 산업통상자원부, 교육부, 고용노동부 등에서, 연구개발 사업화는 과학기술정보통신부, 산업통상자원부, 중소벤처기업부 등에서 산재되어 추진되고 있다. 따라서 계획에서부터 예산과 점검이 연계되지 않고 있으며 예산부처 위주의 통제적 성격이 강하다고 할 수 있다.

다음으로 수직적 거버넌스는 정부 부처, 관리 기구, 연구 주체(출연연, 대학, 기업체) 간 관계를 의미한다. 지금까지 이들의 관계는 수직적인 관계를 중심으로 협업보다는 관리에 초점이 놓여있다. 그러나 앞으로 이들 각 주체의 역할은 상하의 명령과 지시의 관계가 아닌, 각기 다른 일을 하되 공통의 목적 달성을 추구하는 동반자(partnership) 관계로의 인식 전환이 필요하다. 현재는 부처가 정책결정과 집행은 물론 현장에서의 일상적인 관리 업무까지 관여하고 있어 관리기구와 연구주체의 자율성을 침해함은 물론 막대한 관리비용까지 발생하는 상황이다.

4) 관료 중심의 예산배정 및 집행

혁신성장과 관련하여 제4차 산업혁명에의 대응, 사회문제의 해결 등 최근 부각되는 이슈는 정부 내 여러 부처와 관련되어 있으며 단일 부처가 전담하여 해결하기에는 어려움이 있다. R&D 예산은 각 부처에 나뉘어 있어 역동적으로 재분배되는 것이 원천적으로 어렵다. 이는 부처이기주의에 사로잡혀 한 부처에서 시급하지 않고 필요 없는 예산이라도 더 시급한 쪽으로 넘기지 않기 때문이다. 이외에도 다부처 연구개발사업이 많아지면서 나타나는 문제점 등으로 다음과 같은 점이 지적되고 있다(〈표 Ⅰ-3-4〉 참조).

예산은 기획을 구체화한 것으로 기획과 예산이 연계되어 편성되어야 한

<표 Ⅰ-3-4> 다부처 협력 R&D 사업의 추진과정에서 발생한 문제점

구 분	정책 방향
기획	• 부처의 참여를 촉진하기 위한 인센티브 부족 • 관계 부처의 상이한 의견을 효율적으로 조정·통합할 컨트롤타워 필요
예산편성	• 타 사업에 비해 다부처사업의 투자 우선순위가 낮아 예산 확보가 어려운 경우 발생
집행 및 관리	• 실제 집행과정에서 당초 계획했던 협력이 약화
평가	• 다부처 협력사업의 특성을 반영한 사업평가가 될 수 있도록 평가기준 및 절차 등 평가시스템 확충 필요

자료: 박석종(2019)에서 작성

다. 특히 2018년 1월 정부 R&D 예산 배분·조정 주체가 국가과학기술심의
회에서 자문회의로 변경되었고 과학기술정보통신부가 부처간 컨트롤타워
역할을 수행하고 있다. 또한 과학기술혁신본부가 제도적으로는 정부 R&D
예산의 실질적인 배분·조정권을 갖고 있으나 다양한 관계 부처의 상이한
의견을 효율적으로 조정·통합하는 기능이 미약하다. 또한 R&D 예산은 투
자 대비 가시적이고 직접적인 성과가 곧바로 나타나지 않아 효율성 중심의
예산 확보에서는 후순위로 밀리는 경우가 발생한다. 특히 성장동력정책은
범 부처가 참여하지만 예산집행은 부처별로 이루어지고 있어 종합·조정과
협력이 쉽지 않다.

한편, 품목별, 단년도 예산배분의 비효율성 또한 심각하다. 단년도 중심
의 품목별 예산은 장기적 투자와 전문적 내용을 특성으로 하는 R&D 예산
과는 상치된다. 특히 회계 책임성(accountability) 중심의 경직된 예산집행
관행과 연구 현장의 경쟁 분위기를 강조하며 실패를 용인하지 않는 평가시
스템 등은 혁신적인 연구개발을 위축시키고 있다.

제**4**장

성장동력 정책의 혁신 방향

본 장에서는 정책변동 분석과 정책평가를 통해 도출된 성장동력 정책의 문제를 해결하기 위한 정책혁신 방향과 구체적인 정책과제를 제시하고자 한다. 역대 정부가 추진했던 성장동력 정책은 정책환경과 정책변동, 정책구조 등과 복합적으로 연계되어 있어 다층적인 관계를 형성하고 있었다. 따라서 정책혁신 방향과 과제도 기본적으로는 세 가지 문제 영역을 개별적으로 다루는 동시에 상호 연계성을 고려해야 할 것이다.

특정 정책 분야는 전체적으로 사회의 가치체계와 권력구조 등을 규정하는 헌법과 같은 상위 규범의 영향을 받을 수밖에 없게 된다. 이와 같은 상위 규범 체계는 이 연구의 분석범위를 넘어서는 것이기는 하나, 본질적인 문제를 도외시한 정책혁신은 필연적으로 한계에 직면하게 되고 성장동력 정책의 개선과 발전 방향에 관한 논의도 내재적 한계를 가질 수밖에 없다. 따라서 본 연구에서는 헌법 구조 등에 관한 논의를 전개하되, 성장동력 정책의 정책혁신을 위한 전제(前提)로서 필요한 최소한의 사항으로 한정하여 논의하고자 한다. 이 연구에서 논의하고자 하는 성장동력 정책의 정책혁신 체계도를 제시하면 (그림 Ⅰ-4-1)과 같이 나타낼 수 있을 것이다.

한편, 각 정부 성장동력의 정책과정과 정책변동 분석을 통해 도출된 정책문제를 정책혁신의 방향 및 과제와 연계시키면 〈표 Ⅰ-4-1〉과 같이 종합할 수 있다.

(그림 Ⅰ-4-1) 정책혁신 방향(체계도)

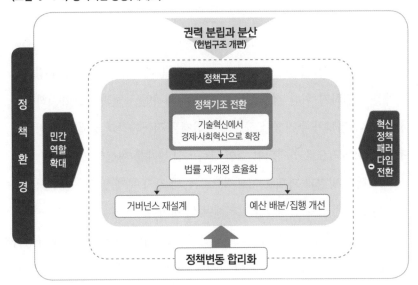

<표 Ⅰ-4-1> 정책문제와 정책혁신의 연계도

관 점	성장동력 분야	정책 방향
정책 환경	• 정부 주도형의 민간·정부 관계 • 미래 사회 변화에의 대응성 부족 • 경제 중심의 양적 성장 정책	• 민간·정부 역할 재정립:민간의 파괴적 혁신 장려 • 국정철학의 전환:혁신정책의 통합성 추구
정책 변동	• 정책혁신/종결을 저해하는 경로의존성 • 정책유지/승계를 저해하는 분절적 정책변동	• 정책혁신과 과감한 정책종결 • 증거기반의 정책변동 관리: 합리적 정책승계·유지
정책 구조	• 기술혁신 중심의 정책기조 • 관련 법률 제·개정의 지체와 부재 • 협치가 아닌 지시와 통제의 거버넌스 • 관료 중심의 예산배정 및 집행	• 정책기조 전환:기술혁신에서 경제혁신, 사회혁신으로 확장 • 법률 제·개정 효율화:적시성과 구체성 확보 • 수평적 거버넌스와 수직적 거버넌스 재설계 • 총괄예산제도 활성화로 연구 자율성 강화

제1절 정책혁신 논의의 전제: 권력 분립과 분산의 강화

정책혁신을 위한 논의의 전제로서 헌법구조와 관련된 정치 권력의 분립과 분산을 위한 혁신 방향은 다음과 같이 제시할 수 있을 것이다.

첫째, 정권의 변동에 따라 대통령이 정책에 강력한 영향을 미치는 현상을 극복할 필요성이 제기된다. 즉, 국가 사회의 성장동력 정책이 장기적 시각으로 일관성을 유지할 수 있도록 정치시스템의 변화가 필요하다. 예를 들어, 정책의 일관성 유지에 유리한 권력구조로는 대통령제보다는 의원내각제일 수 있고 따라서 장기적으로는 의원내각제로의 변화를 고려해볼 수 있다. 이를 통해 대통령을 비롯한 최고 정책결정자가 변하더라도 정책은 연속성을 갖고 추진되어야 하고, 특히 R&D 투자가 혁신성장의 궤도에서 안정적으로 추진될 수 있는 시스템으로의 변화가 필요하다. 정책의 합리적인 승계와 유지가 필요한 부분에서도 정권이 바뀌면 정책내용은 변화가 없음에도 불구하고 슬로건과 구호만 변화되는 현상을 최소화해야 한다.

둘째, 현행 우리나라 법률 체계는 성문법주의를 취하고 있다. 정책집행 현장에서 법률과 명문의 근거가 없으면 움직이지 않는 복지부동과 책임회피를 극복하기 위해서는 성문법주의의 완화가 필요하다. 즉, 행정규칙 제정과 시행의 자율권 부여(상위 법령에 저촉되지 않는 범위에서)가 보장되어야 한다. 이와 함께 다양한 집행상황에 대응할 수 있는 집행 권한의 자율성도 확보되어야 한다. 한편, 다부처가 참여하는 성장동력 정책과 같은 경우에는 집행의 일관성 유지를 위해 부처에 상관없이 기본 규정이 적용되도록 하는 것이 필요하다. 예를 들면, 「혁신성장법」과 같이 별도의 법 규정이 필요하다. 이를 통해 국가 사회의 혁신성장이라는 합일된 목표를 추구함과 동시에 집행의 자율권이 보장되어야 한다.

제2절 정책환경의 발전 방향

1. 민간과 정부 역할 재정립: 민간의 파괴적 혁신 장려

정부와 민간의 역할과 관련해서 세계 경제는 여러 번의 변화를 겪어왔다. 1980년대 미국식 경제성장주의인 '워싱턴 컨센서스'의 확산으로 신자유주의와 작은 정부를 지향하는 움직임이 있었으나, 1990년대 들어서는 중국식 정부 개입을 주장하는 '베이징 컨센서스'로의 변화가 있었다. 그러나 현재는 '자본주의 4.0' 시대로 불확실성이 특징이 되고 있다. 불확실성이 높은 상황에서 국가 혁신성장을 위해서는 정부와 민간의 역할이 재정립 되어야 한다. 특히 민간의 혁신 역량이 크게 확장되어 국가 혁신을 주도하고 있는 상황에서 민간 부문의 파괴적 혁신을 국가 사회적으로 확대해야 한다.

혁신의 기점이 되는 R&D 투자의 경우, 이미 국가 R&D 투자를 민간 부문이 주도하고 있고, 민간 부문의 역할은 지속적으로 크게 확대되고 있다. 2017년의 경우 민간 R&D 투자는 62.56조 원으로 정부 R&D 투자 19.3조 원의 3.2배를 넘어섰다. 국가 R&D 투자에서 민간 부문의 비중은 2017년 79.4%를 차지하고 있는 현실이며, 최근 10년간(2008~2017년) R&D 투자에 대한 수행주체별 비중을 보더라도, 민간 부문의 투자는 연평균 10.2%씩 증가하였고, 이는 국가 총 R&D 투자 연평균 증가율 9.6%보다 높은 수준이었다(한국과학기술기획평가원, 2018).

(그림 Ⅰ-4-2) 민간 부문 R&D 투자액

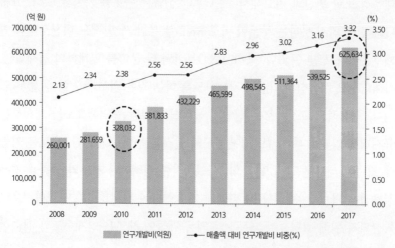

자료 : 한국과학기술기획평가원(2018)에서 발췌

(그림 Ⅰ-4-3) 수행 주체별 R&D 투자 비중(2008-2017)

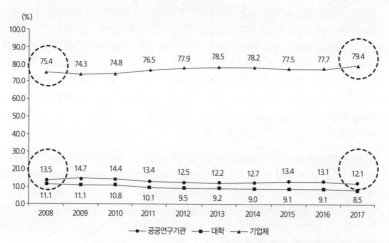

자료 : 한국과학기술기획평가원(2018)에서 발췌

현실적으로 정부는 더 이상 기술발전을 선도하기 어려우며, 기술변화를 쫓아가는 것만으로도 벅찬 상황이다. 더욱이 R&D 투자나 정보수집, 시장에 대한 예측 등 모든 면에서 민간과 경쟁할 수 없으며, 미래 변화에 대한 대응성 또한 민간과 비교해서 느릴 수밖에 없는 구조를 가지고 있다. 그러나 민간이 하지 못하는 부분이 바로 R&D를 통한 사회·제도 혁신으로의 연계부분이라고 할 수 있다. 특히, R&D분야와 타 분야를 연계하여 경제혁신, 사회혁신으로 혁신의 확장이 가능하도록 하는 것은 정부밖에 할 수 없는 일이다. 구체적으로는 새로운 산업의 등장을 가로막는 저해요소를 개선하는 규제개혁 입법과 네거티브 규제제도의 실질화 등이 그것이다. 새로운 기술에 기반한 새로운 경제 및 사회 구조는 기존 정책이나 제도와 상충될 경우 실효성을 확보할 수 없다.[10] 따라서 기술혁신이 경제혁신과 사회혁신으로 확산되기 위해 걸림돌이 되는 기존의 규제들이 새로운 경제구조와 사회현

---

10) 신산업과 기존 산업의 이해관계가 상충하여 갈등이 발생하기도 하는데, 예를 들면 플랫폼을 기반으로 하는 '타다'의 경우 여객자동차운수사업법을 위반하였는지를 두고 논란이 있었으며, 여객자동차운수사업법 개정안이 시행되면 현재 방식으로는 영업이 불가능하다. 한편, 신산업의 발전과 개인의 권리가 상충되는 경우도 있다. 빅데이터와 인공지능 산업 발전을 위해 데이터 3법(개인정보보호법, 정보통신망법, 신용정보법)의 개정을 통해 개인정보를 익명화하여 데이터로 활용하자는 주장이 제기되고 있는 반면, 익명화된 자료에서도 개인의 재식별이 가능하기 때문에 개인정보 공유를 불허해야 한다는 주장도 있다. 따라서 개별 사안별로 구체적인 대안을 제시하기는 어렵지만, 정부는 혁신성장을 저해하지 않는 방향으로 제도를 개선하는 역할을 해야 한다. 이후 2021년 2월 데이터 3법은 제정되었다.

11) 규제샌드박스는 원래의 규제에 대한 유예제도이며 임시제도이다. 실증특례(규제 적용 제외)와 임시허가는 2년 이내, 1회 한해 연장이 가능하기 때문에 제품과 서비스를 개발하는 데 장기간 요하는 경우 규제샌드박스를 이용하는데 리스크가 존재하기 때문에 규제 개선을 위해서는 관련 법의 제정과 정비가 필요하다. 산업융합촉진법의 개정은 연장된 임시허가의 유효기간 내에 허가 등의 근거가 되는 법 정비가 완료되지 않은 경우 법 정비가 완료될 때까지 유효기간이 연장되는 것으로 본다는 규정을 두고 있다.

상을 반영할 수 있도록 시의적절한 규제 개혁 관련 정책수단들을 마련하는 것이 필요하다. 규제 샌드박스만 하더라도 임시 허가 만료 이후 관련 규정이 없는 실정으로 근거 법 정비가 시급하다.[11]

2. 패러다임의 전환: 혁신정책의 통합성 추구

그동안 정부의 성장동력 정책은 과학기술을 경제성장의 도구적 관점에서 인식하고 접근하였다. 그 결과 정부는 R&D 투자 중심의 추격형 성장 패러다임을 추구해왔고 혁신 활동 역시 선형적 모델을 기반으로 제조업과 대기업 위주의 기술혁신에 비중을 두어 왔다. 그러나 국가 사회의 혁신성장을 위한 성장동력은 과학기술에만 있지 않고 경제구조 및 사회제도와 밀접하게 연관되어 있으며 AI와 IBCM(IoT, Big data, Cloud, Mobile) 등 새로운 융·복합기술은 경제구조 및 사회제도에도 새로운 변화를 가져오고 있다. 기술의 융·복합에서 시작된 혁신활동은 이제 지식, 기술, 산업간 경계를 허물고 있고, 핀테크경제나 공유경제처럼 경제구조의 변화를, 플랫폼노동자 등 일자리의 변화를 포함한 사회구조의 변화를 가져오고 있다. 따라서 혁신정책은 과학기술 혁신뿐만 아니라 경제구조 혁신 및 사회제도 혁신과 연계하여 통합적으로 추진되어야 한다. 최근 정부(기획재정부)도 혁신성장의 방향을 과학기술 혁신, 산업·경제 혁신, 교육·훈련 혁신, 사회·제도 혁신으로 제시하며 통합적 패러다임으로의 방향 전환을 추구하고 있는 모습을 보이고 있다. 그러나 혁신성장으로 제시되고 있는 정책들을 살펴보면, 각 부처의 사업을 종합하는 수준으로 영역 간 통합적 관점이 부족한 것은 부인할 수 없는 사실이다. 이는 정부(기획재정부)가 혁신성장 정책영역 및 추진과제로 제시한 다음의 〈표 I-4-2〉를 통해서도 알 수 있다.

기획재정부가 제시한 혁신정책의 영역과 추진과제를 살펴보면, 계획간 연계 및 통합적 실천성을 찾을 수 없고 개별 사업들의 나열에 그치고 있다.

〈표 I-4-2〉 혁신성장 정책 수단

정책영역		추진과제	
거시경제환경		소득주도성장 / 공정경제	
구조 고도화	산업구조	뿌리산업 혁신성장 전략(17.11.29.) 새정부의 산업정책방향(17.12.18.) 재생에너지 3020이행계획(17.12.20) 중견기업 정책혁신방안(18.2.5.) 서비스 R&D추진 전략((18.2.7.) 조선산업 발전전략 및 관련 계획(18.4.5) 데이터·AI경제 활성화 계획(2019.	
	생태계	혁신창업 생태계 조성방안(17.11.2.) 판교밸리 활성화 방안(17.12.11.) 혁신도시 시즌2 추진방안(18.2.1.) 마포청년혁신타운 조성방안(18.4.16.)	
부문별 전략	공급	혁신성장동력 육성계획(17.12.26.) 스마트시티 조성·확산 전략(18.1.29.) 중소기업스마트공장 확산·고도화 전략(18.3.8.) 핀테크 활성화 로드맵(18.3.20.) 스마트팜 확산방안 추진계획(18.4.16.) 지자체프로젝트 지원방안(18.4.16.)	8대 핵심 선도사업
	수요 및 규제	혁신성장 지원 공공조달 혁신방안(17.12.11.) 현장밀착형 규제혁신 추진방안(18.2.7.) 금융업 진입규제 개편방안(18.5.2.)	8대 선도사업별 규제개선
	조직	R&D 프로세스 혁신방안 (17.11.14.) 정부 R&D투자 혁신방안(18.2.7.) 중기 R&D혁신방안(18.4.16.)	
	인적자원	4차산업혁명 혁신선도대학 지정 및 운영계획(18.1.16.)	
기타(정책조정)		혁신성장 옴부즈만 출범(18.1.15.) 혁신성장 전략점검회의(18.5.30.)	

자료 : 서중해(2018: 5-6)에서 작성

혁신성장을 위한 8대 선도사업의 경우에도 7개 부처에 분산되어 통합기준 없이 부처별 기준에 따라 개별적으로 추진되고 있다. 이처럼 파편화되어 있는 과제들을 기술혁신 관점과 경제혁신과 사회혁신적 관점에서 통합하기 위해서는 관련 사업 및 정책 간 연계성을 강화하고 부처 간 연계와 협력을 높여야 한다. 이는 기존 정책을 재배열하거나 일부 내용을 개편하여 제시하는 백화점식 나열이 아니라, 장기적 시계에서의 미래 예측을 기반으로 한 국가 장기 비전 및 전략을 공유하고 혁신성장 관련 위원회, 정부부처, 산하기관 간 연계 및 협력 체계를 구축하는 데서 시작할 수 있을 것이다.

제3절 정책변동 관점의 혁신과제

1. 부단한 정책혁신과 과감한 정책종결: 정책의 경로의존성 극복

혁신성장은 파괴적인 기술혁신을 국가 사회적인 차원에서 촉발 및 촉진하고 이를 활용하여 신산업 창출과 경제구조를 전환하는 경제혁신을 추구하면서 동시에 새로운 기술혁신과 경제혁신을 뒷받침하기 위한 사회제도와 시민의식의 전환이 연계되어야 하는 어려운 정책과정이라고 할 수 있다. 이러한 혁신성장의 본질적인 특성으로 인해 성장동력 정책은 미래의 사회변화에 적극적으로 대응하면서 국민의 욕구를 적시에 반영해야 하는 혁신성을 기본적으로 내포하고 있다. 이와 같은 혁신성장 및 성장동력 정책의 특성에도 불구하고 기존 우리나라의 성장동력 정책은 정권변동 때마다 명목적인 정책의 명칭과 새로운 목표를 제시하고 있으나, 정책의 실질적인 내용에서는 과거 정부의 정책내용을 답습하는 형태로 추진되어 왔다.

그림에서 보는 것처럼 '지능형 로봇'은 노무현 정부 이후 계속 성장동력에 포함되어 왔다. 이명박 정부에서는 「지능형 로봇 개발 및 보급 촉진법」이 제정되고(2008년 6월), 한국로봇산업진흥원이 설치되었으며(2008년 3월), 제1차 지능형 로봇 기본계획(2009년 4월)을 수립하였다. 그 후 10여 년이 지난 2019년 8월 산업통상자원부는 3차 로봇 기본계획을 발표하였고 지능형로봇법을 개정하였다. 개정된 지능형로봇법은 2008년 제정 당시부

(그림 Ⅰ-4-4) 성장동력 정책의 경로의존성

---

12) '로봇랜드 조성' 조항을 근거로 2008년 경남 창원시는 '마산 로봇랜드'를 조성하기 시작하여 공사 중단 등을 겪으며 2019년 9월 부분 개장하였으나 아직까지도 시행사와 운영사의 갈등이 지속되고 있는 실정이다(경남신문, 2019).

터 있던 내용인 '로봇랜드 조성'(제5장)에 관한 조항을 그대로 포함하고 있지만,[12] 논의가 되고 있는 로봇의 인격권 부여, 로봇세 등에 관한 내용은 부재하여 경로 의존성의 예가 될 수 있다.

제4차 산업혁명시대의 혁신성장은 과거 추격형 전략과는 다른 선도형 전략이 요구됨에도 불구하고, 기득권 유지와 매몰비용 등의 이유로 기존 제도가 종결되지 못하고 지속되어 기술혁신의 확산이 지체되는 현상이 나타나고 있다. 과거부터 지속적으로 성장동력에 포함된 기술이라도 선도형 전략에 맞도록 설계되어야 하고 이를 위해서는 불필요한 내용과 규정들은 과감히 종결하는 것이 필요하다. 예를 들면, 8대 혁신성장 선도사업(2018년 8월)에는 '핀테크'가 포함되어 있음에도 불구하고 「신용정보법」이나 「자본시장법」과 같은 기존의 금융산업 관련 법률이 경로의존성을 갖고 그대로 존치되고 있는 실정이어서 기술혁신이 경제·사회 영역으로 확산되는 것이 지체되고 있다. 혁신성장을 통해 신산업 영역이 출현하면 기존 산업과 분쟁 소지가 있을 수밖에 없고, 이때 정부는 과감하게 종결할 것은 종결하고 신규로 필요한 것은 새로 도입하여야 한다. 핀테크가 혁신성장 선도사업에 포함된 지 1년여가 지나고 있는데도 여전히 관련 법령 및 규제개혁을 찾아볼 수 없다. 이와 같은 기존 제도 및 정책의 경로의존성을 극복하기 위해서 과감한 정책종결과 정책혁신, 대내·외 환경 변화를 반영한 실질적 정책종결의 추진 및 정책혁신이 필요하다.

2. 증거기반의 정책변동 관리: 정책유지와 정책승계의 균형

국가의 혁신성장은 장기적 관점에서 국가의 미래 비전을 실현하는 수단으로 지속적 추진을 위한 정책유지 및 정책승계가 가능하도록 합리적인 정책체계를 갖추어야 한다. 그러나 우리나라의 성장동력 정책은 그동안 정권 변화에 따라 새로운 정부가 출범하면 과거에 대한 평가와 미래에 대한 분석에 바탕한 정책내용의 수정이 아니라, 정권 변화에 민감하게 정책명칭이 바뀌는 등 정권의 방향성에 따라 단절과 지체가 반복적으로 답습되어 왔다. 성장동력의 내용이 그대로 유지되더라도 정권 변동기에는 일정기간 정책이 단절되는 현상이 나타나고 있다((그림 Ⅰ-4-5) 참조). '정권 중심'의 성장동력 정책은 국가 및 미래 사회에 대한 혁신성장의 방향성을 제시하지 못하였고 정책내용의 큰 차이 없이 관련 계획들의 발표로 이어졌다.

물론 환경변화가 발생하거나 성과가 부족한 경우 과감한 정책종결이 필요하다. 그러나 정권 변동으로 매번 성장동력 정책을 다시 수립하고 추진하는 것은 지양해야 한다. 정치권력이 변한다고 대한민국의 성장동력이 변하는 것은 아니며, 우리의 미래가 바뀌는 것 또한 아니다. 미래지향적인 혁신성장을 위해서는 정권이 바뀔 때마다 정책을 단절시키는 것이 아닌, 분석과 평가에 따라 '증거기반'의 정책종결이 가능하도록 해야 한다. 더욱이 성장동력 정책에서 선정한 기술이나 산업이 대통령의 임기가 끝난다고 더 이상 유효하지 않은 것은 아니다. 실제로 5~10년 내 상용화할 수 있는 기술을

(그림 Ⅰ-4-5) 성장동력 정책의 분절적 정책변동

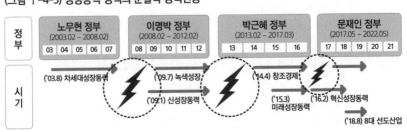

개발하려는 성장동력 정책이 정부가 들어설 때마다 새로 기획되고 조직과 법률적 정비를 새로 하는 것은 행정 낭비이고 비효율적이다. 이전 정부에서 추진하던 것이라도 정책이 유효성을 지녔다면 연속성을 가지고 추진해야 하며 더 이상 유의하지 않다면 평가를 통해 새로운 기술을 선정하는 방식으로 추진되어야 한다.

이제 혁신성장은 '정권 중심'의 정책변동이 아닌 '증거기반(evidence-based)'의 정책변동 관리 전략이 필요하다. 국가의 혁신성장은 지속적이고 일관성 있는 정책추진과 제도 마련이 전제되어야 하고, 이를 통해 미래 경제·사회 변화의 대응을 위한 거시적 관점의 정부 R&D의 합리적인 승계와 유지 전략이 필요하다. 혁신성장은 정치적 목적을 낮추고 사회적 목적을 높여, R&D투자가 일관성을 갖고 지속성 있게 국가 혁신성장을 주도하도록 해야 하고 적어도 10년 이상의 중장기적 시계를 갖고 추진될 수 있도록 의무화하는 것이 필요하다. 이를 위해서는 기존의 '정권 중심 R&D'에서 탈피하여, 정권이 바뀌어도 필요한 부분은 연속성을 갖고 추진할 수 있도록 관련 계획, 추진체계 등의 일관성을 유지하는 것이 필요하다.[13] 정책의 장기적 일관성 및 안정성을 확보하기 위해서는 지나친 정치화는 피하되 확고한 정치적인 리더십이 필요하고, 특히 사회적 수요를 조직화하여 정책에 반영할 수 있는 협회, 연구조합 등 중간조직의 활성화를 통해 과학기술계 현

---

13) '증거에 기반한 정책형성을 강조한 오바마 정부는 증거 「증거기반정책수립위원회법(Evidence-Based Policy making Commission Act 2016)」을 제정하여 증거기반정책수립위원회를 설치하기도 하였다(https://www.congress.gov/bill/114th-congress/house-bill/1831). 또한 연방평가국이 있어 프로그램에 대한 평가결과를 정책수립 및 예산결정 과정과 연계시키고 있다(오세영 등, 2017: 23-24).

장의 목소리를 전략 및 정책목표와 연계시키는 것이 필요하다(이세준 외, 2010: 25).[14]

이와 함께, 그동안 정부의 성장동력정책이 장기적이고 일관성 있는 정책추진이 부족했다는 점에서 구체적인 정책기간, 추진체계 등을 관련 법령에 명시하여 정부의 성장동력 정책에 대한 기업과 시장의 신뢰성을 담보할 필요가 있다. 「(가칭)혁신성장기본법」을 제정한다면 이러한 내용을 담을 수 있을 것이다.

제4절 정책구조 관점의 혁신과제

1. 정책기조 전환: 기술혁신에서 경제혁신, 사회혁신으로 확장

국가 혁신성장을 위한 정책기조는 기존의 '기술 혁신' 중심의 정책기조가 경제 혁신, 사회 혁신, 정책 혁신으로 확장되어야 한다. 기술개발을 넘어서 미래 사회의 정치, 경제, 사회적 변화에 대해 진지하게 성찰하고 미래 소비자의 욕구를 읽어내는 노력이 필요하다. 국가 혁신성장은 단순한 기술 및 산업에서의 혁신만을 목표로 하지 않고 '한 사회의 혁신'과 연계하여, 주력

---

14) 정책의 안정성 확보를 위해 이세준 외(2010: 25-26)는 Middle-Up and Down 조정관리 방식을 강화하는 것이 필요하다고 한다. 이는 '중간 정책관리 수준'에 있는 출연(연) 및 산하 Agency, 전문위원회 및 워킹그룹, 정책브레인 기구 등이 정책목표와 현장의 목소리를 통합할 수 있도록 하는 것이다. 또한 과학기술정책 기획 네트워크를 활성화 하여 국가 장기 비전과 합의를 형성하고 이를 통해 사업의 지속성을 결정하도록 해야 한다고 주장한다.

산업 침체를 극복하고 노동·복지·안보 등 사회적 문제까지도 해결할 수 있게 기획되어야 한다. 국가 혁신의 확산 및 이전을 위해서는 정책기조를 통한 혁신 영역의 확장이 우선 이루어져야 하고 이를 정책 비전과 목표에 담아 구체적인 정책내용으로 반영해야 한다.

구체적으로 국가 혁신성장을 위한 정책기조는 첫째, 미래 사회 변화를 선도할 수 있도록 역량을 강화하는 내용과 둘째, 사회 발전 및 삶의 질을 향상할 수 있도록 전환되어야 한다. 혁신의 확산과 국가 사회 전 영역에서의 총체적 사회변화를 위한 통합적 관점의 정책기조를 바탕으로 정책 비전 역시 이러한 내용들을 담는 것이 되어야 할 것이다. 예를 들면, '과학기술 중심 사회(예시)'등을 생각해 볼 수 있다.

한편, 과거와 달리 현재 국내·외 환경은 기후변화, 저출산 심화, 고용 없는 성장, 계층간·산업간·세대간·지역간 격차 심화 등 그동안 경험하지 않은 문제들로 다가오고 있다. 승차공유서비스 도입 문제만 보더라도 기술적으로는 문제가 없으나 기존 경제구조와의 충돌 때문에 새로운 방식의 공유경

(그림 Ⅰ-4-6) 기술·경제·사회 혁신으로의 정책기조 확장

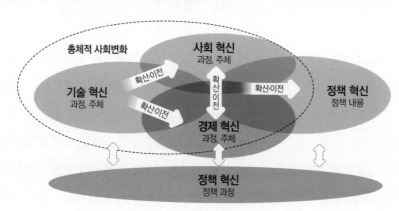

제 업체와 기존 방식의 업체 간 갈등이 지속되고 있다. 따라서 정부는 통합적 관점에서 혁신성장을 이뤄내기 위해 혁신을 통해 새롭게 등장하는 영역(산업)과 기존 영역 간의 갈등을 중재하는 역할을 해야 할 것이다.

또한 정부는 과학기술 지식과 혁신을 통해 국민의 삶의 질 향상으로 연계하는 확장적 정책기조를 바탕으로 미래예측 능력, 정책의제 발굴 능력, 정책기획 능력 등을 확보하여야 할 것이다. 구체적으로는 기존의 정책집행 업무를 뛰어넘는 미래 예측과 국가적 차원에서의 정책기획 업무에 집중할 수 있는 부서 또는 기능의 강화가 요구된다. 기존의 과학기술과 산업 및 경제부처 중심으로 수립되던 성장동력 정책은 경제 영역 뿐만 아니라 사회 영역으로 확산될 수 있도록 관련 부처의 적극적 정책의제 발굴이 필요하고, 각 부처의 관점을 넘어서 국가 사회 전체적인 통합적 관점을 투영할 수 있는 것이 필요하다. 구체적으로는 대통령과 청와대의 과학기술 자문기능(과학기술보좌관) 역시 기술혁신 뿐만 아니라 경제혁신과 사회혁신의 확장 차원에서 이루어져야 한다.

2. 법률 제·개정 효율화: 적시성과 구체성 확보

혁신성장 정책의 근거를 명확히 하여 정책의 적시성과 구체성을 확보하는 것이 우선되어야 한다. 혁신성장 정책의 법적 근거를 구체화하고 필요한 경우 특별법 제정 추진도 고려해 볼 수 있다. 또한, 신속한 행정법규의 법제화가 이루어져야 하며 새로운 산업의 등장을 가로막는 규제개혁의 입법도 필수적이다. 혁신성장의 법적 근거를 구체화하여 추진력을 확보하기 위해서는 정권 변동과 관계없이 장기적 과학기술 투자를 가능하도록 하는 법조항을 신설하고 일관성 있게 혁신성장을 위한 과학기술 및 연구개발 투자를 지속성을 갖고 할 수 있도록 의무화하는 것이 필요하다. 중장기적 관점에서 연구개발 추진을 의무적으로 명시하는 법제화가 필요하다.

구체적으로는 혁신성장의 대상 발굴, 계획수립, 주기·절차 등에 관한 사항의 법적 근거를 구체화하여 강제성을 확보할 수 있고, 과학기술의 목적을 패러다임에 맞게 수정해야 한다. 구체적으로는 「과학기술기본법」의 목적조항과(제1조)[15] 같이 과학기술혁신이 경제발전과 삶의 질 향상으로 연계·통합하는 것을 담아야 한다.

또한 현재 「과학기술기본법」 제16조의5에[16] 성장동력 발굴·육성 의무조항이 있으나, 선언적 수준에 머물러 있으므로 혁신성장 정책의 선정 주기를 명시하고 장기적 관점의 정책의 연속성을 확보할 수 있는 장치를 마련해야 한다. 구체적으로 국가연구개발사업의 안정성과 연속성을 확보하기 위해 「과학기술기본법」에서 혁신성장 정책에 대한 근거를 신설하고, 「국가재정법 시행령」을 개정하여 혁신성장 정책을 총액으로 계상하는 방안[17]을 검

---

15) 과학기술기본법 제1조(목적) 이 법은 과학기술발전을 위한 기반을 조성하여 과학기술을 혁신하고 국가경쟁력을 강화함으로써 국민경제의 발전을 도모하며 나아가 국민의 삶의 질을 높이고 인류사회의 발전에 이바지함을 목적으로 한다.[전문개정 2010.2.4]

16) 과학기술기본법 제16조의5(성장동력의 발굴·육성) ① 정부는 과학기술에 기반을 둔 성장동력을 발굴·육성하기 위하여 필요한 시책을 세우고 추진하여야 한다.
② 정부는 제1항에 따른 시책을 세울 때 다음 각 호에 관한 사항을 포함하여야 한다.
1. 성장동력 분야별 핵심기술의 개발·사업화
2. 성장동력 분야별 전문인력의 확보 및 육성
3. 성장동력 분야별 일자리 및 시장창출 방안
4. 성장동력에 대한 기업 등 민간의 투자를 촉진하기 위한 관련 제도나 규정의 개선
5. 그 밖에 성장동력을 발굴·육성하기 위하여 필요한 사항[본조신설 2014.5.28]

토할 필요가 있다. 나아가 정책집행의 지연과 표류 방지를 위한 신속한 행정 법규(집행정책) 제·개정의 강제를 위한 법제화가 필요하다. 법령의 부재로 연구현장에서의 정책집행이 지체되지 않도록 관련 정부 부처가 필요한 행정 법규(시행세칙, 규정, 고시, 준칙, 예규, 훈령, 기본계획, 5개년 계획 등)를 일정 기간 내에 제정할 수 있게 하는 강제 또는 권고 내용을 상위의 관련 법률에 명문화 하는 방안도 검토할 수 있다.

3. 거버넌스의 재설계

통합적 혁신성장을 실현하기 위해서는 과거 정부가 주도했던 '견인·추진의 통제중심 거버넌스'에서 '보호·지원을 위한 통합적 거버넌스'로의 재설계가 필요하다. 과학기술 부문 거버넌스는 장기적으로는 민간과 하위 단위로의 권한 이양을 통해 민간 거버넌스를 강화하는 방향으로 나가는 것이 바람직하다. 다만 수평적 거버넌스를 통한 종합조정 권한의 강화는 범부처 종합조정을 의미는 것이며, 민간 부문에 대한 종합조정 권한을 의미하는 것은 아니다. 우리나라의 과학기술 혁신체제의 구성은 다음 (그림 Ⅰ-4-7)과 같다. 제1층위의 정책조정 및 예산배분 기능을 수행하는 조직을 수평적 거버넌스라고 할 수 있는데, 이처럼 범부처 종합조정기구를 중심으로 한 수평적 거버넌스를 따로 구분하는 것은 제1층위의 권한과 기능 및 구성에 따라 과학기술의 정책기조가 변화하고 정책변동이 일어나기 때문이다.

---

17) 과학기술정책연구원(2017)에서도 혁신성장 정책과는 다른 명칭을 사용하였지만 내용은 유사한 방안이 제기되었다.

한편, 우리나라의 성장동력을 제시해 온 과학기술 거버넌스는 초기 과학기술부를 중심으로 하는 집중형에서 점차 여러 부처들이 R&D업무를 수행하는 분산형으로 변화하였다. 과학기술 거버넌스의 개편이 반복되면서 과학기술 정책 및 제도 간 정합성, 일관성에 대한 문제가 제기되었다. 또한 과학기술 관련 범정부 총괄 조정, 부처 간 역할 중복, 선수-심판론, 예산과의 연계 문제 등이 끊임없이 대두되었다. 이를 해결하기 위한 방안으로 과학기술 전담 부처의 조직적 위상과 과학기술 정책 조정 체계 등을 재편해왔지만 정권 교체기에 충분한 논의와 여론 수렴 없이 결정되는 경우가 대부분이었다. 그리고 다음 정부 출범 시기에 비슷한 쟁점이 원점화 되어 다시 제기되는 상황이 반복되었다. 과학기술의 주무 부처와 종합·조정기구가 반복적으로 해체와 신설을 거듭하고, 위상 또한 일관적이지 못해 과학기술 정책을 장기적

(그림 Ⅰ-4-7) 과학기술혁신체제의 구성

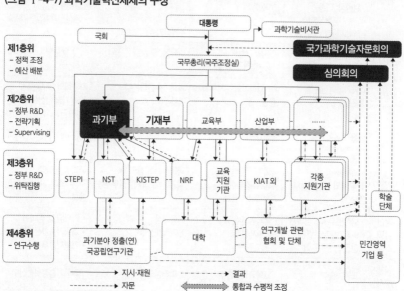

자료 : 홍성주 외(2015: 68)에서 수정

안목에서 지속적으로 추진하는데 한계가 있을 수밖에 없었다. 이러한 한계를 극복하기 위한 노력들은 현 정부에서도 추진되었으나 조정기구와 집행부처의 역할관계는 여전히 논란의 소지가 남아있다. 그 동안 변화해 온 과학기술 종합조정기구의 기능과 위상을 살펴보면 다음 〈표 I-4-3〉과 같다.

〈표 I-4-3〉 과학기술 종합조정기구 변천

구 분	노무현 정부 (2003~2007)	이명박 정부 (2008~2012)	박근혜 정부 (2013~2017.4.)	문재인 정부 (2017.5.~현재)
정책 기조	과학기술 중심사회	질 좋은 경제성장 달성	창조경제 실현	사람중심의 혁신성장
정책 종합 조정·자문 기구	• 국가과학기술위원회 위원장: 대통령 부위원장: 과기부총리 간사: 혁신본부장 • 국가과학기술자문회의 위원장: 대통령 • 과학기술혁신본부 • 과학기술관계장관의	• 국가과학기술위원회 →상설(2011년 3월) 위원장: 대통령→ 장관급 간사: 교과부장관→ 사무처장 • 국가교육과학기술 자문회의	• 국가과학기술심의회 위원장: 국무총리 민간위원장 공동체제 간사: 미래부장관 • 국가과학기술자문회의 • 과학기술전략회의	• 국가과학기술자문회의 전원회의: 전원 자문회의: 대통령 심의회의: 대통령 간사위원: 과학기술 보좌관 • 과학기술혁신본부 (차관) • 혁신전략회의(기재부)
위상	위원장: 대통령 과학기술부총리	위원장: 대통령 →장관급(상설)	위원장: 국무총리(공동)	의장: 대통령
사무 조직	과학기술혁신본부 (차관급)	국가과학기술위 사무처 (상설)	과학기술전략본부 (실장급)	자문회의 내 지원단 과학기술혁신본부 (차관급)
특징	실질적 과학기술 종합조정체계	행정위원회	국무총리 소속	자문위원회 내에 심의회 설치
투자 방향	국과위 작성 후 각 부처와 기획예산처 통보	국과위 전문위원회 작성 후 각부처와 기획재정부 통보	국과심의회 심의 후 각 부처와 기획재정부 통보	국과위 심의 후 각 부처와 기획재정부 통보
예산 심의 조직	• 혁신본부 4개 심의관 • 9개 기술분야별 민간 전문위원회	• 국과위 전문위 • 기획재정부	• 국과심 • 기획재정부	• 국과위 내 심의회 • 과학기술혁신본부 • 기획재정부
집행 부서	과학기술부	교육과학기술부	미래창조과학부	과학기술정보통신부

자료: 권성훈(2017: 1-3), 양승우 외(2016: 88-105) 등을 참고하여 작성

국가 혁신성장을 위한 과학기술정책 대상이 모든 경제·사회 부문으로 확대되고 있고 정부 R&D 사업이 여러 부처로 다분화 되면서 혁신성장을 위한 정책의 종합 및 조정력이 무엇보다 필요하다. 정부 R&D 투자는 2019년 35개 부·처·청·실·위원회에서 집행하고 있고 R&D 투자 규모와 수행부처가 확대되면서 부처 간 협력이 요구되는데, 특히 국가적인 대응이 필요한 이슈가 증가하면서 효과적인 R&D 기획과 재정투자 전략이 요구되고 있다. 따라서 범부처 종합조정 권한을 갖는 수평적 거버넌스는 부처별로 분산되어 추진되는 정책들을 연계·조정할 수 있도록 종합·조정 권한을 강화하고 독립성을 갖도록 해야 한다. 어떤 형태로 운영되던 간에 종합·조정기구는 범 부처에 대한 종합·조정력과 정책의 지속성 및 안정성 확보라는 두 가지 역할을 동시에 충족해야 할 것이다((그림 Ⅰ-4-8) 참조).

우선 정책의 지속성 및 안정성을 강화하기 위해서는 종합조정기구의 권

(그림 Ⅰ-4-8) 수평적 거버넌스의 설계 방향

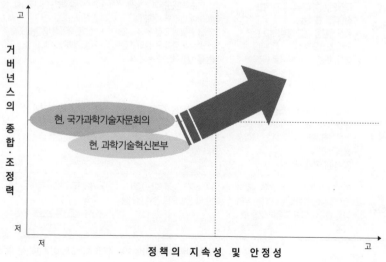

한 및 위상을 법률에서 명시해야 한다. 현행처럼 정권의 변동에 따라 부침을 하지 않도록 과학기술기본법 또는 정부조직법 등에 위상, 기능, 권한 등을 명시하는 것이 필요하다. 한편, 총괄기구로서 과학기술 종합조정기구의 권한 강화를 위해서는 거버넌스의 재설계가 필요하다. 과학기술 관련 전문가들이 그동안 제시한 방안들과 연구진의 안을 종합하여 다음과 같은 방안을 생각해 볼 수 있다(〈표 I-4-4〉 참조).

이와 함께 수직적 거버넌스는 국회와 정부 부처 등 제1층위를 제외하고,

〈표 I-4-4〉 수평적 거버넌스의 재설계 방안 비교

구분	(1안) 과학기술정책 총괄기구 유지 및 전담부서 신설	(2안) (가칭)국가과학기술혁신위원회 신설 및 과학기술혁신본부의 독립성 강화	(3안) 국가과학기술정책 총괄기능 강화 및 분권형 체제 유지
기본 방향	국가과학기술정책 총괄기구를 전담할 정부부처를 신설	최고 의사결정기구로 (가칭)국가과학기술혁신위원회 (위원장: 대통령)를 신설	새로운 기구의 신설 없이 정부 R&D 전략기획 기능 및 종합조정 기능 강화
주요 내용	• 현행 국가과학기술자문회의를 유지 • 사무국 조직으로 장관급 행정 조직인 집행기능을 갖지 않는 전담부처를 신설 • 혁신성장을 위한 정부R&D 관련 단일 조직을 형성 • 집행기능은 관련 부처로 이관 • R&D예산 배분조정 권한 역시 재정당국으로 이관	• 자문기능과 심의·조정 기능을 분리 • 과학기술혁신본부의 기능을 강화하여 범부처 과학기술 정책을 총괄하고 전 분야의 R&D 예산편성과 평가 등 심의·조정 기능을 실질적으로 수행	• 분권형 연구개발체제를 유지하는 것 • 과학기술혁신본부 독립성 강화 • R&D전략기획 및 종합조정 기능 강화
장점	• R&D 전략기획정책조정 기능과 예산·평가기능을 분리하여 R&D의 전문성을 확보 • 통합적 전략기획 가능 • R&D추진체계 구심점	• 최고 의사결정기구를 통해 강력한 컨트롤타워 기능을 수행 • R&D예산 배분조정 및 평가 권한 강화	• 산업과 R&D 정책을 통합 관리할 수 있는 장점 • 작은 폭의 변화
단점	• 예산이 수반되지 않는 경우 실질적 종합조정이 약화될 수 있다는 우려 • 정권 변동에 의한 부침이 있을 수 있음	• 기획·조정기능과 예산심의 기능의 통합으로 견제 어려움	• 거대 공공 R&D 등이 위축될 우려 • 선수-심판론 논란을 재점화

자료: 양승우 등(2016: 194–195), KOFST(2017: 18) 등 참조

(그림 Ⅰ-4-7)에서 보는 것처럼 제2층위의 중앙부처, 제3층위의 정부 R&D를 위탁집행하는 기관, 제4층위의 연구수행기관 등의 권한과 관계에 관한 것이다. 수직적 거버넌스의 재구조화 방안을 도출하기 위한 관계 전문가를 대상으로 실시한 인터뷰의 주요 결과는 다음과 같다. 우선, 수직적 거버넌스의 문제로는 각 부처별 공무원 중심의 파편화된 추진체계(관료중심의 과학기술 기획, 관리, 평가시스템)와 창의적 시도를 제한하는 연구개발 과제 기획·관리·평가의 비효율성이 제기되었다. 이는 여전히 국가가 주도하여 R&D목표, 계획, 사업 등을 수립하고 마치 건설회사의 프로젝트 관리체제처럼 하향식으로 밀어붙이는 방식을 벗어나지 못하는 것과 같다. 추격형 패러다임에서 과학기술 전문성이 낮은 공무원이 연구개발활동의 과정을 주도함에 따라 R&D 주체의 자율성이 낮아지고 관료나 담당자의 잦은 교체는 결국 지속적인 R&D 활동을 저해하고 연구자의 행정부담을 가중시키고 있었다. 특히, 성과위주의 연구개발과제는 창의적 시도를 제한하고 실패가 없는 단기적인 R&D과제를 추구하도록 했다는 것이다.

이러한 정부 R&D과제의 관리·평가시스템의 혁신방향으로는 ① 새로운 아이디어와 과학기술개발 제안을 평가할 수 있는 개방적 체제로의 전환, ② 정부출연연구소의 역할 재정립과 거버넌스 혁신이 필요하다. 구체적으로 장기적 시각에서 긴 호흡을 가지고 R&D과제를 기획하여 연구자의 행정부담을 덜어주고 각 부처별로 운용되는 국가 R&D 사업의 통합적이고 체계적인 운영을 위한 범부처 공통규범의 제정이 요구된다. 이와 함께 수요견인 R&D 체제로의 전환을 위한 과학기술인의 처우 강화와 기관장 임기의 연장 등도 요구된다. 이처럼 국가 사회의 혁신성장을 위한 과학기술분야의 수직적 거버넌스는 ① 주제설정과 연구방법 등에서의 자유로운 선택을 보장하는 연구자율성 확보, ② 정부주도의 하향식 주제선정을 지양하고 연구자 참여형 상향식 R&D기획 체제 구축, ③ 연구비 사용관련 규제의 최소화와 평가제도 정비 등을 포함한다.

4. 예산배분 및 집행 개선: 총괄예산제도 활성화와 연구자 자율성 강화

정책 지속성을 확보하고 미래를 대비한 선제적 R&D 투자를 위한 수단으로 총괄예산제도를 적극적으로 활용해야 한다. R&D 사업은 장기적으로 진행되는 사업이 다수이므로, 단기·중기·장기 목표와 효율적인 투자를 위한 자원배분 전략을 제시함으로써 연구현장에서의 실질적인 자율성이 확대될 필요가 있다.

총괄예산제도의 활용과 함께 상위 정책과 정합성을 제고하는 예산편성이 가능해야 한다. 구체적으로는 혁신성장을 위한 각 부처 사업에 대한 시행계획을 수립하고 추진실적을 점검하여 혁신성장에 대한 관리체계를 내실화하는 것이 필요한데, 이를 위해서는 상위 정책과의 부합성 검토 결과를 정부 R&D 사업 예산편성에 반영하도록 하는 명시적 가이드라인을 마련하는 것이 필요하다. 또한 정부 R&D에 프로그램 예산제도를 실질적으로 적용하여 부처 및 세부사업 중심에서 프로그램 중심의 재정 운용을 강화하고 부처 간에 사전 조정이 가능하도록 관계 부처가 기획 단계부터 서로 협력하는 다부처 공동 연구개발사업을 활성화할 필요가 있다. 이를 위해서는 사업유형에 따라 심의수준을 차별화하여 중요 사업에 심의 역량을 집중하는 것과 신규 사업에 대한 면밀한 검토가 가능하도록 하는 것이 필요하다.

사업관리도 연구자의 자율성을 보장하고 행정부담을 경감시키는 개선이 필요하다. 그 동안 부처별로 다르게 운영되었던 국가연구개발 관리 규정을 통합·체계화 시키기 위해 「국가연구개발혁신법」이 제정되어 2021년 1월 1일부터 시행 중이다. 동 법은 국가연구개발사업, 연구개발과제와 개발기간, 개발성과와 정보 등 다양한 용어의 개념과 범주를 명확히 규정하여 체계성과 통일성을 갖추고자 하였다. 그러나 법률과 상관없이 세부적인 규정은 연구자의 자율성을 저해하고 행정부담을 증가시킨다는 지적이 있다. 대표적으로 품목별로 관리되는 국가연구개발사업의 관리방식은 연구자가 환경변화에 따라 자율적으로 연구의 방향을 수정하는 것에 장애가 된다. 연구의 부정을 방지하기 위한 세부적인 관리규정은 '연구자에 대한 불신'으로 인한 거래비용이라고 할 수 있다. 불신으로 인한 거래비용을 감소시키고 자율적이고 창의적인 연구를 장려하기 위해 연구개발 관련 규정의 단순화가 필요하다. 구체적으로는 품목별 예산제도의 완화(전용규정의 완화 등)와 증명자료의 간소화를 위한 관리규정 개선이 필요하다.

제**5**장

결론

지금까지 과학기술을 통한 국가 발전은 주요한 이슈로 과학기술과 국가 발전은 불가분의 관계로 여겨져 왔다. 그러나 과학기술을 통한 국가 발전이 무엇인가에 대해서는 여전히 합의가 이루어지지 않고 있다. 그 동안은 '국가발전=경제성장'이라는 인식 하에 과학기술을 통한 발전도 경제성장과 연관시켜 인식하였으나, 경제성장과 국가발전 중심의 과학기술 혁신은 한계에 직면했고 이제 장기적인 국가발전전략 관점에서 과학기술 혁신에 대한 새로운 역할 검토가 필요한 시점이다. 특히 성장동력 정책의 성공을 위해서는 이를 뒷받침하거나 선도해야 할 정책영역(정책내용과 정책과정)에서의 혁신이 필요하나 정책현상과 정책영역의 괴리나 시차로 인해 이러한 혁신 성과와 효과에 대한 분석은 부족하여 이에 역대 정부에서 추진한 기술혁신 및 산업육성 관련 국가 중장기 발전전략인 성장동력 정책에 대한 정책변동 관점에서의 분석이 필요하다. 따라서 본 연구에서는 역대 정부의 성장동력 정책의 과정 및 변동 분석을 통해 정책혁신 방향과 과제를 제시하고자 하였다. 정책환경의 변화를 반영하고 합리적 정책변동을 통해 혁신성장을 가능하게 하기 위한 정책기조, 거버넌스와 수행체계, 관련 법령 및 예산편성 방식 등에 대한 혁신 과제들을 제시하고자 하였다. 이를 위해 구체적으로 급변하는 대내·외 환경 변화와 패러다임 전환기에 과학기술 혁신분야 현황과 문제점을 살펴보고 향후 2050년 혁신성장을 위한 장기적 정책 및 추진전략을 도출하기 위하여 미래 환경 변화와 도전에 대응하기 위한 새로운 패러다임과 과학기술혁신뿐만 아니라 산업경제혁신, 사회제도 혁신을 위한 통합적 시각에서의 정책혁신 방안을 도출하고자 하였다.

특히 역대 정부에서 중장기 발전전략으로 추진하였던 차세대 성장동력 발전전략(노무현 정부), 녹색성장 국가전략(이명박 정부), 창조경제(미래성장동력 발굴·육성계획, 박근혜 정부), 문재인 정부에서 추진 중인 4차 산업혁명 대응계획을 분석대상으로 하여, 이들 4개의 성장동력 정책을 정책혁신, 정책유지, 정책승계, 정책종결의 정책변동 관점으로 재구성하여 분석하였다.

우선 차세대 성장동력 발전전략은 노무현 정부의 국정과제 중의 하나로 '과학기술 중심사회'를 지향하면서 대통령과 주요부처 등 정부 내부에서 정책의제로 채택되어, 당시의 불안정한 경제상황에 대응하기 위해 5~10년 이내에 기간사업으로 육성할 수 있는 성장동력 산업을 발굴하는 것에 초점이 맞춰져 있었다. 범국가적 차원에서 육성하기 위한 산업발굴을 목표로 했기에, 차세대 성장동력과 관련된 이슈는 대통령과 주요부처 등을 통해 하향식으로 확산되었으며, 이 과정에서 사회적 공론화 과정 없이 곧바로 정부의 제로 형성되었고 관련 의제는 자연스럽게 외부로 확산되는 형태로 나타났다. 그러나 기획단계에서부터 주요부처가 각자 기획위원회를 운영하고 부처간 협의나 조율이 부족한 상태에서 각 부처가 정책을 주관하려고 함에 따라 다양한 갈등이 야기되었고, 특히 3개 부처(과학기술부, 산업자원부, 정보통신부)를 중심으로 10대 성장동력을 발굴하는 과정에서 부처 간 갈등이 나타났고, 이후 국가과학기술위원회와 과학기술혁신본부를 중심으로 사업이 총괄·조정되었다. 초기단계에서 나타났던 부처간 갈등을 조정하고 역할을 분담하기 위해 과학기술혁신본부를 중심으로 운영되다보니 전반적으로 하향적 접근을 통해 전략이 집행되었으며, 상위단계에서 결정된 내용을 산업별 사업단에서 순응하고 집행되는 양상을 보였다.

한편, 이명박 정부의 신성장동력 육성정책은 초기단계부터 지식경제부를 중심으로 명확한 체계를 갖추었으며, 따라서 부처 간 갈등이 이전 차세대 성장동력에 비해 상대적으로 나타나지 않았다. 또한 2008년 당시 환경보호와 경제성장이라는 정책의제를 정부 특히 최고의사결정자가 사회적 쟁점으로 부각시키려고 노력하였으며, 이러한 과정을 통해 공중의제를 거쳐 정부의제로 형성되었고, 의제가 확산되는 과정에서 관련 계획이나 정책, 조직, 법률제정 등이 동시에 진행되었다는 특징을 보인다. 특히 민간의 참여를 유도하였는데, 신성장동력을 발굴을 위한 수요조사 실시, 신성장동력기획단의 내부토론 및 세미나, 경제단체와의 간담회 등의 절차를 거쳤고, 최종적으로 미래기획위원회와 국가과학기술위원회에서 17개 신성장동력을 선정하였다. 그러나 민간 참여가 계획 수립단계까지는 미치지 못하였으며 정책과정에의 참여는 미흡하였다. 특히 별도의 사업단 구성이나 예산확보 없이 각 부처에서 독자적으로 추진하던 사업 일부를 신성장동력으로 구분하고 기존 과제의 추진과정에서 과제를 관리하는 수준에서 성장동력정책을 추진함에 따라 가시적인 성과를 보이지는 못했다.

박근혜 정부는 '창조경제 실현계획'을 국가 전체의 발전 패러다임으로 제시하면서 추격형 경제에서 선도형 경제로의 패러다임 전환과 과학기술 등 모든 분야에 상상력과 창의성을 접목하고자 하였다. 당시의 성장동력 정책은 정부주도 의제로 설정되었으나 국정기조로서의 '창조경제 실현계획'

의 수립이 늦어지는 관계로 정부출범이 1년이나 지나서야 '미래성장동력 발굴·육성계획'이 수립되는 정책지연 현상이 일어났다. 창조경제의 주무부처인 미래창조과학부는 2013년 11월 '미래성장동력 기획위원회'를 발족하였고, 2014년 1월 미래성장동력 기획위원회에서 산업계 의견수렴을 통한 후보군 도출 및 전문가 참여를 토대로 미래성장동력 13대 분야를 선정하였고 국가과학기술심의회 산하에 '미래성장동력 특별위원회'를 설치하였다. 한편 2015년에는 19대 미래성장동력 분야로 확대하였고 2016년에는 9대 국가전략 프로젝트를 정하는 등 당시 정부는 다양한 부처에서 수차례에 걸쳐 성장동력을 선정하여 발표하고 관계부처 합동으로 발표된 미래성장동력에서도 변경이 계속됨으로서, 정책의 일관성 확보가 어려운 측면이 있었다.

다보스포럼의 의제로 다루어진 2016년 1월 이후 4차 산업혁명에 대한 논의가 시작되었는데, 초기부터 논의는 정부 부처(관료)를 중심으로 이루어졌고 여기에 2017년 대통령 선거라는 정치적 요소가 결합되어 빠르게 정책 의제의 자리에 오를 수 있었다. 특히 제4차 산업혁명이라는 국가 사회의 미래를 바꾸는 변곡점의 시작에서 정부 내 관료들과 정치권은 발 빠르게 정책형성을 준비하였다. 특히 4차산업혁명위원회가 설치되어 컨트롤타워로서 심의·조정 후 12대 혁신프로젝트와 3대 기반과제로 구성된 4차 산업혁명 대응계획을 발표하였고, 특히 2018년 혁신성장 전략투자 방향으로 8대 선도사업을 선정하여 추진하고 있다.

이처럼 우리나라의 성장동력 정책은 노무현 정부 이후 정권이 바뀔 때마다 명칭이 바뀌면서 특정 과학기술을 성장동력으로 제시하며 계속하여 추진되어 왔다. 정권의 국정운영 방향과 국정과제에 따라 성장동력 정책의 명칭과 내용이 변하고 정책에 대한 평가 및 완결 여부와 관계없이 정권변동으로 인하여 또 정책이 바뀌는 현상이 반복되고 있다. 특히 R&D 예산 배분권을 둘러싼 성장동력 정책의 컨트롤타워의 잦은 변화는 장기적 호흡으로 추진되어야 하는 과학기술과 R&D가 단절되고 지체되는 현상을 초래하고 있다. 특히 '과학기술기본계획', '4차 산업혁명 대응계획', '부처별 중장기계획', 'R&D 투자 방향', '혁신성장 전략투자 방향' 등 다양한 층위의 국가 전략 및 계획들이 다양하게 제시되고 있지만 각각의 연계와 조정이 부족한 실정이다.

한편, 이와 같은 성장동력 정책의 정책변동을 살펴보면, 차세대 성장동력에서 가장 큰 정책변동 내용은 바로 거버넌스의 변화로, 부처 간 갈등을 조정하기 위해 보다 상위조정 기구인 과학기술 행정체제의 거버넌스 변화를 유도했다. 이를 통해 과학기술부는 부총리 부처로 격상되었으며, 과학기술혁신본부가 출범하였다. 과학기술혁신본부는 다른 어떤 정부조직과도 다른 특징을 지녔는데, 이는 바로 민간전문가를 적극적으로 채용하고 과기부와 타부처 사이의 R&D 사업과 예산을 조정하는 역할을 수행했다는 점이다. 새롭게 변화된 거버넌스 체제에서 과학기술혁신본부는 R&D 예산 편성과 관련한 다양한 역할을 수행하였는데, R&D 사업 평가 및 예산조정, R&D 지출 한도 설정과 중점투자 방향 제시, R&D 예산심의 조직체계 구축과 성과평가에 따른 예산조정·배분 등 기존의 과학기술부의 역할 측면에서 차이를 보였다.

차세대 성장동력이 별도의 법률 제정 없이 「과학기술기본법」을 개정하여 법적 근거를 마련한 것과 달리, 이명박 정부는 「저탄소녹색성장 기본법」을 제정하였고, 이를 기반으로 관련 계획이 단 시간 내에 정비되었다. 그러나 과학기술 거버넌스는 몇 차례 변화를 겪었는데, 과학기술혁신본부가 폐지된 이후 교육인적자원부와 과학기술부가 교육과학기술부로 통합되었으며, 국가 R&D 사업도 교육과학기술부와 지식경제부로 이원화되었다. 또한 전체 R&D 사업에 대한 사업조정을 담당하는 국가과학기술위원회가 이명박 정부 중기에 상설화됨에 따라 또 다시 거버넌스와 R&D 예산 배분체계에서 변화가 나타나게 되었다. 이와 같이 정권이 변함에 따라 조직이나 법률, 거버넌스가 개편됨에 따라 장기적으로 추진되어야 할 성장동력 정책은 매번 단절될 수밖에 없는 환경에 놓이게 되었다.

박근혜 정부에 있어서 성장동력 정책변동은 정권교체에 의한 국정기조의 변화 속에서 일자리 창출과 미래먹거리를 적극적 발굴하고자 하는 경제·사회적 환경 요인들 하에서 창조경제 실현계획이라는 국정목표를 달성하고자 진행된 정책변동으로 정책변동 유형은 정책승계라 할 수 있다. 기본 성격은 의도적이며, 2013년도 정권 출범과 함께 정부조직 개편으로 주무관청이 미래창조과학부로 변경이 되었다. 관련 법률은 「과학기술기본법」에 성장동력정책과 관련한 법률 조항을 추가하여 개정하였으며, 예산 측면에 있어서도 지난 정부에서의 승계라 할 수 있다. 범부처 과학기술정책의 심의·조정을 담당하는 국가과학기술심의회를 설치하는 등 과학기술 거버넌스를 구축하였으나 기능이 약화되었다는 평가를 받았다. 또한 대통령이 주재하는 과학기술전략회의를 신설하여 거버넌스에 혼돈을 자초했으며, 정권 중반기에도 잦은 과학기술 거버넌스 개편으로 정부 R&D 정책의 혼선을 가중시켰다. 예산운영은 기존 예산구조로 부처별로 관련 성장동력 사업 예산이 편성되어 있었다. 한편, 문재인 정부의 4차 산업혁명 대응계획은 정책변동의 유형 중 정책승계로 볼 수 있다. 제4차 산업혁명정책은 문재인 정부에서 처음 시작된 것으로 비춰졌지만, 관련 내용은 이미 19대 미래성장동력 육성방안(2015년), 제조업 혁신 3.0전략(2015년), 4차 산업혁명에 대응한 지능정보사회 중장기 종합대책(2016년) 등에 포함되어 있었고, 또한 2016년 말 박근혜 정부는 4차 산업혁명 대응예산을 편성하였고 추진체계로 4차 산업혁명전략위원회를 구상하고 있었다. 4차 산업혁명 대응계획은 위의 기존 계획들을 수정하여 조직은 새로 신설하였으나(4차산업혁명위원회) 관련 법률 개정 없이 예산만 증액하여 반영한 것이다. 특히 4차 산업혁명정책의 구체적 추진은 박근혜 정부의 국가전략프로젝트(2016. 8.)의 9대 과제를 혁신성장동력 추진계획(2017. 12.)의 13대 분야로 수정하였고, 다시 혁신성장 전략투자 방향(2018. 8.)에서 3대 전략분야와 8대 선도사업으로 수정함으로써 전형적인 정책승계의 모습을 보였다. 결과적으로 국가 성장동력이 해마다 수정되는 현상이 나타났고, 성장동력으로 선정되었다가 제외되고 다시 선정되었다가 제외되는 일들이 반복되어 일관성을 갖지 못하고 끊임없이 부침을 계속하여 왔다.

정책과정 및 정책변동에 대한 분석을 통해 성장동력 정책의 정책과제로 첫째, 정책환경 관점에서는 ① 정부 주도형의 민간과 정부 관계, ② 미래 사회 변화에의 대응성 부족, ③ 경제 위주의 양적 성장 중심 정책 등이 문제점으로 도출되었다.

둘째, 정책변동 관점에서는 ① 정책혁신과 종결을 저해하는 정책의 경로의존성, ② 합리적 정책유지와 승계를 저해하는 분절적 정책관리가 문제점으로 도출되었다.

셋째, 정책구조 관점의 문제점으로 ① 경제성장 중심의 정책기조, ② 관련 법률 제·개정의 지체와 부재, ③ 협치가 아닌 지시와 통제의 거버넌스, ④ 관료 중심의 예산배정 및 집행 등이 도출되었다.

이러한 정책과제를 해결하기 위한 정책혁신 방향과 구체적인 정책방안은 정책환경과 정책변동, 정책구조 등과 복합적으로 연계되어 있어, 정책혁신 체계도를 도출하고 각 영역의 정책방안을 개별적으로 다루는 동시에 상호 연계성을 고려한 혁신방안을 제시하였다. 특히 정책혁신 논의의 전제로서, 정권의 변동에 따라 대통령이 정책에 강력한 영향을 미치는 현상을 극복하기 위해서는 성장동력 정책이 장기적 시각으로 일관성을 유지할 수 있도록 정치시스템의 변화가 필요하고, 정책집행 현장에서 법률과 명문의 근거가 없으면 움직이지 않는 복지부동과 책임회피를 극복하기 위해서는 성문법주의의 완화로 행정규칙 제정과 시행의 자율권 부여(상위 법률에 저촉되지 않는 범위에서)가 보장되어야 할 것이다.

성장동력 정책을 둘러싼 정책환경 측면의 발전 방향은 첫째, 민간과 정부 역할의 재정립을 통해 민간의 파괴적 혁신을 장려해야 한다. 둘째, 성장동력 정책은 통합성을 추구하는 패러다임의 전환이 있어야 한다. 혁신이 과학기술 분야에 한정되지 않고 경제 및 사회 혁신으로 확산될 수 있도록 혁신정책의 통합성을 추구하는 것이 필요하다. 파편화되어 있는 과제들을 기술혁신 관점과 경제·사회 혁신 관점에서 통합하기 위해서는 관련 사업 및 정책 간 연계성을 강화하고 부처 간 연계·협력을 높여야 한다.

다음으로 정책변동 관점의 혁신과제는 첫째, 부단한 정책혁신과 과감한 정책종결을 통한 정책의 경로의존성을 극복하는 것이 필요하다. 제4차 산업혁명시대의 혁신성장은 과거 추격형 전략과는 다른 선도형 전략이 요구됨에도 불구하고 기득권 유지와 매몰비용 등의 이유로 기존 제도가 종결되지 못하고 지속되어 기술혁신의 확산이 지체되는 현상이 나타나고 있다. 과거부터 지속적으로 성장동력에 포함된 기술이라도 선도형 전략에 맞도록 설계되어야 하고 이를 위해서는 불필요한 내용과 규정들은 과감히 종결하는 것이 필요하다. 둘째, 증거기반의 정책변동 관리를 통한 정책유지와 정책승계의 균형이 필요하다. 정권 변동으로 매번 성장동력 정책을 다시 수립하고 추진하는 것은 지양해야 한다. 정권이 바뀌어도 필요한 부분은 연속성을 갖고 추진할 수 있도록 관련 계획, 추진체계 등의 일관성을 유지해야 하고 이를 위해 「(가칭)혁신성장기본법」을 제정할 수 있다.

마지막으로 정책구조 관점의 혁신과제는 첫째, 정책기조의 전환을 통한 기술혁신에서 경제혁신, 사회혁신으로 확장이 필요하다. 국가 혁신성장은 단순한 기술 및 산업에서의 혁신만을 목표로 하지 않고 '한 사회의 혁신'과 연계하여, 주력 산업 침체를 극복하고 노동·복지·안보 등 사회적 문제까지도 해결할 수 있게 기획되어야 한다. 국가 혁신의 확산 및 이전을 위해서는 정책기조를 통한 혁신 영역의 확장이 우선 이루어져야 하고, 이를 정책 비전과 목표에 담아 구체적인 정책내용으로 반영해야 한다.

둘째, 법률 제·개정 효율화를 통한 혁신성장의 적시성과 구체성 확보가 필요하다. 현재 「과학기술기본법」 제16조의5에 성장동력 발굴·육성 의무 조항이 있으나, 선언적 수준에 머물러 있으므로 '혁신성장정책'의 선정 주기를 명시하고, 장기적 관점의 혁신성장을 통한 정책의 연속성 확보 장치를 마련해야 한다. 구체적으로 국가연구개발사업의 안정성과 연속성을 확보하기 위해 「과학기술기본법」에서 혁신성장 정책에 대한 근거를 신설하고, 「국가재정법」 시행령을 개정하여 혁신성장 정책을 총액으로 계상하는 방안을 검토할 필요가 있다. 나아가 정책집행의 지연과 표류 방지를 위한 신속한 행정 법규(집행정책) 제·개정의 강제를 위한 법제화가 필요하다.

셋째, 거버넌스의 재설계가 필요하다. 우리나라의 성장동력을 제시해 온 과학기술 거버넌스는 초기 과학기술부를 중심으로 하는 집중형에서 점차 여러 부처들이 R&D 업무를 수행하는 분산형으로 변화하였고 과학기술 거버넌스의 개편이 반복되면서 과학기술 정책 및 제도 간 정합성, 일관성에 대한 문제가 제기되었다. 따라서 범부처 종합조정 권한을 갖는 수평적 거버넌스를 통해 부처별로 분산되어 추진되는 정책들을 연계·조정할 수 있도록 종합·조정 권한을 강화하고 독립성을 갖도록 해야 한다. 한편, 수직적 거버넌스는 개방적 체제로의 전환, 참여형 상향식 R&D 기획체계 구축, 평가제도 정비 등이 필요하다.

넷째, 예산배분과 집행개선이 필요하다. R&D 사업은 장기적으로 진행되는 사업이 다수로 단기·중기·장기목표와 효율적인 투자를 위한 자원배분 전략을 제시할 수 있도록 총괄예산제도의 활성화와 연구현장에서의 실질적인 자율성이 확대될 필요가 있다.

이와 같이 본 연구는 우리나라의 성장동력 정책을 분석·평가하고 혁신성장을 위한 정책방향과 과제를 제시하였다. 제시된 과제들이 과학기술 정책 및 연구 현장에서 구체화되어 국가 사회의 발전과 삶의 질을 높이고 다양한 사회문제를 해결할 수 있는 방안이 되기를 희망한다. 또한, 과학기술의 발전이 더 행복한 사람, 더 좋은 세상을 만들 수 있기를 기대한다.

“

The Policy Process of Growth Engine
Policies by Past Administrations

”

Ⅱ부

정부별 성장동력 정책과정

제 1 장

차세대 성장동력

제1절 정책개요

1. 정책의제 설정

차세대 성장동력 정책은 초기 기획단계에서부터 경제문제와 밀접한 연관성을 갖고 있었다고 할 수 있다. 이는 동 전략이 당시 악화된 경제여건 속에서 이를 어떻게 극복할 것인가에 대한 고민에서부터 시작되었기 때문이다. 실제 차세대 성장동력 계획을 수립할 당시, 경제상황 악화와 IT경기 후퇴, 산업분야에서 후발국들의 추격 등 주력산업 문제가 주요하게 고려되었다(대통령자문 정책기획위원회, 2008: 3). 이러한 상황에서 노무현 정부는 대내외적으로 불리한 경제여건을 극복하고 향후 우리 경제를 이끌어갈 차세대 기술과 산업을 확보하기 위하여 일종의 성장정책으로써 차세대 성장전략을 추진하였다(장석인 등, 2014: 73).

노무현 정부에서 과학기술 이슈는 인수위원회 시절부터 제시되었다. 대통령 발언록이나 주요 자료를 살펴보면 과학기술혁신을 국가발전전략으로 인식하고 있음을 알 수 있다. 주요 키워드로써 '과학기술중심사회'는 대통령선거 공약에서부터 제시되었는데, 이후 대통령의 12대 국정과제[1] 중 하나로 구체화되었다.

차세대 성장동력과 관련된 이슈는 대통령 취임식[2]이나 대통령 주제 국정토론회[3] 그리고 과학기술부 출연연구기관 오찬방문[4] 등에서 나타난 대통령의 발언을 통해서도 지속적으로 살펴볼 수 있다. '성장발전', '과학기술', '신산업'과 같이 대통령이 제시한 화두는 이후 이어진 과학기술부[5], 산업자원부[6], 정보통신부[7] 등의 업무보고에도 반영되었으며, 빠르게 정책의

---

1)   노무현 대통령의 12대 국정과제 중 '과학기술중심사회 구축'에는 과학기술시스템 혁신, 미래 성장동력 확보를 위한 기반강화, 지역혁신역량 강화, 세계일류 IT산업 육성, 지식정보 기반으로 산업고도화 추진, 과학문화 확산을 통한 원칙과 신뢰의 사회 구축, 지식기반사회에 부응한 일자리 창출이 포함되었다.

2)   2003년 2월 25일 노무현 대통령이 취임사에서 '지식정보화 기반을 지속적으로 확충하고 신산업을 육성하며 과학기술을 부단히 혁신해 제 2의 과학기술입국을 이루겠습니다'라는 노무현 정부의 국정방향을 제시하였다(행정안전부 대통령기록관 https://www.pa.go.kr/portal/com/viewMainPage.do).

3)   2003년 3월 7일 대통령 주재로 열린 참여정부 국정토론회에서 '국민의 정부에서 IT산업의 기초를 닦아 앞으로 몇 년간 먹고 살 수 있는 밑천을 마련했으며, 참여정부에서는 기술순환이 빠르니까 다음 5년 내지 10년 동안 먹고 살 수 있는 먹을거리를 준비해놔야 한다'는 내용을 논의하였다(행정안전부 대통령기록관 https://www.pa.go.kr/portal/com/viewMainPage.do).

4)   같은 해 3월 20일 과학기술부 출연 연구기관 오찬방문에서 노무현 대통령은 '성장발전의 시각에서 볼 때 성장발전의 전략으로 저는 첫째로, 과학기술 혁신을 꼽습니다. (중략) 과학기술은 국가 경쟁력을 위한 첫 번째 과제이자 핵심적 과제입니다. (중략) 제게 행동의 설계도를 만들어 주시면 열심히 하겠고, 그러면 여러분도 국가발전의 동력으로 역할을 할 수 있을 것입니다'라고 발언하였다(노무현 사료관 http://archives.knowhow.or.kr/rmh/quotation/view/746?page=1&___m=1).

5)   2003년 3월 20일 과학기술부 대통령 업무보고에서 "세계시장의 성장가능성과 국내개발의 성공가능성이 큰 차세대 초일류 기술·제품을 체계적으로 도출하여 집중적으로 개발할 것"을 보고하였다(대통령자문 정책기획위원회, 2008:1).

6)   2003년 3월 25일 산업자원부 업무보고에서는 "사업화 가능성과 국내 기술수준, 일자리 창출효과 등을 종합적으로 고려해 성장동력을 발굴할 필요"가 있다는 내용을 보고하였다(대통령자문 정책기획위원회, 2008: 1-2).

7)   2003년 3월 28일 정보통신부 업무보고에서 "미래 성장동력으로 IT 신산업 창출"을 보고하였다(대통령자문 정책기획위원회, 2008: 2).

제로 형성되었다고 할 수 있다. 이처럼 차세대 성장동력은 사회 내·외부에서 제기된 사회문제가 정책의제로 형성된 것이 아니라, 대통령을 중심으로 관련 의제가 형성되었다고 할 수 있다. 차세대 성장동력이 대선공약과 국정과제로 제시됨에 따라 대통령과 주요부처 등 정부 주요 정책결정자들이 이를 구체적인 정부의제로 수용·발전시켰으며, 이 과정에서 주요 정책결정자에 의해 내부의제가 외부로 확산하는 모양을 보였다고 할 수 있다.

2. 정책형성

차세대 성장동력은 비교적 관련 정책이 빠르게 수립되었는데, 이는 대통령직 인수위원회 시절과 대통령 취임사 등을 통해서 이미 관련 논의가 진행되고 있었기 때문으로 볼 수 있다. 이러한 논의는 구체적으로 10대 성장동력을 발굴하는 결과로 나타났으나 이 과정에서 주요 정책행위자를 둘러싸고 다양한 갈등이 표출되기도 하였다. 예를 들어, '성장전략'과 관계된 주요 3부처(과학기술부, 산업자원부, 정보통신부)는 각기 다른 기획위원회를 돌려 각자 별도로 작업을 수행하면서 최종 전략을 도출하기까지 부처 간 갈등을 내보였다.

당시 과학기술부는 5~10년 후 우리나라 경제를 주도하여 '차세대 먹거리'를 창출할 분야로 '미래유망분야'라는 개념을 세우고 기술기획을 위한 산·학·연 기획단을 구성하였으며, 산업자원부는 산업계를 중심으로 산·학·연 전문가 기획단[8]을 구성하였고 정보통신부는 광대역 통합망을 기반으로

---

8) 과학기술부는 '미래전략기술위원회'를 구성하였고 산업자원부는 민간전문가를 중심으로 한 '차세대 성장산업발굴기획단'을 구성하였다.

IT산업을 육성하겠다는 IT산업 비전을 발표하였다(안승구 등, 2007: 23).

이처럼 과학기술부와 산업자원부는 각기 별도의 기획단을 운영하면서 각각 새로운 성장산업을 제시하였다. 산업자원부는 2003년 5월 22일 '미래전략산업 발전전략 세미나'를 통해 스마트 홈, 디지털 가전, 포스트 PC등

<표 Ⅱ-1-1> 과학기술부·산업자원부의 2003년 차세대 성장산업 후보

부 처	분 류		기술(품목)
과학기술부	POST 반도체 초일류 기술 후보군	주력 산업분야	차세대 메모리 반도체, 유기발광소자(EL), 디지털 가전, 입는 컴퓨터, 유비쿼터스 컴퓨터, 시스템온칩, 고기능성 금속, 수소연료전지, 고부가가치 선박, 2차전지 등 19개 기술
		차세대 유망분야	신약디자인, 차세대 보안, e비즈니스, 나노 소재, 단백질 소재, 멤스(MEMS), 위성영상, 재활로봇, 친환경 에너지 등 19개 기술
		미래 전략분야	나노-바이오칩 센서, 나노메카트로닉스, 인공지능로봇, 우주발사체, 나노태양전지, 유전자 치료, 지능형 약물 전달시스템 등 12개 기술
산업자원부	디지털 전자	스마트홈	홈네트워크, 디지털그린가전, 헬스케어
		디지털가전	DMB, 차세대 디지털-TV, 디지털셋톱박스, 가정용로봇
		Post-PC	텔레메틱스, PDA, Wearable Computer
		전자 의료기기	실버의료기기, 영상진단기기, 모바일헬스케어기기, 한방의료기기
		비메모리 반도체	인텔리전트SoC, 무선네트워크용칩, e-Car용칩, 텔레매트릭스용 칩
		전자부품 소재	LED, 유기EL, LCD, 2차전지, 센서, 전자소재
	바이오	BIT융합기술	바이오칩, Bio-IT
		바이오	면역치료제, 유전자치료제, 세포치료제, 약물전달시스템, 바이오신소재
	환경·에너지	환경·에너지	Eco소재부품, 환경복원시스템, 태양광, 연료전지
	항공우주	항공우주	다목적헬기, 차세대전투기, 소형여객기, 무인항공기, 인공위성

자료 : 차세대성장산업발굴기획단(2003), 동아사이언스(2003) 자료를 활용하여 정리

10대 분야의 40개 품목을 제시하였으며, 과학기술부는 같은 달 27일 18대 미래유망분야에서 50개의 'POST-반도체 초일류기술 후보군'을 선정하였다고 발표하였다(ZDNet Korea, 2003).

그런데 두 부처가 제시한 기술분야 간 중복성 논란이 제기됨에 따라 차세대 성장동력 도출을 위한 부처 간 조정과 역할분담 필요성이 제기되었다. 이에 국가과학기술위원회 산하에 미래전략기술기획위원회가 구성되어 차세대 성장동력의 선정과 부처별 역할분담을 위한 조정 작업을 진행하였다(이정원, 2004: 2).

그러나 두 부처의 협의를 이끌어 조정을 진행하는데 상당한 어려움이 제기되었으며, 이러한 과정이 원활하게 진행되지 않았다. 이에 청와대는 국가과학기술자문회의를 활용하여 부처 간 종합조정을 유도하게 되었는데, 첨예하게 대립한 과학기술부, 산업자원부, 정보통신부 등 3개 부처와 관련된 사항은 대통령 정보과학기술보좌관이 직접 조정하게 되었다(대통령자문 정책기획위원회, 2008: 10-11). 이후 정보과학기술보좌관 주관 하에 민간전문가로 구성된 조정회의는 과학기술부와 산업자원부, 정보통신부 및 타 부처가 제안한 기술품목을 검토하였으며, 2003년 7월 1일 대통령이 주재한 관계장관 간담회에서 범부처 차원의 10개 내외 미래전략산업을 선정하기로 결정하였고 이를 위해 차세대성장동력선정위원회를 구성하기로 하였다(대통령자문 정책기획위원회, 2008: 11-12). 이후 2차례에 걸친 차세대성장동력위원회의를 통해 10대 성장동력 후보가 최종적으로 확정되었으며, 2003년 8월 '차세대 성장동력 추진 보고회'에서 10대 성장동력산업과 핵심품목 및 기술이 발표되었다.

차세대 성장동력의 정책형성 과정을 살펴보면, 주요 3부처 사이의 갈등이 강하게 나타났고 이를 중재하기 위해 국가과학기술위원회와 (대통령)정보과학기술보좌관이 직접 조정회의를 주관하는 형태를 내보였다. 또한 과학기술부와 산업자원부가 별도의 기획단을 운영했던 2003년 5월부터 10대 성장동력산업이 발표된 2003년 8월까지 조정을 위한 위원회가 4차례에 걸쳐 변화하였으며, 10대 성장동력산업이 발표된 이후에는 총괄조정기구가 설치되는 등 추진 조직에 있어 다양한 변화를 보였다. 이처럼 초기 기획

<표 Ⅱ-1-2> 10대 성장동력산업과 핵심품목 및 기술

부 처	10대 산업	핵심전략기술·제품	협조부처
산업 자원부	지능형 로봇	가정용 서비스로봇, IT기반 서비스로봇, 극한작업용 로봇, 의료지원용 로봇, 인공지능 등 원천기술	정보통신부
	미래형 자동차	지능형 자동차, 친환경 자동차, 지능형 교통시스템	-
	차세대 전지	2차전지, 연료전지, 수소에너지, 관련 소재	-
	디스 플레이	LCD, LED, PDP, 유기EL, 3D, 전자종이, 관련 소재	-
	차세대 반도체	차세대 메모리, SoC, 나노전자소자, 관련 소재	정보통신부
정보 통신부	디지털TV/방송	방송시스템, DTV, DMB, 셋톱박스, 복합기기	산업자원부
	차세대 이동통신	4G단말기 및 시스템, 텔레매틱스, 신호처리 및 해석기술, 전광통신기술	산업자원부
	지능형 홈네트워크	홈서버/홈게이트웨이, 홈 네트워킹, 지능형 정보가전, 유비쿼터스 컴퓨팅	산업자원부
	디지털 콘텐츠 /SW솔루션	디지털컨텐츠 제작, 이용, 유통 시스템, 문화컨텐츠, 임베디드 SW, 지능형 종합물류시스템 GIS/GPS기술, 지능형 종합물류시스템	산업자원부, 문화관광부, 해양수산부, 건설교통부
과학 기술부	바이오 신약/장기	신약, 바이오장기(장기복제, 이식), 바이오칩, 영상진단기기, 실버의료기기, 노질환치료 및 뇌기능활용, 면역기능제어, 지능형약물전달시스템, 유전자치료, 유전자활용 신종자, 유용단백질	산업자원부, 보건복지부, 농림부

자료 : 행정안전부 국가기록원, 김상봉·이상길(2007: 141), 이장재 등(2006: 5-6)을 활용하여 정리

단계에서 보였던 주요 부처 간의 갈등은 이후 2004년에 과학기술부를 부총리 부서로 격상하는 한편 과학기술관련 정책의 총괄조정기구로서 과학기술혁신본부를 수립하는 결과로 이어졌다.

차세대 성장동력과 같은 국가차원의 기획사업은 하향식(top-down)으로 이루어지는 경우가 많은데, 이 경우 부처 간 사전협의나 조율이 부족하면 각 부처가 정책을 주도적으로 추진하려고 경쟁함에 따라 갈등이 증폭될 수도 있다. 차세대 성장동력도 이러한 사례의 하나로 볼 수 있다. 우리나라 정부조직 형태 상, 부처 간 갈등을 부처가 자체적으로 해결하기 어렵기 때문에 부처 간 갈등은 결국 상위조직이나 상위조정자를 통해서 해결할 수밖에 없는 한계를 지니고 있다. 더욱이 이 과정에서 향후 미래를 위해 '무엇'을 차세대 성장동력으로 보고 이를 '어떻게' 추진할 것인가 보다 '누가' 이것을 주관할 것이냐에 초점(이정원, 2004: 2)이 맞춰졌고 10대 성장동력산업도 부처에 따라 배분되는 형태로 조율이 마무리되었다.9) 이러한 갈등은 정책지향적 갈등보다는 부처 간 관할권 확보 또는 관할권 확장에 대한 갈등(김상봉·이상길, 2007: 142)으로 볼 수 있으며, 기술개발에 다양한 부처가 참여하는 과학기술분야에서는 이러한 갈등이 상시 내재되어 있다고 할 수 있다.

---

9) 실제 2003년 12월 차세대 성장동력 관계부처 장관회의에서 산업별 주관부처가 결정되었는데, 과학기술부는 기초·원천기술개발과 인력양성이 중요하고 위험도가 높은 산업인 바이오 신약/장기분야를 담당하고, 산업자원부는 전통주력산업과 연관효과가 높은 산업인 지능형로봇, 미래형 자동차, 차세대 전지, 디스플레이, 차세대 반도체분야를 담당하고, 정보통신부는 네트워크, 표준화, 서비스 허가정책 등이 핵심 산업인 디지털 TV/방송, 차세대 이동통신, 지능형 홈네트워크, 디지털 콘텐츠/SW솔루션분야를 담당할 것을 제시되었다(대통령자문 정책기획위원회, 2008: 16).

3. 정책집행

정부주도의 대규모 R&D 기획사업은 정책형성 과정뿐만 아니라 집행과정에도 다양한 부처가 참여하기 때문에 여러 가지 갈등이 나타날 수도 있다. 차세대 성장동력도 많은 부처가 참여하다보니, 정책형성 과정에서부터 부처 간 의견조율과 협업이 어려웠고 추진주체와 체계가 불분명하여 부처 간 갈등이 나타나는 문제를 보였다. 더욱이 이미 부처 간 갈등이 발생하고 난 이후인 2004년 9월 23일이 되어서야 관련 법 정비(「과학기술기본법」 및 「과학기술기본법 시행령」)와 갈등을 중재하고 부처 간 조정을 위한 제도정비가 이루어졌다. 법·제도 정비에는 근거 법 정비 이외에도 과학기술부의 부총리급 격상과 범국가적 차원에서 R&D예산 조정·배분·평가를 추진하기 위한 과학기술혁신본부 설치 등이 포함되었다. 구체적으로 동 정책을 집행하기 위해 부처 간 협력 및 조정업무를 담당하는 국가과학기술위원회와 과학기술혁신본부 등을 중심으로 하는 추진체계가 구성되었다.

동 정책의 추진체계는 (그림 Ⅱ-1-1)과 같이 제시할 수 있는데, 대통령을 위원장으로 하는 국가과학기술위원회 아래에 차세대성장동력추진특별위원회와 총괄실무위원회를 두었으며, 전체적인 사업의 총괄과 조정, 예산조정은 혁신본부에서 담당하였다. 동 정책의 주요조직은 〈표 Ⅱ-1-3〉과 같이 제시할 수 있는데, 이들의 구성과 역할을 구체적으로 살펴보면 다음과 같다. 우선, 차세대성장동력추진특별위원회는 과학기술부 장관을 위원장으로 하여 각 부처의 장관 등이 참여하였고 차세대 성장동력 기술개발이나 종합계획 수립에 관한 사항, 부처별 역할분담 및 정책조정에 관한 사항 등을 담당하였다. 총괄실무위원회는 과학기술혁신본부장을 위원장으로 하여 관계부처와 민간전문가가 참여하여 차세대성장동력추진특별위원회에 상정할 안건을 미리 검토·조정하는 역할을 수행하였다. 마지막으로 산업별 실무위원회는 차세대성장동력추진특별위원회에 상정할 안건을 미리 검토·조정하는 역할을 수행하였다.

(그림 Ⅱ-1-1) 차세대 성장동력 추진체계

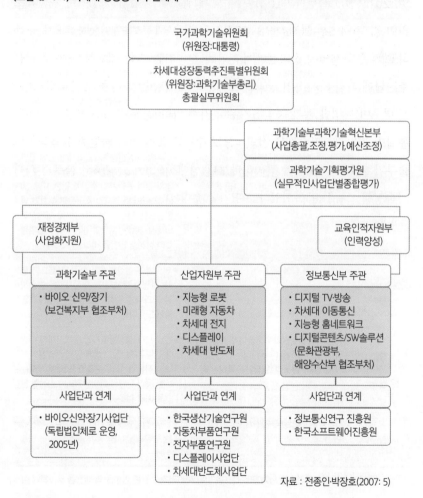

자료 : 전종인·박장호(2007: 5)

한편, 차세대 성장동력의 구체적인 사업은 산업별 특성을 살리기 위해
주관부처를 지정하여 운영하였는데, 산업화 지원정책은 재정경제부가 인력
양성정책은 교육인적자원부가 담당하였다. 이와 함께 사업부관부처별로 각
각의 사업단을 운영하였는데 사업단장은 해당 기술분야에서 연구수행능력

<표 Ⅱ-1-3> 차세대 성장동력 주요 조직 및 역할

구 분	구성원	역 할
차세대 성장동력 추진특별 위원회	• 위원장(1인) 포함 30인 이내 구성 • 위원장: 과학기술부 장관 • 위원: 재정경제부, 교육인적자원부, 과학 기술부, 문화관광부, 농림부, 산업자원부, 정보통신부, 보건복지부, 환경부, 노동부, 건설교통부, 해양수산부, 기획예산처 장 관 및 과학기술혁신본부장, 관련 전문가 중 위원장이 임명한 자	• 국가과학기술위원회 산하 설치 • ①차세대 성장동력 기술개발과 산업화 관 련 종합계획 수립에 관한 사항, ②차세대 성장동력사업 추진관련 부처별 역할분담 및 정책조정에 관한 사항, ③차세대 성장 동력사업의 효율적 추진에 필요한 사항 등 의 검토·심의
차세대 성장동력 총괄실무 위원회	• 위원장: 과학기술혁신본부장 • 위원: 특별위원회 당연직위원이 소속된 중앙행정기관 및 혁신본부의 1급 공무원, 민간전문가	• ①차세대 성장동력사업의 발굴 등에 관한 사항, ②차세대 성장동력 기술 개발 및 산 업화 관련 종합계획 수립에 관한 사항, ③ 차세대 성장동력사업 추진관련 부처별 역 할분담에 관한 사항, ④그밖에 위원장이 의제에 부치는 사항과 관련하여 특별위원 회에 상정할 안건을 미리 검토·조정
과학기술 혁신본부	• 민간전문가 참여 확대	• 연도별 종합실천계획 수립, 프로그램 평 가, 사업단 운영제도, 재정지원을 총괄하 여 국과위를 중심으로 부처 간 실무적인 종합조정 기능
산업별 실무 위원회	• 위원장: 특별위원회 위원장이 위촉하는 자 • 위원: 당연직 위원이 추천하는 민간전문 가 중 실무위원회 위원장이 위촉하는 자	• ①차세대 성장동력사업의 추진계획 수립 에 관한 사항, ②그 밖에 당해 산업별 차세 대 성장동력 실무위원장이 의제에 부치는 사항 등과 관련해 특별위원회에 상정할 안 건을 미리 검토·조정
사업단	• 사업단장: 산업별 주관부처 별로 지정공 모(선임)	• 해당 산업별 기술기획, 과제선정, 예산배 분, 연구개발, 시험·평가, 품질보증 등 역할 수행

자료 : 안승구 등(2008: 59-60)의 자료를 기초로 관련 법령 등의 내용을 추가하여 정리

과 경영관리 능력이 뛰어난 산·학·연 전문가 중 지정이나 공모를 통해 선임하였다.

과학기술분야에는 매우 다양한 이해관계자가 존재하며, 이로 인해 사업의 중복성이나 예산효율화, 사업관리와 지원체계 등에서의 지속적인 검토를 필요로 한다. 특히, 차세대 성장동력처럼 다부처가 참여하는 R&D사업에서는 부처 간 이해관계와 기술의 특성, 성과평가에 이르기까지 매우 다양한 논쟁거리가 발생하며 필연적으로 의견조율과정을 필요로 한다. 이런 점에서 동 사업을 추진하는 과정에서 과학기술혁신본부를 통한 범부처 사업조정의 필요성도 제기되었다. 그러나 실제 정책집행 과정에서는 주관부처 간, 주관부처와 협조부처 간의 업무협업은 활발하지 않았으며, 각 부처가 자체적으로 과제를 진행하고 관리하는 방식으로 업무가 진행되었다.

이와 함께 「과학기술기본법」과 동법 시행령에서 국가과학기술위원회와 차세대성장동력추진특별위원회, 총괄실무위원회와 과학기술혁신본부의 역할과 임무에 대한 내용은 제시했으나 사업단에 관한 역할과 규정을 제시하지는 않았다. 더욱이 사업단에 대한 설립근거, 체계, 기능에 대한 법적·제도적 정비가 미비하여 주관부처별로 사업단의 예산이나 사무국 운영형태 등이 다르게 운영되었으며(안승구 등, 2008: 120), 주관부처에 따라서 사업단장의 임기, 사무국 인력과 예산 등에서 차이를 보였다(〈표 Ⅱ-1-4〉 참조). 이러한 문제를 해결하기 위해서 차세대성장동력추진특별위원회는 2005년 2월 24일 회의를 통해서 사업단장의 권한과 책임, 사업단 운영사항 등에 대해 부처 간 합의를 진행하였으나 이를 명시한 명백한 규정은 마련하지 못했다(안승구 등, 2008: 120). 부처 간 협의의 어려움과 부처별 사업단 운영 등은 차세대 성장동력의 집행과정에서 지속적인 문제로 제기되었다. 이를 해

<표 Ⅱ-1-4> 부처별 사업단 운영현황

구 분	과학기술부	정보통신부	산업자원부
주관기관	(재)바이오신약/ 장기사업단(설립)	정보통신연구진흥원 (과제관리 전담기관)	한국반도체연구조합 등 5개 기관이 운영(공모)
사업단장 선임(임기)	공모 / 2년마다 재신임 결정	정보통신연구진흥원장이 전문위원으로 하여금 사업단장 겸임/임기2년	공모(5년)
사무국 인력	5인 내외	3인	5인 내외
운영비('06)	7억원	3억원	4.5억원

자료 : 안승구 등(2008: 121) <표 4-21>

결하기 위해 법·제도정비를 통해 상위단계에서는 추진주체와 체계를 정비할 수 있었지만 3개 부처로 나누어진 하위단계의 사업단과 관련된 법·제도적 정비는 상대적으로 미비했다. 이는 각 부처별로 주관하는 사업단이 구분되다보니 공통된 규정을 만드는 것도 그리고 이를 적용하기 위한 부처 간합의를 도출하기 어려웠기 때문이다. 따라서 차세대 성장동력은 여러 노력에도 불구하고 사업의 집행과정에서 구체성은 부족했다고 볼 수 있다.

4. 정책평가

차세대 성장동력은 2000년대 초반 대내적인 경제성장 정체와 대외적인 IT경제 침체, 중국의 급부상 등 불안정한 경제상황에 대응하고 향후 미래 먹거리를 발굴하기 위한 목적에서 기획되고 추진되었다. 따라서 동 정책의 목표도 경제성장을 중시할 수밖에 없었으며, 향후 5~10년 이내에 기간사업으로 육성할 수 있는 성장동력산업을 발굴하는 것에 초점에 맞춰져 있었다. 범국가적 차원에서 육성할 산업발굴을 목표로 했기에, 차세대 성장동력 이슈는 대통령과 주요부처 등을 통해 하향식으로 확산되었다. 그리고 이 과정에서 사회적 공론화 과정 없이 곧바로 정부의제로 형성되었고 이후 관련 의제가 자연스럽게 외부로 확산되는 형태로 나타났다. 그러나 동 정책은 기획단계에서부터 주요부처가 각자 기획위원회를 별도로 운영하고 부처 간 협의나 조율이 부족한 상태에서 각 부처가 정책을 주관하려고 함에 따라 정책수립 과정에서 혼선이 야기되었다.

또한, 동 정책은 정책수립배경과 목표에서 알 수 있듯이 경제성장을 중시하였으며, 중·단기 내에 성과를 낼 수 있는 기술에 초점을 두다 보니 로봇, 바이오장기·신약 등을 제외하고선 대부분 IT기술 분야가 선정되었다. 더욱이 차세대 성장동력과 같은 미래성장사업 기획은 미래시장에 대한 예측을 기반으로 기획하는 기술주도형 신기술개발사업으로 미래의 시장형성은 매우 불투명하다(최윤희 등, 2005: 35)는 특징을 갖는다. 따라서 이러한 종류의 정책이 성과를 나타내기 위해서는 선정된 성장동력 사업의 기술을 개발하는 것뿐만이 아니라 이러한 기술개발이 실질적으로 경제·사회적 파급효과를 가져야 한다. 즉, 정부정책으로 인한 새로운 시장개척과 이에 따른 민간기업의 적극적인 연구개발 참여, 관련분야 인재의 양성과 새로운 기술개발에서의 고용확대로 연계되어야만 한다. 그러나 차세대 성장동력 분야의 기업 연구개발 투자는 상대적으로 부족했고 고용이나 수출을 위한 투자 역시 미흡한 것(최윤희 등, 2005: 195)으로 나타났다.

한편, 차세대 성장동력은 부처별 및 정부통합 기획과정을 통해 과제를 선정하고 구체적인 계획을 수립한 후, 국가과학기술위원회와 과학기술혁신본부를 중심으로 사업을 총괄·조정하였고 실제 사업은 각 산업별 부관부처를 중심으로 수행되는 특징을 보였다. 초기단계에서 나타났던 부처 간 갈등을 조정하고 역할을 분담하기 위해 과학기술혁신본부를 중심으로 운영되다보니 전반적으로 하향적 접근을 통해 정책이 집행되었으며, 상위단계에서 결정된 내용이 산업별 사업단에서 순응하고 집행하는 양상을 보였다. 또한 차세대 성장동력이 도출되고 사업이 진행된 이후 법적 근거가 마련되어 집행에서 다소 취약성을 보였으며, 3개 사업단 운영과 관련한 통합규정이 제시되지 않아 부처별로 사업단 운영에서 차이를 보였다.[10] 이런 점에서 차세대 성장동력은 집행의 구체성이 부족했다고 평가할 수 있다. 그러나 G7 프로젝트와 달리 동 사업은 사업추진체계가 명확하고 대상이 구체적이었다는 평가를 받았으며, 이와 동시에 분야의 편중이 심하고 정부위주로 이루어졌다는 평가를 동시에 받고 있다(김석필 등, 2015: 10; 장석인 등, 2014: 73).

제2절 정책변동 분석

1. 정부와 민간의 역할분담

차세대 성장동력은 기술·산업·제품별 위험부담과 투자기간 등 다양한 특성이 존재하며, 사업성공을 위해서는 정부의 지원전략과 함께 차별화 전략을 필요로 한다(최윤희 등, 2005: 35). 이러한 측면에서 노무현 정부는 정

---

[10] 사업단장의 임기가 사업종료 이전에 끝나거나 사업단장이 연구관리 전문가를 고용할 수 없거나 사업단장의 검토없이 각 부처가 예산을 배정하는 등 사업단장의 역할과 관련된 문제가 제기되었고 이를 해결하기 위해 사업단장 임기와 연봉, 역할 등을 개선하는 내용이 발표되었다(매일경제, 2005).

부와 민간의 협력을 통해 차세대 성장동력이 성과를 나타내기를 기대했으며, 이를 위해 정부와 민간이 주도할 기술분야를 구분하고 이 둘 사이의 협력체계를 구축하기 위한 전략을 제시하였다.

구체적으로 국내산업의 경쟁력 수준과 시장형성 시기에 따라서 정부와 민간의 역할을 구분하였는데, 정부는 산업 활성화를 위한 분위기 조성과 종합조정에 중점을 두는 지원자로서의 역할을 추진하였다(안승구 등, 2008: 57). 이는 실질적인 개발과정이나 제품생산은 민간에서 추진하고 정

<표 Ⅱ-1-5> 차세대 성장동력 사업 개요

구분		내용
국내외 환경	국내	• '95년 이후 1인당 국민소득 1만 달러 유지, 성장정체 • 선진국 모방위주의 발전전략 한계봉착
	국외	• '중국의 급부상(유인우주선 발사 성공 등) • IT경기 후퇴와 이라크 전쟁 이후 불확실성 증대 및 유가상승
정책추진 방향		• 국민소득 2만불의 선진경제 도약 • 5년 이내에 제품화가 가능한 핵심기술을 발굴·육성
정책목표		• 경쟁력 있고 부가가치 잠재력이 큰 성장동력산업 발굴 • 신산업과 전통산업의 선순환적 혁신을 통한 산업의 고부가가치화로 5-10년 후 우리 경제의 기간산업으로 육성하는 것
추진전략		• 산업별 기술성숙도와 국내기업 역량에 따라 3가지로 구분 • 첫째, 기술수준과 기업역량이 우수한 분야는 민간이 추진(디지털 TV/방송, 디스플레이, 차세대 반도체, 차세대 이동통신 등) • 둘째, 상용화에 근접했으나 기업역량이 부족한 분야는 민간기업과 정부가 협력추진(디지털컨텐츠/SW솔루션, 미래형 자동차 등) • 셋째, 기업역량이 부족하고 상업화에 시일이 걸리는 분야는 정부주도(바이오 신약/장기 등)
추진체계		• 국가과학기술위원회 산하 '차세대성장동력추진특별(위)', '차세대성장동력총괄 실무(위)' 운영 • 산업별 주관부처를 지정 및 산업별 사업단장을 선정하여 추진 • 혁신본부 중심의 명확한 추진체계

자료 : 김석필 등(2005: 10-11), 최한림 등(2015: 7-10), 안승구 등(2008: 57) 자료를 참조하여 작성

부는 이를 위해 필요한 규제완화나 인력양성, R&D투자 등의 역할을 수행하는 것으로 정부와 민간의 역할을 분담했다고 볼 수 있다. 구체적으로는 〈표 Ⅱ-1-5〉에 제시된 바와 같이 차세대 성장동력 10대 분야 중에서 바이오신약·장비는 정부가 주도하고 국내기업의 기술과 역량이 우수한 디지털 TV/방송, 디스플레이, 차세대 반도체, 차세대 이동통신, 디지털 콘텐츠/SW 솔루션, 지능형 홈네트워크 분야는 민간이 주도하며, 미래형 자동차, 지능형 로봇, 차세대 전지분야는 정부와 민간이 공동으로 추진한다는 계획을 제시하였다.

그러나 실제로 동 정책을 추진하는 과정에서 정부와 민간의 역할이 명확하게 구분되었다고 보기 어려웠다. 최윤희 등(2005: 192)에 따르면 차세대 성장동력에 대한 정부와 민간의 연구비 부담비중이나 참여기관 현황에서 민간주도나 정부주도의 특성이 차별화되지는 못한 것으로 나타났다. 이는 초기 기획과정부터 정부주도로 진행되다보니 상대적으로 기획과정에 민간의 적극적인 참여가 부족했고, 민간에서 이미 성장동력 10대 분야와 관련된 기술개발을 추진하고 있었기 때문이기도 하다. 결국 차세대 성장동력과 같이 범국가적 차원에서 기획·추진되는 R&D사업이 보다 실질적인 성과를 내기 위해서는 정부와 민간의 역할에 대한 체계화와 업무분담이 필요하다고 할 수 있다. 예를 들어, 시장이 형성되지 않았거나 공적 측면에서 투자가 필요하다면 정부가 적극적으로 주도해야하지만 시장과 기술이 어느 정도 형성된 이후에 정부는 새로운 시장이나 기술을 개척하거나 민간의 투자를 유도하기 위한 환경조성이나 인력양성, 전략적 조정자 등의 역할로 변화해야 할 것이다.

2. 정책기조

노무현 정부의 과학기술 정책기조에서 가장 큰 변화는 국정과제에 '과학기술 육성'을 포함시킨 것으로 볼 수 있다. 물론, 노무현 정부 이전에도 과학기술의 중요성은 강조되었었지만 '과학기술 육성'이 국정지표로 선정된 것은 정부수립 이후 처음으로(성지은·송위진, 2006: 34), 이는 과학기술을 경제성장이나 국가발전을 위한 도구적 관점에서 바라보던 것에서 벗어나 과학기술혁신을 통해 산업, 노동, 지역 등의 혁신으로 연계·확장하겠다는 것으로 해석할 수 있다. 실제로 노무현 정부의 과학기술정책 기조는 모방을 통한 추격에서 벗어나 혁신을 통한 탈추격 단계로의 정책 패러다임 변화를 내포하고 있으며, 이를 성지은·송위진(2006: 34)은 새로운 제도적 배열로써 혁신주도형 국가로의 전환을 시도했다고 평가하였다.

그러나 전체적인 과학기술 정책기조와 달리 차세대 성장동력의 정책기조는 여전히 과학기술을 통한 국가발전 혹은 경제발전에서 벗어나지 못했다고 평가할 수 있다. 이는 '성장동력'이라는 용어자체가 이미 혁신을 의미하기보다는 경제성장과 발전이라는 측면과 밀접하게 연관되기 때문이다. 이러한 방향에서 제기된 성장동력의 구체적인 정책목표도 ①경쟁력 있고 부가가치 잠재력이 큰 성장동력산업 발굴, ②신산업과 전통산업의 선순환적 혁신을 통한 산업의 고부가가치화로, 5~10년 후 우리 경제의 기간산업을 육성하는 것이 직접적인 정책목표였다. 이처럼 동 정책의 추진방향과 목표 모두 경제성장과 밀접한 연관을 맺고 있었으며, 선정된 10대 산업 중에서 로봇, 자동차, 바이오신약/장기 등을 제외하고는 대부분 상대적으로 단기간에 성과를 낼 수 있는 IT분야 중심으로 구성되었다. 이는 여전히 과학기술을 경제성장을 위한 도구로 인식하는 틀에서 벗어나지 못했음을 의미하며, 과학기술을 통한 사회혁신이나 정책혁신으로 연계하는 정책기조까지는 고려하지 못했다고 볼 수 있다.

따라서 노무현 정부에서 최상위의 국정기조로 내세웠던 '과학기술중심사회 구축'이나 국가혁신체제 수립 등은 실제 차세대 성장동력 정책과 같이 하위에서 추진된 정책기조와는 차이를 나타냈다고 할 수 있다. 차세대 성장동력에서도 여전히 기술개발은 '성장발전'을 위한 도구로 인식되었고 이는 정책기조에서도 그래도 반영되었다고 할 수 있다. 그럼에도 불구하고 동 정책은 국가혁신체제[11]를 수립하기 위한 성과·확산혁신의 과제로 추진되었으며, 전체 과학기술 정책기조에서는 과학기술혁신을 통한 정부와 지역, 교육과 노동혁신 등 통합적인 혁신정책을 지향했다는 점에서 의의를 찾을 수 있다.

3. 법률 제·개정

새로운 정책을 추진하기 위해서는 관련 법률을 새로 만들거나 기존 법률을 수정하는 작업을 필요로 한다. 차세대 성장동력은 별도의 법을 새로 제정하지 않고 기존 「과학기술기본법」에 관련 조항을 추가하는 형태로 법적

---

11) 류중익(2004)에 따르면 노무현 정부에서는 과학기술중심사회구축을 위해 새로운 국가기술혁신체계를 구축하고자 하였으며, 지금까지 '선진국 추격형 기술혁신체계'를 주체, 요소, 성과확산, 시스템, 기반 등 5대 분야에서의 혁신을 추진하는 '창조형 기술혁신체계'로 바꾸고자 노력하였다. 이를 위해 과학기술중심사회추진기획단의 총괄하에 30개의 중점과제에 대한 세부실천계획을 수립하여 범정부적으로 추진하기로 하였는데, 차세대 성장동력도 이러한 5대 분야의 혁신과 연관성을 갖고 추진되었다.

기반을 마련하였다. 구체적으로 2004년 9월 23일 「과학기술기본법」 개정을 통해 국가과학기술위원회의 역할을 '과학기술 주요정책·연구개발계획 및 사업과 과학기술혁신관련 산업정책·인력정책 및 지역기술혁신정책사업 조정과 예산의 효율적인 운영'으로 규정함으로써, 기존 과학기술정책이 아니라 혁신정책으로 국가과학기술위원회의 역할이 확대했음을 알 수 있다. 이와 함께, 차세대 성장동력 전략의 총괄 조정기구로 차세대성장동력 추진특별위원회 설치가 논의되었으며, 2004년 3월 과학기술부는 차세대성장동력 추진특별위원회와 차세대성장동력 총괄실무위원회의 설치에 관한 내용을 담은 과학기술기본법 시행령 개정안을 입법 예고하였다(대통령자문 정책기획위원회, 2008: 16-17).

이처럼 과학기술분야 기본법에 차세대 성장동력과 관련된 사항을 포함시킴으로써, 동 정책은 하위법과의 연계나 정책추진을 위한 명백한 법적 근거를 마련하였다. 그러나 법 개정이 이루어지기 이전인 2003년부터 차세대 성장동력과 관련된 기획과정이 진행되었기 때문에 실제 기획과정에서는 여러 가지 문제점을 도출하기도 하였다. 예를 들어, 주요 3개 부처를 조율하

<표 Ⅱ-1-6> 차세대 성장동력 관련 과학기술기본법 개정 내용

2004.9.23. 일부개정	2005.12.30. 일부개정
제9조(국가과학기술위원회) ①정부는 과학기술 주요정책·연구개발계획 및 사업과 과학기술혁신관련 산업정책·인력정책 및 지역기술혁신정책 사업을 조정하고 예산의 효율적인 운영 등에 관한 사항을 심의하기 위하여 국가과학기술위원회를 둔다.	제9조(국가과학기술위원회) ① 생략
5의2. 중장기 국가연구개발사업관련 계획의 수립에 관한 사항 (신설)	
6의2. 차세대성장동력산업, 문화관광산업, 부품소재 및 공정혁신분야 등에서의 과학기술혁신관련 정책의 조정에 관한 사항 (신설)	6의2. (생략)

거나 역할분담을 중재해야 할 국가과학기술위원회가 원활하게 역할을 수행하지 못한 이유 중의 하나가 바로 법 개정이 늦어져 국가과학기술위원회의 법적·실체적 지위가 약했기 때문으로 볼 수 있다. 즉, 2003년 당시 국가과학기술위원회는 비상설 회의체제로 조사·분석·평가나 사업조정의 기능이 상대적으로 약했다고 평가할 수 있다. 이에 국가과학기술위원회의 조직과 운영에 대한 명확한 근거 필요성이 제기되었고 종합조정제도의 현실화를 위한 방안도 점차 논의되기 시작하였다.

그러나 차세대 성장동력 사업의 기획이 이미 시작되고 난 후 법적인 정비가 추진되었기 때문에 국가과학기술위원회가 주요 부처 간 갈등을 중재하고 협의를 도출하는 실질적인 역할을 수행하기에는 다소 늦은 감이 있었다. 더욱이 「과학기술기본법」 개정을 통해 상위단계에서는 추진주체와 체계를 정비할 수 있었지만 상대적으로 하위단계의 사업단과 관련된 법·제도적 정비는 미비하였다. 결국 각 부처에서 주관하는 3개의 사업단은 공통된 규정을 마련하지 못하였으며, 각각의 규정에 따라 별도로 사업을 집행·운영함에 따라 다양한 문제가 나타내게 되었다. 이는 3개 부처가 별도로 주관하는 사업단에까지 공통된 규정을 적용하기 어려웠기 때문이기도 하지만 차세대 성장동력이라는 동일한 사업을 추진하는데 있어 부처별로 차이를 갖게 됨에 따라 일부에서 이로 인한 혼선이 제기되기도 하였기 때문이다.

4. 거버넌스

차세대 성장동력을 추진하는 과정에서 가장 특징적인 변동내용은 바로 거버넌스의 변화라고 할 수 있다. 대통령 국정과제로 '과학기술중심사회 구축'이 제시됨에 따라 과학기술부와 산업자원부, 정보통신부 등 정부부처는 본격적으로 차세대 성장동력 사업에 참여하게 되었다. 그러나 이들 부처는 2003년부터 각자 별도의 기획위원회를 구성하고 최종전략을 도출하는 등 차세대 성장동력 발굴과정에서 협업하지 못하고 다양한 갈등을 표출하였다. 그리고 이 과정에서 부처 간 조정과 역할분담을 위해 국가과학기술위원회 산하에 미래전략기술기획위원회가 구성되었으나 3개 부처를 조율하는데 한계를 나타냈다. 이후 대통령 정보과학기술보좌관을 주축으로 직접 조정작업을 추진하고 별도의 차세대성장동력선정위원회를 구성하는 등 부처 간 조정과 역할을 분담하려고 하였으나 실질적인 효과는 약했다고 할 수 있다.

이러한 부처 간 조정부재는 결국 과학기술행정체제에서 거버넌스의 변화를 유도했으며, 이는 2004년 10월 과학기술부의 부총리 부처로 격상과 함께 과학기술혁신본부의 출범이라는 결과로 나타났다. 실제 우리나라 과학기술 행정체제에서 주요한 조정기구는 국가과학기술위원회로 1990년대부터 조직의 중요성과 역할이 점차 확대되었다고 할 수 있다. 그러나 차세대 성장동력을 추진하는 과정에서 국가과학기술위원회는 타부처를 종합조정하는데 어려움을 겪게 되었다. 이로 인해 과학기술부 장관을 부총리로 위상을 높여 국가과학기술위원회의 부위원장직을 담당하게 하는 한편, 국가과학기술위원회의 사무국 조직으로써 과학기술부 내에 과학기술혁신본부를 새로 설치하였다. 특히, 과학기술혁신본부는 과기부와 타 부처 사이의 R&D사업을 조정하였는데, 과학기술부와 타 부처의 인력과 민간전문가로 조직을 구성함으로써 다양한 인적구성을 갖추려고 노력하였다. 새롭게 변화된 거버넌스 체제에서 과학기술혁신본부는 R&D예산편성과 관련한 다양한 역할을 수행하였다. 구체적으로 R&D사업 평가 및 예산조정, R&D 지출한도설정과 중점투자방향 제시, R&D예산심의 조직체계 구축과 성과평가에 따른 예산조정·배분 등 기존의 과학기술부의 역할과는 다른 차이를 보였다. 이는 예산과 관련된 모든 권한을 재정경제부에 두었던 것과 달리 R&D예산편성과 관련된 권한을 일부 과학기술혁신본부로 이관한 매우 이례적인 정책혁신으로 볼 수 있다.

초기 노무현 정부의 과학기술 행정체제는 김대중 정부의 행정체제와 크게 다르지 않았으나, 2004년을 기점으로 과학기술부총리제와 과학기술혁

(그림 Ⅱ-1-2) 차세대 성장동력 정책관련 주요 조직의 변화

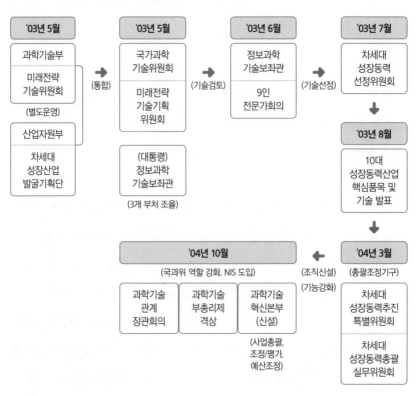

신본부가 설치됨으로써 매우 다른 형태의 거버넌스로 변화했다고 할 수 있다. 이러한 변화에서 국가과학기술위원회의 위원장은 대통령이 맡았지만 부위원장과 특별추진위원회 및 국가기술혁신특별위원회 위원장을 과학기술부총리가 맡고 국가과학기술위원회의 간사와 운영위원회의 위원장을 과학기술혁신본부장이 맡음으로써 전체 과학기술 정책 및 예산조정에서 과학기술부의 역할을 확대하였다.

더욱이 과학기술부총리제가 출범함에 따라 과학기술부총리를 중심으로 실질적인 과학기술 정책조정 기능이 강화되었고 정부출연연구소 22개가 과학기술부로 이관되었으며, 범부처 차원의 R&D 정책기획·조정, 인력양

(그림 II-1-3) 노무현 정부 과학기술 거버넌스 변화

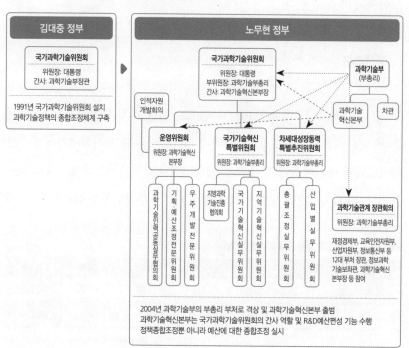

성, 예산조정·배분 등의 기능을 수행할 수 있게 되었다. 이와 함께 과학기술 부총리를 위원장으로 하는 과학기술관계장관회의를 신설하였으며, 여기에 주요 관계부처의 참여를 통해 부처간 협의와 조정을 활성화할 수 있는 시스템을 갖추고자 노력하였다.

차세대 성장동력 정책은 기획단계부터 부처 간 의견조율과 협업이 어려웠고 추진주체와 체계가 불분명하여 위원회 조직이 여러 번 변경되는 등 거버넌스의 취약성을 내보였다고 할 수 있다. 그러나 이후 국가과학기술위원회의 역할을 강화하고 과학기술혁신본부를 설치하여 기획에서부터 R&D예산 조정·배분·평가에 이르는 일련의 과정을 범국가적 차원에서 총괄 조정하는 체계적인 체제를 갖추려고(안승구 등, 2008: 54) 노력했다는 점에서 의의를 찾아볼 수 있다.

5. 예산배분

정부가 주도하는 대규모 R&D사업에는 많은 부처가 참여하는 만큼 매우 큰 예산이 투입되기도 한다. 차세대 성장동력은 당초 기획초기에 5년 간 약 3조원의 예산이 투입될 것으로 예상되었다(국회예산정책처, 2009: 86). 그러나 2004~2008년 동안 차세대 성장동력의 투자현황을 살펴보면, 실제

<표 Ⅱ-1-7> 차세대 성장동력 예산현황(2004-2008)

단위: 억 원

구 분	2004	2005	2006	2007	2008	합 계
당 초	3,717	5,001	6,121	7,066	8,719	30,624
조 정	3,252	3,671	4,373	4,329	4,431	20,056

자료 : 국회예산정책처(2009: 86), <표 A-14>

추진과정에서 2조원 규모로 축소되었음을 알 수 있다. 이는 기술변화 등에 따른 사업중단 또는 재조정으로 차세대 이동통신(5개→4개)과 차세대반도체(6개→4개) 사업에서 제품군이 축소되거나 유사한 제품군으로 통합됨에 따라 관련예산이 삭감(전종인·박장호, 2007: 9)되었기 때문으로 보인다. 실례로 당초 계획에 따르면 2004년 초기 예산 3,717억 원에서 2008년에는 8,719억 원으로 2배 이상 증가하는 것으로 되어 있었으나 수정된 예산에서는 2008년 예산이 4,431억 원으로 오히려 대폭 축소되었음을 알 수 있다. 차세대 성장동력의 예산수정 내용을 살펴보면, 바이오신약/장기를 제외한 모든 사업예산이 감소하였는데, 특히, 차세대 전지 관련 예산이 대폭 감소하였으며, 뒤를 이어 디지털TV/방송, 지능형 홈네트워크, 차세대 이동통신 등의 예산도 감소하였다.

한편, 전체 차세대 성장동력사업의 2004~2006년 투자실적을 살펴보면, 총 투자규모는 16,545억 원이었으며, 차세대 이동통신(2,936억 원), 디지털콘텐츠(2,693억 원), 홈네트워크(2,531억 원)의 순으로 투자규모가 큰 것으로 나타났다. 민간투자와 비중을 비교해 보면 전반적으로 정부 투자비율이 50~70% 정도로 높았으며, 특히 디지털콘텐츠(76.2%)와 디지털TV/방송(71.5%), 바이오신약/장기(71.8%), 지능형 로봇(70.6%) 분야에 대한 정부투자비율이 높은 것으로 나타났다. 더욱이 10대 사업분야별로 정부와 민간의 투자규모를 비교해서 살펴보면(〈표 II-1-8〉 참조), 정부투자 규모가 큰 분야에 대한 민간투자 규모도 큰 것을 알 수 있다. 실제로 2004~2006년 중 민간투자실적은 총 5,247억 원으로 차세대 이동통신과 지능형 홈네트워크 분야에 대한 투자비중이 높게 나타났는데, 같은 기간 동안 정부의 투자도 차세대 이동통신과 디지털콘텐츠, 홈네트워크 분야에 대한 비중이 높

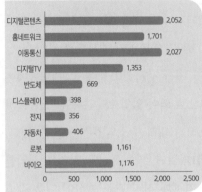

정부 투자규모

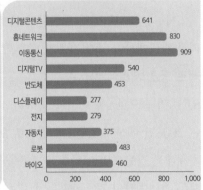

민간 투자규모

<표 Ⅱ-1-8> 차세대 성장동력 투자 현황(2004~2006)

단위: 억 원

구 분	정 부	민 간	합 계
바이오신약/장기	1,176 (71.8)	460 (28.1)	1,637 (100.0)
지능형로봇	1,161 (70.6)	483 (29.4)	1,644 (100.0)
미래형자동차	406 (52.1)	375 (48.1)	780 (100.0)
차세대 전지	356 (56.2)	279 (44.0)	634 (100.0)
디스플레이	398 (59.0)	277 (41.0)	675 (100.0)
차세대반도체	669 (59.6)	453 (40.4)	1,122 (100.0)
디지털TV/방송	1,353 (71.5)	540 (28.5)	1,893 (100.0)
차세대이동통신	2,027 (69.0)	909 (31.0)	2,936 (100.0)
지능형 홈네트워크	1,701 (67.2)	830 (32.8)	2,531 (100.0)
디지털콘텐츠/SW솔루션	2,052 (76.2)	641 (23.8)	2,693 (100.0)
합계	11,299 (68.3)	5,247 (31.7)	16,545 (100.0)

자료 : 안승구 등(2008: 61), <그림 3-8>을 활용하여 정리

은 것으로 나타났다. 또한 전반적으로 정부투자액 대비 민간투자액 비율은 47.6%(2004~2006년 누계기준)로 정부투자액의 절반에도 미치지 못한 것으로 나타났다(전종인·박장호, 2007: 13). 당초 정부는 환경조성을 통해 민간의 투자를 유도하고 관련 기술 및 시장의 활성화를 유도한다는 계획을 수립했으나 실제로는 민간보다 정부의 투자비율이 높게 나타나는 결과를 가져왔음을 알 수 있다.

제 2장

신성장동력(녹색성장 국가전략)

제1절 정책개요

1. 정책의제 설정

녹색성장 국가전략은 정부의 최고의사결정자인 대통령이 주도적으로 정책이슈를 제기하여 빠른 시간 안에 정부의제로 설정된 대표적인 사례의 하나로 볼 수 있다. 이명박 대통령은 취임 이후 첫 번째 광복절인 2008년 8월 15일 경축사를 통해서 국가발전 패러다임으로써 '녹색성장'을 제시하였다. 녹색성장은 녹색기술과 청정에너지를 통해 신성장동력을 육성하고 이를 통해 일자리를 창출하고 경제를 발전시키고자 하는 경제 패러다임으로, 이는 이명박 대통령이 후보시절부터 제시한 '경제 살리기'와도 흐름을 같이 한다.

그러나 녹색성장과 관련된 이슈는 대통령이 국가발전 패러다임을 제시하기 이전인 2005년부터 국·내외에서 제기되기 시작하였다. 2005년 'UN 아·태 환경과 개발 장관회의(UN ESCAP 2005 Ministerial Conference on Environment and Development, MCED 2005)'에서 이미 '녹색성장에 관한 서울 이니셔티브(Seoul Initiative on Green Growth)'가 제시되었으며(환경부, 2005), 이후 2008년 '환경의 날' 행사에서 한승수 국무총리가 '저탄소 사회·경제 시스템 구축을 통해 생태효율을 높이고 녹색성장(Green Growth)을 이루어나갈 것'을 강조하면서(환경부, 2008) 국내로 확산되었다고 할 수 있다. 이와 함께 2008년 7월 개최된 'G8 확대정상회의'에서 이명박 대통령은 '한국은 저탄소 사회로 나갈 것'을 천명하였고 같은 해 7월 11일 국회시정연설[12]을 통해 '온실가스를 감축하면서도 경제가 성장하는 '녹색성장' 시대를 열어야 한다'고 강조하는 등 녹색성장 이슈는 대통령을 비롯한 고위 정책결정자들을 통해 관련 이슈가 확대되었다고 할 수 있다. 이처럼 국·내외에서 경제성장과 환경 이슈가 제시되는 상황에서 2008년 이명박 대통령이 녹색성장 전략을 새로운 국가발전 패러다임으로 제시함으로써 매우 빠르게 정책의제로 채택되었다고 할 수 있다.

한편, 녹색성장이 국가 전체의 발전 패러다임으로 제시되었지만 실제 이를 성장동력 분야에 적용하기 위한 구체적인 정책은 '신성장동력 육성정책'이라고 할 수 있다. 신성장동력은 초기단계부터 지식경제부를 중심으로 명확한 추진체계를 갖추었으며, 이에 따라 이전 차세대 성장동력과 비교하여 부처 간 갈등이 상대적으로 나타나지 않았다. 또한 2008년 당시 환경보호와 경제성장이라는 정책의제를 정부의 최고의사결정자가 사회적 쟁점으로 부각시켰고 이 과정을 통해 신성장동력은 공중의제를 거쳐 정부의제로 형성되는 모습을 보였다. 따라서 신성장동력도 차세대 성장동력과 마찬가지로 내부참여자의 주도적인 역할에 의해서 의제가 외부로 확산되는 모습을

---

12) "이명박 대통령 국회 시정연설 전문" (2008.07.11.)(https://m.khan.co.kr/politics/assembly/article /200807111518242#c2b)

보였으며, 이전과 비교하여 의제가 형성되는 속도는 더욱 빠르게 진행되었다고 할 수 있다.

2. 정책형성

'경제살리기'를 최우선 정책으로 제시한 이명박 정부는 세계적인 경제침체에 대응하기 위한 새로운 경제성장 비전으로 녹색성장을 제시하고 이를 구체화한 실천방안으로 신성장동력을 추진하였다고 할 수 있다. 2009년 1월 보고된 "미래한국 프로젝트: 신성장동력 비전과 발전전략"에 따르면, 신성장동력은 경제발전 패러다임이 근본적으로 변화하는 시점에서 '삶의 질을 향상시키고 고부가 친환경 경제'를 추진하기 위해 녹색성장에 기반한 새

(그림 Ⅱ-2-1) 녹색성장과 신성장동력 육성정책의 관계

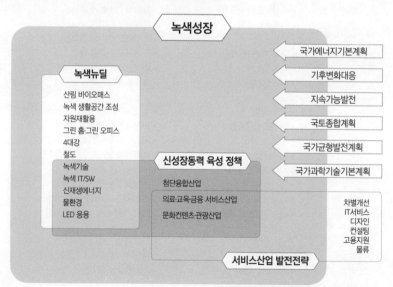

자료 : 국회예산정책처(2009: 2) <그림 Ⅰ-1>

로운 경제성장을 제시하고 이를 위해 친환경 사업, 고부가 융합산업, 지식
서비스업 등을 중점적으로 발굴할 것을 제시하였다.

구체적으로 신성장동력은 이명박 정부의 '저탄소 녹색성장'을 구현하기
위한 최상위 국가계획인 '녹색성장 국가전략 및 5개년 계획'의 하위계획으
로 추진되었으며, '녹색뉴딜', '서비스산업 선진화 방안' 등과 중첩·보완관
계에 놓여있었다(국회예산정책처, 2009: 1-2). 〈그림 II-2-1〉에서 보듯이
신성장동력은 전체 녹색성장 정책의 하위 범주에 위치하며, 녹색뉴딜, 서비
스산업 발전전략과도 연관성을 갖는다.

〈표 II-2-1〉 신성장동력 후보군

분과명	후보군(안)	
주력 기간산업 (18)	• 하이브리드 자동차 • 연료전지 자동차 • Mobile harbor • 퓨전시스템 반도체 • 임계성능 소재 • SOC 소재 • 국가전략자원기술 • 스마트소재 • 에너지소재	• 경량화 및 저공해 기술 • 미래형 신개념 선박 • IT융합 전통산업 • 차세대 디스플레이 • 해양레저 선박/장비 • 대체연료 엔진(클린디젤) • 차세대 민군겸용 헬기 • 미래선도형 환경·에너지 플랜트 • 고효율 환경친화형 항공기
신산업 (16)	• 고체조명 • 바이오·의료융합 • 로봇 • 실버융합 • 차세대 무선통신 • 디지털 RF부품 • 나노계측/공정 장비 • 나노코팅/나노필름	• 인쇄전자(Printable Electronics)산업 • 실감융합 미디어 및 인프라 • 도심메가빌딩용 스마트 인프라시스템 • 저에너지소비형 수처리 시스템 • 무선충전형 초소형 전원장치 • 초고속/全光 통신영 광부품 • 유비쿼터스 지능형 센서 모듈 • CNT 기반 복합소재·융합부품
지식 서비스 산업 (7)	• 전시/컨벤션 • 스마트물류 • 차세대 이러닝 • 지식기반 컨설팅 서비스	• 글로벌 헬스케어 서비스 • 융합 소프트웨어 • 가치창출형 디자인

이전 노무현 정부의 차세대 성장동력이 주관부처의 부재로 인한 갈등을 겪은데 비해, 신성장동력은 초기부터 지식경제부를 중심으로 정책이 체계적으로 수립되는 양상을 보였다. 신성장동력은 차세대 성장동력과 마찬가지로 민간의 참여를 적극적으로 유도했는데, 민간에서 신성장동력 발굴을 위한 수요조사를 실시하고 이를 정부차원에서 검토하고 확정하는 과정을 거쳤다. 구체적으로 신성장동력기획단이 구성되어 내부토론과 민간수요조사[13] 등을 통해 관련 아이디어를 도출하였으며, 민간기업 수요조사, 세미나, 토론회 등을 거쳐 최종적으로 400여개 후보군 가운데 1차로 63개 후보군을 제시하였다(〈표 Ⅱ-2-1〉 참조). 그 이후 1차로 도출된 후보군에 대

분과명	후보군(안)
에너지· 환경산업 (22)	• 무공해(Emission-free)석탄에너지 • 해양유래 바이오연료 및 바이오소재 • 에너지절약 차세대 소재 및 그린 IT • 이산화탄소 회수·저장 및 자원화 • 지능형 폐기물·담수 처리 및 폐기물 에너지화 • 차세대 기술개발을 통한 경제적 한계자원 확보 • 프런티어 화석에너지 개발 • 차세대 태양전지 및 대규모 태양광 발전 • 고효율 친환경 연료전지 • 스마트(SMART) 원자로 • 한반도 「에너지독립」을 위한 신재생에너지 인프라 구축 • 풍력-해양발전의 거점확보 및 수출전략화 • 심부 지열에너지를 이용한 발전산업 • 수소에너지기술의 신성장동력 주력산업의 육성 • 원자력을 이용한 고효율 공정열 및 원자력수소 기술개발 • 미래형 신도시 개념의 Green City 건설 • 지속가능 제품개발 • 미래형 청정 웰빙 생활공간 공기 플랫폼 구축 • IT기반 자원개발 기술서비스 해외시장 진출 • 친환경-지능형 융합기술에 의한 전략광물 자원 확보 • 대용량 상용원전 플랜트 수출산업화 • 사용 후 핵연료 재활용 기술을 통한 자원이용 극대화

자료 : "신성장동력 발굴 추진현황 및 향후계획"(https://www.bioin.or.kr/fileDown.do?seq=25645&bid=division)

해 공개토론회, 업종별 단체·경제단체와의 간담회 등을 통해 신성장동력 후보 분야의 적절성을 검토하였다(신성장동력기획단, 2008: 2). 마지막으로 정부는 앞서 민간에서 제시한 6대 분야 21개 신성장동력을 국무총리 주관 범정부 신성장동력 TF 및 미래기획위원회 민간자문회의를 통해 검토하였으며, 최종적으로 주요 핵심 원천기술 및 녹색기술 R&D를 반영하여 국가과학기술위원회 운영위원회에서 심의하였다. 신성장동력 발굴의 선정기준14)으로는 시장성, 파급효과, 녹색성장과의 연관성이 고려되었으며, 최종적으로 미래기획위원회와 국가과학기술위원회에서 3대 분야 17개 신성장동력을 선정하였다(국회예산정책처, 2009: 3).

이러한 과정을 거쳐 최종적으로 2009년 1월 정부는 17개 신성장동력에 관한 '신성장동력 비전과 발전전략'을 제시하였으며, 후속조치로 2009년 5월 '신성장동력 종합추진계획'을 추가로 발표하였다(지식경제부, 2009). '신성장동력 종합추진계획'은 신성장동력의 세부추진계획(Action plan), 기술전략지도, 인력양성 종합대책, 중소기업 지원방향 등 4가지 계획으로 구성되어 있다. 이와 함께 신성장동력은 녹색성장을 구현하기 위한 하나의 정책이었기에 이후 2009년 7월 발표된 '녹색성장 5개년 계획'에도 관련 내용이 포함되어 연계되었다.

신성장동력은 이전 차세대 성장동력과 달리 정책을 추진함에 있어 부처

---

13) 민간의 수요조사는 2008년 당시 신성장동력 홈페이지를 활용하여 5~6월 사이에 대국민 아이디어를 공모하였다(지식경제부, 2008).

14) 선정기준은 시장성(현재 시장규모 뿐만 아니라 향후 시장 잠재력까지 고려), 파급효과(전후방 연관효과, 융합화 가능성 및 일자리 창출 가능성을 종합고려), 녹색성장 연관성(녹색성장에 기반한 새로운 경제성장 비전을 고려)이었으며, 이에 따라 최종적으로 신성장동력이 선정되었다(신성장동력기획단, 2008: 3).

간 갈등은 크게 부각되지 않았는데, 이는 초기부터 지식경제부를 중심으로 성장정책이 형성되고 부처 간 의견이 조율되었기 때문으로 볼 수 있다. 더욱이 녹색성장이 국가전략으로 제시되었던 당시, 4대강 사업과 관련한 찬반논쟁이 전국적으로 제기됨에 따라 상대적으로 신성장동력과 관련된 관심

<표 Ⅱ-2-2> 신성장동력 목록

분 야	신성장동력	추진과제수	주관부처	구분*
녹색기술 사업	1. 신재생에너지	19	지경부	단·중·장기
	2. 탄소저감에너지	8	지경부	중·장기
	3. 고도 물처리 산업	13	환경부·국토부	중기
	4. LED 응용	8	지경부	중기
	5. 그린 수송시스템	16	지경부	장기
	6. 첨단그린도시	15	국토부	단기
첨단융합 산업	7. 방송통신융합산업	15	방통위·지경부	단기
	8. IT 융합시스템	10	지경부	단기
	9. 로봇응용	9	지경부	장기
	10. 신소재·나노융합	7	지경부·교과부	장기
	11. 바이오제약(자원)·의료기기	14	복지부·지경부	장기
	12. 고부가 식품산업	7	농식품부	중기
고부가 서비스 산업	13. 글로벌 헬스케어	11	복지부	단기
	14. 글로벌 교육서비스	9	교과부	중기
	15. 녹색 금융	12	금융위	중기
	16. 콘텐츠·소프트웨어	15	문화부·지경부	중기
	17. MICE·관광	12	문화부	단기
3대 분야	17개 신성장동력	200		

자료 : 관계부처합동·미래기획위원회(2009: 5)를 참조하여 재정리

* 단기는 3~5년 이내에 성장동력화 할 수 있는 분야로 응용·기술개발, 제도개선·투자환경 조성 등
  중기는 5~8년 이내 성장동력화 할 수 있는 분야로 핵심기술선점, 시장창출 등이 포함
  장기는 10년 내외 성장동력화 할 수 있는 분야로 기초원천기술 확보, 인력양성 등이 포함

은 약할 수밖에 없었다. 이와 함께 이명박 정부 출범 이후 기존 교육인적자원부와 과학기술부를 통합하여 발족함에 따라 과학기술정책 자체에 대한 논의보다 과학기술 행정체제 개편을 둘러싼 논의가 더 중요하게 다루어졌다. 이에 상대적으로 신성장동력과 관련된 정책적 관심은 약할 수밖에 없었고 이전 노무현 정부의 차세대 성장동력과 비교해 본다면 부처 간 큰 갈등 없이 정책이 수립되었다고 할 수 있다. 그러나 이 과정에서 신성장동력의 주무부처라고 할 수 있는 교육과학기술부의 역할은 지식경제부와 비교하여 상대적으로 약했다고 평가할 수 있다.

(그림 Ⅱ-2-2) 신성장동력 도출과정

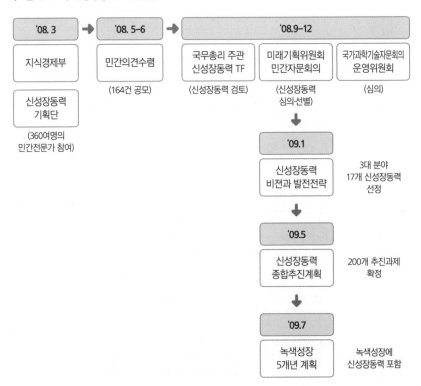

3. 정책집행

신성장동력은 국무총리실 산하의 신성장동력 TF를 중심으로 추진체계가 형성되었다. 3개 산업분야에 대해 지식경제부, 교육과학기술부, 기획재정부가 간사부처의 역할을 수행하였으며, 3개 분야의 하위 21개 동력별로 주관부처와 협조부처가 과제를 수행하는 형태로 체계화되었다. 그리고 이들 업무에 대해서 신성장동력 TF가 총괄 점검기능을 수행하도록 되어 있었다. 그러나 신성장동력 TF는 체계적인 관리와 평가, 환류기능이 미흡하였고 다부처가 참여하는 사업에 대해 별도의 관리나 평가를 수행하지 못하는 한계(최한림 등, 2015: 18)를 보였다. 특히, 이전 노무현 정부에서 다부처 사업을 조정했던 과학기술혁신본부와 같은 기구가 부재하다 보니, 상대적으로 각 부처는 본인들이 개별적으로 추진하는 과제에만 집중하였고 전체적인 총괄조정기능은 약했다고 볼 수 있다. 즉, 개별 주관부처는 개별과제만 추진할 뿐 국무총리실을 통한 전체 사업의 총괄조정기능은 제대로 작동하지 못했다는 평가를 받았다(김난영, 2011: 103).

범부처 사업은 다양한 부처가 참여하기 때문에 부처간 이견을 조정하고 이들 사이의 합의를 도출하면서 사업을 추진하는 것이 필요하다. 신성장동력은 범부처 차원에서 사업을 추진하고 점검하기 위해 국무총리실 산하의 신성장동력 TF를 구성하였으나 실질적으로 사업을 추진하는 과정에서는 제 기능을 발휘하기 어려웠다고 할 수 있다. 기존 차세대 성장동력에서 종합조정을 담당했던 과학기술혁신본부는 관련 정책에 대한 종합조정만이 아니라 R&D예산에 대한 조정과 배분기능까지 갖춘 매우 강력한 종합조정기구라고 할 수 있다. 이에 비해 신성장동력 TF는 혁신본부의 역할은 이어받

(그림 Ⅱ-2-3) 신성장동력 추진체계

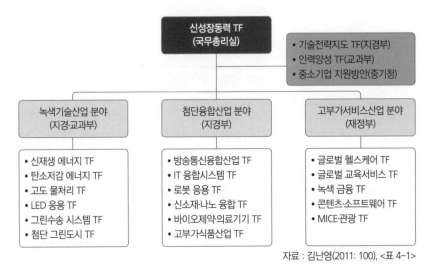

자료 : 김난영(2011: 100), <표 4-1>

았지만 권한은 축소되었으며, 국무총리실 산하의 TF조직으로 설치되었기 때문에 그 한계가 명확했다고 할 수 있다. 신성장동력과 같은 사업은 아이템 발굴도 중요하지만 실질적으로 도출된 아이템의 추진과 지속적인 관리·평가 등 후속관리체계도 중요하다고 할 수 있다. 그러나 신성장동력은 전체 사업을 점검하기 위한 조직이 임시조직인 TF 형태로 설치됨에 따라 체계적인 점검·평가 및 환류체계가 작동했다고 평가하기 어렵다.

4. 정책평가

녹색성장은 이명박 정부에서 제시한 국가발전 패러다임으로, 당시 국제적인 지구온난화 이슈와 그로 인한 에너지 위기, 글로벌 금융위기 등에 대응하기 위한 경제성장 동력 확보정책으로 추진되었다. 녹색성장은 저탄소와 기후변화 등 환경이슈를 고려하였지만 정책의 중심에는 '경제 살리기'가 놓여 있었고 따라서 녹색성장을 추진하기 위한 구체적 방안의 하나인 신성장동력도 본질적으로는 경제성장을 최우선 목표로 설정하였다.

국가 최고의사결정자인 대통령과 국무총리 등을 통해 녹색성장 이슈는 적극적으로 확산되었으며, 사회적 관심이 쌓여가던 시기에 대통령이 새로운 국가발전 패러다임으로 녹색성장을 언급함으로써 빠르게 정부의제로 형성되었다. 더욱이 이명박 정부에서는 2008년 8월에 새로운 국가발전 패러다임을 제시한 이후 관련 계획을 단시일 내에 수립하고 추진하였다. 예를 들어, 녹색성장 이슈를 담당할 녹색성장위원회는 2009년 1월 신설되었으며, 법·제도적 기반정비를 위해 「저탄소 녹색성장 기본법」을 2010년 1월에 제정하였다. 녹색성장을 위한 최상위 법률이 별도로 제정됨에 따라 이와 연관된 법률의 개정도 비교적 빠르게 진행되었는데, 여기에는 기후, 방송, 식품, 에너지, 의료에 이르기까지 다양한 법률이 포함되었다.

한편, 국가 발전 패러다임인 녹색성장을 성장동력 분야에 적용한 구체적인 정책인 신성장동력은 초기부터 기획재정부를 중심으로 명확한 체계를 갖추어 추진되었다. 이 과정에서 이전 차세대 성장동력에서 지원했던 사업이 다수 포함되어 보다 빠르게 관련 정책을 추진할 수 있었을 것으로 보인다. 실제로 김난영(2011: 103)에 따르면 2010년도 지식경제부의 녹색성장 91개 사업(4조 4,517억 원) 중에서 신규사업은 17개(772억 원)로, 이미 차세대 성장동력이나 21C 프론티어 사업 등을 통해서 지원이 이루어진 분야가 다수를 차지하였다. 그러나 신성장동력에서는 이전 성장동력과 달리 헬스케어, 교육서비스, 녹색금융, 소프트웨어, MICE·관광 등 고부가 서비스산업이 포함됨으로써 이전 정부보다 성장동력의 범주가 확대되었다고 할 수 있다. 또한 정책수립 과정에서도 민간의 적극적인 참여를 유도하고 민간 수요조사와 이를 바탕으로 성장동력사업을 평가하고 선정하는 과정을 거쳐 최종적으로 신성장동력을 도출하는 등 민간의 참여를 확대하려고 노력하였다. 그러나 이러한 민간참여는 실제 계획수립 단계에까지는 미치지 못하였으며, 이후 정책점검이나 보완 등의 과정에서도 민간참여는 미흡했다(김난영, 2011: 97)고 평가받았다. 이와 함께 별도의 사업단 구성이나 예산확보 없이 각 부처에서 독자적으로 추진하던 사업 일부를 신성장동력으로 구분하고 기존 과제의 추진과정에서 과제를 관리하는 수준으로 성장동력정책을 추진함에 따라 가시적인 성과를 보이지는 못했다(장석인 등, 2014: 76).

더욱이 이명박 정부 출범초기부터 기존 과학기술부와 교육인적자원부의 통합이슈가 과학기술계에 전면적으로 부각되고[15] 통합 출범한 교육과학기술부가 교육현안[16]에만 집중하다보니 상대적으로 교육과학기술부의 과학기술정책 기능은 약화되었다고 평가할 수 있다.

---

15) 당시 교육부와 과학기술부의 통합에 대해 과학기술계의 반대 의견은 성명서(과실연, 한국과학기술단체총연합회, 여성과총, 연구발전협의회, 과학기술 관련 학회, 과학기술계 정부출연기관장의 반대 성명 등), 반대 서명운동, 관련 토론회 개최(한국물리학회, 한국화학회, 대한수학회, 한국금속재료학회 등), 설문조사 결과('과학기술계 74%' 과기부·정통부 폐지는 잘못', 한겨레, 2010.04.27., 'MB정부 과기부 폐지 가장 잘못', 중앙일보, 2012.08.12.), 기고문('교육-과학기술 통합 시너지는 '환상', 학진·과학재단 특성화 필요, 이덕환 교수, 교수신문, 2008.03.17.) 등 다양한 형태로 제시되었다.

16) 생명공학연구원과 KAIST의 통합, 교육행정정보시스템(NEIS) 통합, 일제고사 시행, 대학 구조조정 등의 현안이슈로 찬성과 반대논의가 지속적으로 반복되었다.

제2절 정책변동 분석

1. 정부와 민간의 역할분담

신성장동력은 사업을 기획하는 초기단계에서 민간의 참여를 적극적으로 유도하였으며, 이전 차세대 성장동력 수립과 비교해 민간참여가 확대되었다고 할 수 있다. 실제로 신성장동력은 민간을 대상으로 수요조사를 실시하여 신성장동력 후보군을 도출하였는데, 이를 위해 2008년 3월~9월 사이에 신성장동력기획단 내부토론과 함께 민간수요조사 등이 진행되었다.

신성장동력기획단은 '서비스산업의 성장동력화', '주력산업의 고부가가

(그림 Ⅱ-2-4) 신성장동력기획단 구성현황

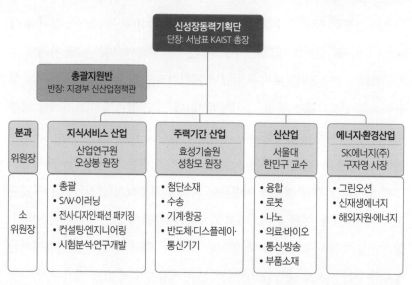

자료 : "신성장동력 발굴 추진현황 및 향후계획"
(https://www.bioin.or.kr/fileDown.do?seq=25645&bid=division)

치화', '신산업의 주력산업화', '에너지·환경 신산업 창출' 등 4개 분과로 구성되었으며, 민간전문가 360여명이 참여하는 등 초기부터 구체적인 조직을 통해 관련 정책을 수립하고자 노력하였다. 이 과정에서 신성장동력기획단의 운영뿐 아니라 국과위의 전문위원회를 전원 민간위원으로 구성하는 등 전반적으로 민간중심의 과학기술 기획을 강조하였다. 이처럼 신성장동력에서는 이전 차세대 성장동력과 달리 민간의 전문가를 다수 포함시켜 사업을 발굴하는 과정을 거쳤으나 실제 이러한 민간의 의견이 계획수립 단계에까지는 미치지 못하고(김난영, 2011: 97) 기획단계에만 머무르는 한계도 보였다.

한편, 신성장동력도 이전 노무현 정부와 유사하게 효율적인 정책추진을 위해 정부와 민간의 역할을 구분하였다. 이에 따르면 정부는 민간부문의 투자환경 조성에 역점을 두고 민간은 기술개발과 설비투자 활성화, 신규 고용창출과 경쟁력 확보에 주력한다는 것이었다(〈표 II-2-3〉 참조). 그러나 실제로는 정부와 민간의 명확한 역할분담은 미비했으며, 이는 이전 차세대 성장동력과도 큰 차이를 보이지 않았던 지점이라고 할 수 있다. 오히려 신성장동력은 정책기획과 형성, 추진체계 및 법·제도 정비에 이르기까지 정부주도로 매우 빠르게 정책화되는 과정을 거쳤다고 할 수 있다. 그리고 이 과정에서 '경제'와 '환경'이라는 서로 양립하기 어려운 정책목표를 제시함으로써 오히려 민간과 정부의 역할분담 자체가 모호해지는 결과를 가져왔다고도 할 수 있다. 예를 들어, '경제'와 관련된 부분에서는 정부와 민간의 역할분담을 명확하게 구분할 수 있지만 오히려 '환경'과 관련된 이슈에서는 정부와 민간은 서로 대립하고 갈등하는 관계일 수밖에 없는 것이다. 실제로 총량거래제나 탄소배출권제를 둘러싸고 산업계와 정부는 서로 다른 입장을 취할 수밖에 없었다.

따라서 신성장동력은 초기 기획단계에서 민간의 참여를 확대하고 정부와 민간의 역할분담을 통해 정책을 추진하고자 하였으나 실제 녹색성장이 가지고 있는 환경과 경제성장이라는 내재적 갈등으로 인해 정부와 민간의 역할분담에서도 오히려 모순되는 역할이 양립하는 양태를 보였다고 할 수 있다.

<표 II-2-3> 신성장동력 정책개요

구 분		내 용
국내외 환경	국내	• 글로벌 금융위기 이후 세계경제 침체 • 경제성장과 환경보호를 동시에 추진하려는 녹색성장 제시
	국외	• 지구온난화로 인한 기후변화 위기에 대한 논의 증가 • 글로벌 에너지·자원고갈 위기
정책추진 방향		• 지식기반 경제화 및 융합을 통한 고부가가치화 • 서비스산업 활성화를 통한 내수경제 규모 확대 • 녹색성장 비전 확대
정책목표		• 경쟁력 있고 부가가치 잠재력이 큰 성장동력산업 발굴 • 신산업과 전통산업의 선순환적 혁신을 통한 산업의 고부가치화로 5-10년 후 우리 경제의 기간산업으로 육성하는 것
추진전략		• 신성장동력 세부추진계획(Action Plan), 기술전략지도, 인력양성 종합대책, 중소기업 지원방안의 4가지 계획으로 구성 • 시장성숙도에 따라 단기(3-5년), 중기(5-8년), 장기(10년 내외)로 나누어 체계적으로 추진 • 정부와 민간의 역할 구분(정부는 민간부문의 투자환경 조성에 역점, 민간은 기술개발과 설비투자 활성화·신규고용창출·경쟁력 확보에 주력) • R&D, 인력, 조세금융, 제도개선 등 복합적 지원
추진체계		• 신성장동력 TF(국무총리실)를 중심으로 추진체계 수립 • 종합조정을 위해 녹색성장위원회, 녹색기술 공동협의회, 공동사업단과 같은 범부처간 연계망을 구축·운영 • 민간과 정부의 역할분담을 통해 민간의 참여 확대

자료 : 김석필 등(2005: 11-12), 최한림 등(2015: 14-17)의 자료를 참조하여 작성

2. 정책기조

이명박 정부에서 추진했던 녹색성장 국가전략이 과학기술분야에서는 신성장동력으로 구체화되었다. 녹색성장은 지구의 환경과 사회적 변화에 대응하기 위한 새로운 경제발전 패러다임으로 제시되었으며, 신성장동력도 이러한 패러다임 아래서 경제성장을 정책의 최우선 기조로 제시하였다. 이러한 정책기조는 이명박 정부에서 제시하였던 '과학기술기본계획(577 Initiative)'에서도 확인할 수 있는데, 동 계획에서는 국가경쟁력의 핵심동력을 과학기술로 보고 '선진일류국가'를 과학기술의 비전으로 제시하였다. 이처럼 시대변화에 따라 새로운 국가발전 패러다임을 제시하였지만 과학

<표 Ⅱ-2-4> 이명박 정부의 과학기술 관련 정책기조

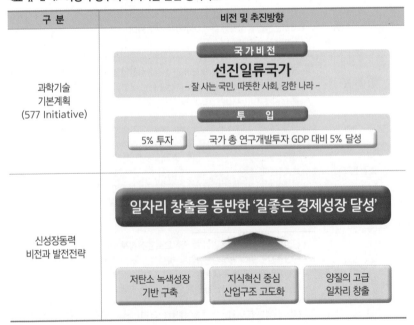

기술 관련 정책기조는 여전히 '경제발전과 성장'의 범주에서 벗어나지는 못했다.

이전 차세대 성장동력과 달리 신성장동력에서는 '환경'과 '경제'를 함께 고려한다고 제시하였으나 앞서 제시하였듯이 환경과 경제는 내재적인 갈등관계를 내포할 수밖에 없다. 과학기술을 통해 경제를 활성화시키고 국가를 발전시키는 것을 목표로 하는 '경제적 목표'와 환경을 보호하고 이를 위해 유해물질 배출이나 환경오염을 규제하는 '환경적 목표'는 때때로 갈등을 일으키기 때문이다. 실제로 환경오염을 줄이기 위해 유해물질 배출 등의 규제를 강화하게 되면 기업의 생산·유통시스템은 직접적으로 영향을 받을 수밖에 없고 대체할 수 있는 기술이 개발되거나 조건이 형성되지 않은 상태라면 기업활동은 위축될 수도 있기 때문이다.

신성장동력은 기후변화나 온실가스, 환경오염 등 전 지구적 문제를 고려하면서 환경이슈와 기존 경제시스템의 조화를 추진했다는 점에서는 분명 의의를 가질 수 있다. 그러나 실제 정책기조의 방향은 경제와 환경의 공존보다는 '경제성장'에 초점을 두었으며, 과학기술을 통한 경제발전과 국가발전이라는 기존의 '발전 패러다임'에서 벗어나지는 못했다. 이처럼 신성장동력에서 제시한 정책기조도 이전 차세대 성장동력과 큰 차이 없이 비슷한 연계선 상에서 진행되었다고 볼 수 있다.

3. 법률 제·개정

이전 노무현 정부에서는 차세대 성장동력을 추진하기 위한 별도의 법률 제정 없이 「과학기술기본법」을 개정하여 법적 근거를 마련한 것과 달리, 이

명박 정부에서는 신성장동력을 추진하기 위한 법적 근거로써 「저탄소녹색
성장 기본법」을 새로 제정하였다. 동 법은 녹색성장을 위한 정책목표와 추
진전략, 중점추진과제 등을 대통령 소속으로 설치되는 녹색성장위원회의
심의를 통해 수립·시행하도록 하고 이를 바탕으로 정부가 녹색경제, 녹색
산업 육성·지원시책을 마련하도록 하는 것을 기본 내용으로 한다(이상희,
2010: 153).

　당시 녹색성장법의 제정과정에서 정부부처와 업계, 환경단체를 포함한
이해당사자의 갈등이 나타났다. 예를 들어 산업계는 온실가스 총량제한
과 배출권거래제도 도입 등에 반대하였으며(의학신문, 2009), 환경운동단
체는 원자력 관련 항목의 삭제를 요구하는 한편 지속가능한 물 관리와 같은
'4대강 정비사업' 내용이 동 법에 포함되는 것에 반대 입장[17]을 제시하였
다. 또한 법이 제정되는 과정에서 이해관계자의 충분한 사전협의를 거치지
않았다는 비판도 제기되는 등 당시 녹색성장법을 둘러싼 다양한 이슈가 제
기되었다. 그러나 동 법의 가장 큰 문제는 개별 조문의 세부내용이 「에너지
기본법」, 「지속가능발전 기본법」, 「에너지이용 합리화법」 등 다수의 법률과
중복되거나 충돌의 소지가 있다는 점이다(이상희, 2010: 155). 더욱이 녹색
성장법의 세부조문에는 기후변화대응 기본계획(제40조), 에너지 기본계획
(제41조), 지속가능발전 기본계획(제 50조)을 5년마다 수립하고 시행하도

---

17)　환경단체의 반대의견은 성명서나 탄원서 등의 형태로 제시되었는데, 이는 다음과 같다. "'녹색성장기
　　본법'에 대한 시민사회단체 의견서" (환경운동연합, 2009.01.28), "토목성장 위주의 MB식 특별법으
　　로 전락한 '저탄소 녹색성장기본법안', 폐기되는 것이 마땅해" (환경운동연합, 2009.02.19). "원안보
　　다 퇴색한 '저탄소 녹색성장기본법' 진정한 저탄소 사회비전 수립을 위한 국회의 역할을 촉구한다"
　　(환경운동연합, 2009.11.10), "녹색성장에 대한 한국 NGO 공동 선언문" (환경운동연합, 2011.10.19)
　　(http://kfem.or.kr/)

록 되어 있는데, 녹색성장국가전략을 포함해 4개의 계획이 하나의 법률 안에 제시됨에 따라 서로 중복과 위계문제를 초래할 수밖에 없었다.

이러한 논란에도 불구하고 신성장동력의 법적 제도정비는 비교적 단 시간 내에 추진되었다. 실제로 2008년 9월 국무총리실에서 '저탄소 녹색성장 추진전략(안)'이 발표된 이후 다양한 전략과 계획(안)이 발표[18] 되었으며, 2009년 1월 녹색성장위원회가 설립되고 2010년 신규법안인 녹색성장법이 제정된 것이다. 이전 차세대 성장동력이 관련 논의를 시작한 2003년 5월 이후 「과학기술기본법」을 개정한 2004년 9월까지 약 1년의 시간이 걸

<표 Ⅱ-2-5> 녹색성장법의 법안 내용 중복문제(2010.01.13 제정법 기준)

구 분	내 용
저탄소 녹색성장 국가전략	제9조(저탄소 녹색성장 국가전략) ① 정부는 국가의 저탄소 녹색성장을 위한 정책목표·추진전략·중점추진과제 등을 포함하는 저탄소 녹색성장 국가전략(이하 "녹색성장 국가전략"이라 한다)을 수립·시행하여야 한다.
기후변화대응 기본계획	제40조(기후변화대응 기본계획) ① 정부는 기후변화대응의 기본원칙에 따라 20년을 계획기간으로 하는 **기후변화대응 기본계획을 5년마다 수립·시행**하여야 한다.
에너지 기본계획	제41조(에너지기본계획의 수립) ① 정부는 에너지정책의 기본원칙에 따라 20년을 계획기간으로 하는 **에너지기본계획(이하 이 조에서 "에너지기본계획"이라 한다)을 5년마다 수립·시행**하여야 한다.
지속가능발전 기본계획	제50조(지속가능발전 기본계획의 수립·시행) ① 정부는 1992년 브라질에서 개최된 유엔환경개발회의에서 채택한 의제21, 2002년 남아프리카공화국에서 개최된 세계지속가능발전정상회의에서 채택한 이행계획 등 지속가능발전과 관련된 국제적 합의를 성실히 이행하고, 국가의 지속가능발전을 촉진하기 위하여 20년을 계획기간으로 하는 **지속가능발전 기본계획을 5년마다 수립·시행**하여야 한다.

18) 2008년 '저탄소 녹색성장 추진전략(안)'이 발표된 이후 같은 해 10월 27일에 대통령실 국정기획수석비서관이 '저탄소 녹색성장 추진전략'을 발표하였다. 또한 2008년 12월에 지경부의 '지식·혁신 주도형 녹색성장을 위한 산업발전전략', 2009년 1월 행정안전부의 '저탄소 녹색성장을 위한 녹색정보화 추진계획(안)', 2009년 1월 관계부처 합동 미래기획위원회의 '신성장 동력 비전과 발전전략', 기획재정부 외의 '일자리 창출을 위한 녹색 New Deal 사업 추진방안' 등 관련 정책이 매우 빠르게 수립되었다.

린데 비해, 신성장동력은 2008년 8월 대통령이 새로운 패러다임을 제시한 이후 약 1년 반이 지난 2010년 1월에 새로운 법률이 제정된 것이다. 이는 당시 정부에서 녹색성장과 관련한 이슈가 얼마나 중요하게 인식되고 추진되었는지를 보여주는 사례라고 할 수 있다.

한편, 신성장동력은 녹색기술산업, 첨단융합산업, 고부가서비스산업 등 이전 차세대 성장동력과 비교하면 정책에 포함된 산업분야가 확대되었는데, 이는 그만큼 녹색성장법과 연관된 법률이 많아졌다는 것을 의미한다. 실제로 전용수(2010: 20)에 따르면 신성장동력과 관련해 제·개정이 필요한 법률은 17개로 조사되었는데, 여기에는 「신에너지 및 재생에너지 개발·이용·보급 촉진법」, 「물의 재이용 촉진 및 지원에 관한 법률」, 「방송법」,

<표 Ⅱ-2-6> 신성장동력 관련 제·개정 대상 법률

분 야	녹색기술산업	첨단융합산업	고부가서비스산업
신성장동력 (17개)	1. 신재생에너지 2. 탄소저감에너지 3. 고도 물처리 4. LED 응용 5. 그린수송시스템 6. 첨단그린도시	7. 방송통신융합산업 8. IT융합시스템 9. 로봇응용 10. 신소재·나노융합 11. 바이오제약의료기기 12. 고부가 식품산업	13. 글로벌 헬스케어 14. 글로벌 교육서비스 15. 녹색 금융 16. 콘텐츠·소프트웨어 17. MICE·관광
추진과제 (200개)	79개	62개	59개
제·개정 대상 법률 (17개)	(총 7개) • 신에너지 및 재생에너지 개발·이용·보급 촉진법 • 수도법 • 물의 재이용 촉진 및 지원에 관한 법률 • 수상레저안전법 • 교통체계효율화법 • 공간정보산업진흥법 • 국가공간정보에 관한 법률	(총 6개) • 방송법 • 방송통신발전기본법 • 방송통신사업법 • 항만법 • 염관리법 • 식품산업진흥법	(총 4개) • 의료법 • 이러닝산업발전법 • 저탄소녹색성장기본법 • 저작권법

자료 : 전용수(2010: 20), <그림 4>

「항만법」, 「의료법」 등 매우 광범위한 분야의 법률이 포함되었다(〈표 II-2-6〉 참조).

신성장동력은 이명박 정부가 제시한 녹색성장과 연계되어 매우 빠른 시일 내에 관련 법 정비가 완료되어 추진된 정책사례라고 할 수 있다. 그러나 환경이슈, 특히 4대강 사업과 같은 정치적 이슈가 모든 담론과 논쟁을 지배함에 따라 상대적으로 신성장동력 자체에 대한 정책적 논의는 약했다고 볼 수 있다.

4. 거버넌스

노무현 정부에서도 과학기술 행정체제는 매우 큰 변화를 경험했었는데, 이명박 정부 출범이후에도 이전과 비교하여 다양한 변화를 보이게 된다. 이명박 정부 시절 과학기술 행정체제의 가장 큰 변화는 교육자원인적부와 과학기술부가 통합되어 교육과학기술부로 출범하였다는 점과 기존 정부에서 막강한 정책조정기능을 보유했던 과학기술혁신본부가 폐지되고 국가과학기술위원회가 변모하였다는 점이다.

(그림 II-2-5) 이명박 정부 과학기술 거버넌스 변화

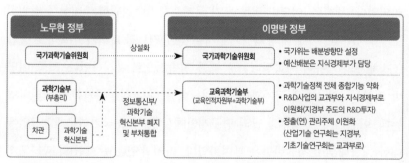

우리나라의 과학기술정책은 과학기술처, 과학기술부로 이어지는 전담 주무부처가 과학기술정책의 핵심을 담당했다. 그러나 이명박 정부는 행정체제 개편을 통해 이전과는 다른 변화의 양상을 보였다고 할 수 있다. 이명박 정부의 과학기술행정체제 변화는 크게 ① 통합 교육과학기술부의 설치, ② 과학기술혁신본부 폐지와 R&D예산 종합조정권의 기획재정부 이양, ③ 국가과학기술위원회의 개편과 컨트롤타워 논쟁, ④ 연구회조직의 변화 등으로 나누어서 살펴볼 수 있다.

우선 교육인적자원부와 과학기술부는 교육과학기술부로 통합되었는데, 당시 이명박 정부는 고등교육과 과학정책의 연계를 통해 우수인력을 양성하고자 두 부처를 통합하였다. 이 과정에서 인적자원개발과 학술정책, 연구개발정책, 원자력과 과학진흥 등에 관한 업무는 교육과학기술부로, 산업자원부의 산업·에너지정책과 정보통신부의 IT산업정책, 과학기술부의 산업기술R&D정책은 지식경제부로 이관되었다(김성수, 2008: 52). 둘째로 이전 노무현 정부에서 R&D예산의 조정·배분기능을 보유하고 있었던 과학기술혁신본부는 폐지되어 관련 기능은 기획재정부로 다시 넘어가게 되었다. 구체적으로 과학기술혁신본부의 기능은 교육과학기술부(정책기획, R&D 예산배분 방향, 조사분석)와 기획재정부(R&D예산 조정·배분 및 평가)로 분리되었다. 셋째로, 이명박 정부 초기 국가과학기술위원회는 비상설 위원회로 변화했는데, 이에 대해 과학기술계는 R&D컨트롤 타워가 부족하고 종합조정체계의 기능이 약화된다는 문제를 지속적으로 제시하였다. 결국 이명박 정부는 2011년에 국가과학기술위원회를 다시 상설위원회로 개편하였는데, 이전 노무현 정부와 달리 연구개발예산 중 주요 국가연구개발사업에 대한 예산배분·조정권한만을 부여하였다. 마지막으로 출연(연)의 관리체계

변화를 들 수 있는데, 기존 노무현 정부에서는 산업기술·기초기술·공공기술의 3개 연구회가 국가과학기술위원회에 소속되어 관리를 받았다. 그러나 이명박 정부 들어 공공기술연구회는 폐지되었고 산하 출연(연)은 산업기술연구회와 기초기술연구회로 이관되었다. 당시 산업적 성향이 강한 산업기술연구회 소속 13개 연구원은 지식경제부로, 기초원천연구 성격이 강한 13개 연구원은 교육과학기술부 소속으로 분리되었으며 이후 이들 출연(연)의 관리통합·분리를 둘러싼 갈등이 제기되기도 하였다.

이처럼 이명박 정부 들어 과학기술 행정체제는 매우 큰 변화를 보였다. 특히, 통합 교육과학기술부의 출범이후 교육 현안을 둘러싼 논쟁으로 인해 과학기술 이슈가 제기되지 못하고 컨트롤 타워기능이 부재하다는 과학기술계의 문제(박상욱, 2010)는 지속적으로 제기되었다. 그리고 이 과정에서 과학기술인의 상대적 박탈감과 소외문제가 대두되었다(성지은, 2010: 7). 이러한 문제는 이명박 정부 내내 지속적으로 제기되었는데, 이 과정에서 미래 과학기술 정책방향에 대한 논의보다 과학기술분야의 거버넌스를 어떻게 개편해야하는가라는 담론이 모든 논의를 압도하였다고 할 수 있다.

결과적으로 이명박 정부에서 과학기술정책은 교육과학기술부와 지식경제부로 이원화되었으나 실제로 과학기술정책을 주도한 부처는 지식경제부라고 할 수 있다. 이에따라 신성장동력도 이와 유사한 거버넌스를 가질 수밖에 없었는데, 정책기획과정부터 지식경제부가 주도적으로 관련 이슈를 발굴하고 정책을 수립하는 과정을 거쳤다. 이는 기존까지 과학기술정책을 주도했던 전담부처(과학기술부)가 통합 교육과학기술부로 출범하게 되고 이 과정에서 필연적으로 통합된 부처 내에서 갈등이 발생할 수밖에 없었기 때문이라고 할 수 있다. 실제로도 '교육'과 '과학'기능이 인위적으로 통합됨에 따라 시너지 효과가 나오기보다는 그로 인한 갈등이 표출될 수밖에 없었고 교육현안에 과학기술 현안이 묻혀버렸다는 비판(매일경제, 2009)을 피할 수는 없었다. 이러한 상황에서 신성장동력은 결국 지식경제부가 주도적인 역할을 수행할 수밖에 없었으며, 단기적인 성과에 집중하고 기초연구는 상대적으로 관심이 감소하는 문제가 나타나기도 하였다.

더욱이 이전 노무현 정부에서는 별도의 사업단과 같은 추진체계를 통해 차세대 성장동력을 추진하였으나, 이명박 정부에서는 개별 부처별로 정책을 추진하다보니 신성장동력이 체계적으로 추진되기 어려운 상황에 놓여 있었다. 예를 들어, 차세대 성장동력은 차세대 성장동력 추진 특별위원회를 설치하고 이를 지원하기 위한 차세대 성장동력 총괄 실무위원회와 산업별 실무위원회를 운영하고 부처별로 사업단이 조직되었었다. 그러나 녹색성장과 신성장동력은 녹색성장위원회와 국무총리실 산하 신성장동력 TF로 관리체계가 이원화되어(전용수 등, 2009: 31) 조직적으로 신성장동력을 추진하는 체계가 미흡했다고 할 수 있다. 실제 녹색성장법에 따르면 녹색성장 관련 정책은 녹색성장위원회와 녹색성장기획단이 조정하는 반면, 신성장동력과 관련된 R&D사업은 국가과학기술위원회에서 조정하도록 추진체계가 이원화되어 있었다. 녹색성장을 구현하기 위한 방안으로써 신성장동력이 추진되었지만 2개의 정책을 추진하는 체계가 하나로 통합되지 않음으로써 유기적으로 정책이 추진되지 못하는 문제에 직면했다고 볼 수 있을 것이다.

5. 예산배분

성장동력과 같은 다부처 사업은 많은 예산을 필요로 하는데, 당초 신성장동력 관련 투자소요금액을 부처 요구안을 기준으로 살펴보면 24.5조 원에 달하는 것으로 나타났다. 〈표 Ⅱ-2-7〉에서 알 수 있듯이, 가장 많은 예산을 필요로 하는 분야는 첨단융합산업분야로 5년간 약 12.2조 원의 예산을 요구하였으며 뒤를 이어 녹색기술사업 분야와 고부가서비스산업 분야가 각각 6.7조 원과 5.5조 원의 예산을 요구하였다.

〈표 Ⅱ-2-7〉 신성장동력 재정투자 계획

단위: 조 원

분 야	신성장동력	과제수	주관부처	재정투자('09~'13년)
녹색 기술 사업	1. 신재생에너지	19	지경부	2.8
	2. 탄소저감에너지	8	지경부	0.9
	3. 고도 물처리 산업	13	환경부·국토부	0.6
	4. LED 응용	8	지경부	0.4
	5. 그린 수송시스템	16	지경부	1.0
	6. 첨단그린도시	15	국토부	1.0
	소계			6.7
첨단 융합 산업	7. 방송통신융합산업	15	방통위·지경부	3.8
	8. IT 융합시스템	10	지경부	2.6
	9. 로봇응용	9	지경부	1.1
	10. 신소재·나노융합	7	지경부·교과부	1.8
	11. 바이오제약(자원)·의료기기	14	복지부·지경부	1.9
	12. 고부가 식품산업	7	농식품부	1.2
	소계			12.2
고부가 서비스 산업	13. 글로벌 헬스케어	11	복지부	0.6
	14. 글로벌 교육서비스	9	교과부	2.2
	15. 녹색 금융	12	금융위	0.0
	16. 콘텐츠·소프트웨어	15	문화부·지경부	2.3
	17. MICE·관광	12	문화부	0.4
	소계			5.5
3대 분야	17개 신성장동력	200		24.5

자료 : 김난영(2011: 94), 〈표 4-4〉

그러나 이러한 예산요구안은 기획재정부와의 협의를 거쳐 '녹색성장 5개년 계획'으로 반영되는 과정에서 약 17조 원 정도로 조정되었으며, 신성장동력은 녹색성장의 10대 정책방향 중에서 ④ 녹색기술 개발 및 성장동력화와 ⑥ 산업구조의 고도화에 포함되었다(전용수 등, 2009: 21).

한편, 신성장동력을 추진하면서 정부는 민간으로부터의 자금유치를 적극적으로 추진하였으며, 신성장동력 기획단을 통한 민간의 투자규모는 91.5조 원으로 제시되었다(전용수 등, 2009: 25). 그러나 장윤종 등(2012: 16)의 연구에 따르면 신성장동력 분야에 대한 민간으로부터의 자금유입은 미진한 것으로 나타났다. 실제로 동 정책과 관련된 주요기업 498개사의 2009년 전체 투자액 68.4조 원 중에서 신성장동력 분야에 대한 투자는 26.8%에 그쳤으며, 삼성이나 LG 등 대기업의 투자는 더욱 미비한 것으로 나타났다(장석인, 2010: 23). 이에 정부는 민간의 R&D투자를 활성화하기 위해 민간기업의 R&D투자에 대한 세제지원을 강화하기도 하였으나 실질적으로 신성장동력에 대한 민간의 투자는 활성화되었다고 보기 어려웠다.

<표 Ⅱ-2-8> 신성장동력 관련 투자 규모

단위: 조 원

신성장동력 세부 추진계획		→	녹색성장 5개년 계획	
분 야	**투자소요**		**구 분**	**투자계획**
녹색기술산업	6.7		기후변화 적응 및 에너지 자립	56.9
첨단융합산업	12.2		신성장 동력 창출	28.6
고부가서비스산업	5.5		④ 녹색기술 개발 및 성장동력화(일부) ⑥ 산업구조의 고도화	(17.0)
합 계	24.5		삶의 질 개선과 국가위상 강화	27.9
			합 계	107.4

자료 : 전용수 등(2009: 21), [그림 Ⅱ-2]

제3장

미래성장동력(창조경제 실현계획)

제1절 정책개요

1. 정책의제 설정

　박근혜 정부의 '창조경제'는 2012년 대선 공약집과 2013년 2월 대통령 취임사[1] 및 국정과제 등을 통해 구체화 하였으며, 과학기술과 인적자원을 핵심가치로 제시하였다. 우리나라 미래 경제를 이끌고 세계 시장을 선도하기 위해 추격형 경제에서 선도형 경제로 패러다임을 전환하고 과학기술 등 모든 분야에 상상력과 창의성을 접목하여 산업융합을 촉진하고 새로운 성장동력과 시장, 특히 일자리를 창출하기 위한 정책으로 추진하고자 하였다.

　당시 정부는 출범과 함께 국정비전으로 '국민행복, 희망의 새 시대'를 제시하고 이를 달성하기 위한 첫 번째 국정목표로 '일자리 중심의 창조경제'를 제시하였다. 과학기술과 ICT(Information & Communication

---

[1]　'창조경제는 과학기술과 산업이 융합하고, 문화와 산업이 융합하고, 산업 간의 벽을 허문 경계선에 창조의 꽃을 피우는 것입니다. 창조경제의 중심에는 제가 핵심적인 가치를 두고 있는 과학기술과 IT산업이 있습니다. 저는 우리 과학기술을 세계적인 수준으로 끌어올릴 것입니다. 그리고 이러한 과학기술들을 전 분야에 적용해 창조경제를 구현하겠습니다.'(박근혜 대통령 취임사, 2013. 2. 25)

Technology)에 개인의 상상력과 창의성을 접목한 경제 운영을 통해 새로운 성장동력과 시장, 일자리를 창출한다는 창조경제를 경제 분야의 대표적인 국정 기조로 마련하고 2013년 6월 '창조경제 실현계획: 창조경제 생태계 조성방안2)'(관계부처 합동, 2013)을 발표하였다.

세계경제의 부가가치 창출 요소는 노동·자본(산업경제), 지식·정보(지식경제)에서 '혁신적 기술과 창의적 아이디어(창조경제)'로 이동하고 있었으며, 스마트폰, SNS 등 존재하지 않는 것을 꿈꾸는 기발한 상상력과 아이디어에서 혁신적 시장, 경제발전의 새로운 동력이 창출되고 있었다. 이에 따라 미국, 영국, EU 등 주요 선진국들은 창조와 혁신을 통해 시장과 일자리를 창출하는 경제 패러다임으로 전환하여 첨단기술, 문화, 예술 등 각국의 강점에 기반 한 경제성장 전략을 추진하면서, 고용창출효과가 높은 벤처·중소기업을 집중적으로 육성하고 있었다.

우리나라도 그간 모방·응용을 통한 추격형 성장의 경제운영 패러다임에서 벗어나 국민의 창의성을 기반으로 하는 선도형 성장으로 전환하기 위해 우리의 강점인 과학기술·ICT 역량 등을 활용한 한국형 창조경제 추진전략으로서 '창조경제 실현계획'을 수립하게 되었다. '창조경제 실현계획'은 지난 40여 년간 우리경제의 성장을 이끈 추격형 전략이 글로벌 경제위기와 신흥 산업국가의 추격에 따라 한계에 봉착했다는 인식을 배경으로 한다. 이와 함께 고용 없는 성장이 지속되고 청년실업·저출산·고령화 등으로 '성장

---

2) 창조경제 생태계는 다양한 개인, 기업들의 아이디어가 자유롭게 교류 소통하면서 과학기술 ICT와 융합되어, 상상을 현실로 만드는 창의적 자산(기술과 지식)을 창출하고, 창의적 자산이 도전정신을 바탕으로 창업으로 연결되거나 기존제품 서비스와 결합하여 새로운 산업과 시장을 만들어내고 기존 산업의 경쟁력을 강화하여 중소기업과 대기업이 상생 협력하며 세계로 진출하고, 다양하고 많은 좋은 일자리가 끊임없이 생성하는 선순환과정으로 언급하고 있다.

과 복지가 균형을 이루는 사회'에 대한 국민의 열망이 증가한 것도 또 다른 배경으로 볼 수 있다.

'창조경제 실현계획'은 창조경제의 비전과 목표를 제시하고[3] 이를 구현하기 위한 부처별 추진과제를 종합한 것으로 창의성과 혁신을 기반으로 성장 동력을 확충하기 위한 6대 전략[4] 24개 추진과제를 선정하고 추진하였다. 2013년 3월말부터 부처 합동으로 추진과제를 발굴하였으며, 전국경제인연합회, 대한상공회의소, 중소기업중앙회, 한국무역협회, 경영자총협회, 벤처기업협회, 중견기업연합회, 중소기업기술혁신협회 등으로부터 과제에 대한 의견을 수렴하고 이를 실현계획에 반영하였다.

6대 전략 중 하나로 '신산업·신시장 개척을 위한 성장 동력 창출'이 설정되면서, 기존 주력산업의 경쟁력 제고를 넘어 창의적 아이디어와 상상력을 기반으로 하는 새로운 성장 전략을 제시하고자 하였다. 구체적으로 5개 추진 과제를 제시하며 정책 실행력을 높이고자 하였다. 5개 추진 과제는 '과학기술과 ICT 융합으로 기존 사업 신성장 활력 창출', 'SW·인터넷 기반 신산업, 고부가 콘텐츠 산업 육성', '사람 중심 기술 혁신을 통한 새로운 시장 창출', '미래 유망 신산업 발굴·육성을 통한 신시장 개척', '규제 합리화를 통한 산업 융합 및 시장 창출 촉진'이다.

한편, 창조경제의 구체적인 전략을 제시하고 성장잠재력 확충을 통해 신

---

3)   창조경제의 비전은 '창조경제를 통한 국민행복과 희망의 새시대 실현'으로, 3대 목표는 '① 창조와 혁신을 통한 새로운 일자리와 시장 창출, ② 세계와 함께 하는 창조경제 글로벌 리더십 강화, ③ 창의성이 존중되고, 마음껏 발현되는 사회 구현'으로 설정되었다.

4)   6대전략은 ① 창업이 쉽게 되는 생태계 조성, ② 벤처·중소기업의 글로벌 진출 강화, ③ 신산업·신시장 개척을 위한 성장 동력 창출, ④ 글로벌 창의인재 양성, ⑤ 과학기술과 ICT 혁신역량 강화, ⑥ 창조경제 문화 조성 등이다.

산업을 육성하고 일자리를 창출하는 등 창조경제 실천을 뒷받침하기 위해서 '제3차 과학기술기본계획('13-'17)⁵⁾'의 추진전략 중 하나로 '국가전략기술 개발' 고도화가 제시되었다. 국가과학기술심의회는 5대 분야 전략기술(국가전략기술 120개, 중점기술 30개)을 개발할 것을 의결하였는데, 다만 당시 시점에서는 구체적인 미래성장동력 계획은 수립되지 않은 상태였었다. 이후 '3차 과학기술기본계획'에 의거하여 신성장동력 창출, 삶의 질 향상 등에 필요한 중점국가기술을 효과적으로 확보하기 위해 국가차원의 종합전략이 수립되었다. 또한 R&D 투자효과성을 제고하고 부처 간 협력을 촉진하고자 '국가중점과학기술 전략로드맵'을 수립하게 되었으며⁶⁾ 이와 비슷한 시기에 미래성장동력 정책도 추진하게 되었다.

이와 같이 '창조경제 실현계획'이 국가 전체의 발전 패러다임으로 제시되면서 실제 이를 성장동력 분야에 적용하기 위한 구체적인 정책으로 미래성장동력이 정책의제로 설정되었다 할 수 있다. 당시 성장동력 정책은 정부주도 의제로 설정되었으나 국정기조로 제시된 '창조경제 실현계획' 수립이 늦어지는 관계로 정부가 출범한 지 1년이나 지나서야 '미래성장동력 발굴·육성계획'(관계부처 합동, 2014)이 수립되는 정책지연 현상이 일어났다.

---

5) 정부는 계획을 통해 '창조적 과학기술로 여는 희망의 새 시대'를 비전으로 설정하고, 과학기술 고도화 5대 전략(High Five)을 통해 2017년까지 1인 당 국민소득 3만 달러를 이끌고, 64만개의 신규 일자리를 창출한다는 목표를 세웠다.

6) '국가중점과학기술 전략로드맵'은 2013년 8월 국가과학기술심의회에서 수립계획을 보고한 후, 핵심기술 등 중간결과 부처출연연산업계 등 의견수렴 후 대국민 공청회 및 부처의견 수렴을 통하여 2014년 4월에 심의 의결하였다.

2. 정책형성

　박근혜 정부는 역대 정부의 정책을 시대 변화에 맞게 종합하고 발전시켜 경제성장을 선도하고 양질의 일자리를 지속적으로 창출할 수 있는 성장동력 발굴·육성 정책을 일관성 있게 추진하고자 하였다. 범부처·민간 공동으로 스마트자동차, 5G 이동통신, 융복합소재, 지능형반도체, 지능형사물인터넷, 착용형 스마트기기 등 19대 분야를 발굴·선정하고 국가과학기술심의회를 컨트롤타워로 하여 범정부적으로 육성하였다. 정부 R&D투자를 통해 기술개발과 실증을 지원하고 규제개선, 세액공제, 정책금융, 공공조달 등 민간이 적극적으로 참여할 수 있는 환경을 조성하려는 노력을 병행하였다. 당시 미래성장동력 정책 추진경과를 정리하면 다음의 〈표 II-3-1〉과 같다.

　당시 추진된 미래성장동력 정책은 '창조경제 실현계획'의 추진전략으로 제시되었는데, 미래창조과학부와 산업통상자원부는 각각 '미래성장동력 발굴·육성계획'과 '창조경제 산업엔진 프로젝트'(산업통상자원부, 2014)를 발표하면서 별도로 13대 미래성장동력 분야와 13대 산업엔진 분야를 선정하였다.[7] 창조경제의 주무부처인 미래창조과학부는 미래성장동력 정책을 추진하기 위해 2013년 11월에 과학기술·경제·인문·사회 등 다양한 분야의 산·학·연 전문가 130여명이 참여하는 미래성장동력 기획위원회를 발족하였다.[8] 미래성장동력 기획위원회는 기존 주력산업을 고도화하거나 새로운 서비스산업을 육성하여 높은 부가가치와 일자리를 창출하기 위한 방안을

---

7)　성장동력 정책이 이원화 되어 있는 문제를 해결하기 위해 국가과학기술심의회 산하 미래성장동력특별위원회를 통해 양 정책을 통합하여 '미래성장동력 종합실천계획(2015년)'을 수립하였다. 이러한 정책수립과정은 창조경제의 주무부처인 미래창조과학부의 정책을 중심으로 기술하고자 한다.

폭넓게 검토하였다.

이후 2014년 1월 미래성장동력 기획위원회는 산업계의 의견을 수렴하여 후보군을 도출하고 전문가 참여를 토대로 발굴된 미래성장동력 13대 분

<표 II-3-1> 박근혜 정부의 미래성장동력 정책 추진경과

일 시	미래성장동력 정책 및 주요내용	주무부처
2013. 6.	「창조경제 실현계획」 수립 – 창조경제 생태계 조성방안	관계부처 합동
2013.11.	「미래성장동력 기획위원회」 발족 – 130명 위원, 4개 분과 운영	미래창조과학부
2014. 3.	「미래성장동력 발굴·육성계획」 수립 (경제관계 장관회의) – 9대 전략산업, 4대 기반산업 등 13대 분야 성장동력 발굴	미래창조과학부
2014. 3.	「창조경제 산업엔진 창출전략」 수립 – 6대 시스템산업, 2대 소재·부품산업, 3대 창의산업, 2대 에너지산업 등 13대 분야 산업엔진 발굴	산업통상자원부
2014. 4.	「미래성장동력 특별위원회」 설치 및 분야별 추진단 구성	미래창조과학부, 산업통상자원부
2014. 6.	「미래성장동력 실행계획」 수립 (경제관계 장관회의) – 미래성장동력 세부실행계획으로, 13대 분야별 추진과제 도출	미래창조과학부
2014.12.	「미래성장동력 이행점검」 추진 (민관합동경제추진단) – '14년도 추진실적을 점검하고 개선방안 마련	미래창조과학부
2015. 4.	「미래성장동력 종합실천계획」 수립 (미래성장동력 특별위원회) – 미래창조과학부의 "미래성장동력"과 산업통상자원부의 "산업엔진프로젝트"를 통합하여 19개 분야로 확대	미래창조과학부, 산업통상자원부
2016. 3.	「2016년도 미래성장동력 종합실천계획」 수립 – 2016년도 중점 추진방향 및 분야별 세부추진계획 확정	미래창조과학부, 산업통상자원부
2016. 8	「9대 국가전략 프로젝트」 선정 (과학기술전략회의)	미래창조과학부

자료 : 임길환(2016: 6)에서 수정 인용

---

8) 미래성장동력 기획위원회는 총괄지원반으로 전국경제인연합회, 대한상공회의소, 중소기업중앙회 등
   8개 경제단체와 한국과학기술연구원, 한국전자통신연구원, 한국정보통신진흥원 등 5개 연구기관이
   참여하였으며, 4개의 분과(창의융합, 미래선도, 공공복지, 고부가가치 디지털 서비스 분과)로 구성하
   여 운영하였다.

야(9대 전략산업 및 4대 기반산업)를 선정하였다. 같은 해 2월에 산업계·연구계·학계 등의 의견을 수렴하였으며, 3월에는 제1차 창조경제민관협의회9)와 경제장관회의를 통해 '미래성장동력 발굴·육성계획'을 발표하였다. 4월에는 미래성장동력 육성 정책을 효율적으로 추진하기 위해 국가과학기술심의회 산하에 미래성장동력 특별위원회를 설치하였다. 미래성장동력 특별위원회는 민간이 참여하는 범정부 차원의 심의기구로 부처 간, 정부·민간 간 효율적인 협력 체계를 구성하고 미래성장동력 정책과 사업을 총괄하는 기능을 수행함으로써 미래성장동력 육성 정책의 컨트롤타워 역할을 하였다. 이어 6월 경제관계장관회의에서 범부처 차원의 미래성장동력 실행계획으로써 각 분야별 로드맵과 이를 달성하기 위한 종합적인 지원전략을 마련하여 확정·발표하였다. 이를 통해 분야별 R&D 지원은 물론 인력양성, 인프라 구축, 산업생태계 활성화, 법·제도 개선 등 패키지형 지원전략을 수립하여, 소재부품·SW에서부터 완제품·서비스에 이르는 가치사슬 전 단계를 균형적으로 육성하기 위한 정책 기반을 마련하였다.

2014년에 수립된 '미래성장동력 발굴·육성계획'은 「과학기술기본법」에 근거하며, '창의와 융합을 기반으로 새로운 성장동력 육성하여 국민소득 4만 불을 실현하고 새로운 산업과 일자리를 창출'이라는 비전과 '주력산업 고도화, 미래신시장 선점, 복지·산업 동반육성, 지속성장 기반조성'이라는 목표를 수립하였다.

성장동력 정책은 범부처 성격을 갖고 있기 때문에 정책추진에 있어 통합과 조정 역할이 매우 중요하다. 지난 정부에서는 부처별로 많은 과제가 수

---

9) 박근혜 정부의 핵심 국정과제였던 창조경제를 실현하기 위해 정부와 민간의 역량을 결집하고 민관협력을 촉진하며 범국가적인 창조경제의 추진을 위해 설치된 민관 협의체 기구이다.

행되었던 반면 이를 통합하고 조정할 수 있는 체계가 부재하여 전체 성과관리가 미흡하였다(이태규, 2015: 85-86). 박근혜 정부에서는 미래성장동력특별위원회가 성장동력 정책에 대한 통합과 조정 역할을 맡아 큰 틀에서는 통합·조정역할이 보강된 체계를 갖추었지만 내용적으로는 지난 정부보다 분야가 확대되었으며, 분야 자체가 지속적으로 변동하여 추진과제에 대한 평가와 관리체계를 갖추는 것도 미흡하였다.

미래성장동력 정책을 연도별로 비교하여 보면, 미래창조과학부와 산업통상자원부로 이원화된 정책의 통합과 9대 국가전략프로젝트 선정(2016년)을 제외하고는 큰 전략적 변화는 보이지 않는다. 성장동력 발굴·육성 정책은 기본적으로 민간기업의 참여를 통한 시장 진입과 확대가 목표였기 때문에 주요 전략방향으로 민간과의 역할분담과 협업체계 구축을 설정하였다. 대표적인 사례로 민관합동창조경제추진단을 통해 추진한 플래그십 프로젝트(Flagship Project)를 살펴볼 수 있다. 동 프로젝트는 정부가 선정한 미래성장동력 분야 중에서 민간투자를 바탕으로 단기적으로 성과창출이 가능한 분야를 발굴하여 실증시연하고 세제 감면 등의 지원방안을 제시하면서 사업화를 지원하였다. 연도별 미래성장동력 정책의 주요 내용을 정리하면, 다음의 〈표 II-3-2〉와 같다.

박근혜 정부의 미래성장동력 정책은 미래성장동력 분야의 변동이 자주 나타났었다. 2014년 발표된 13대 미래성장동력 분야(미래창조과학부)와 13대 산업엔진 분야(산업통상자원부)를 통합하여 2015년 19대 미래성장동력 분야로 확대하였으나, 2016년에 9대 국가전략 프로젝트를 선정하면서 4차 산업혁명 시대를 대비하는 성장동력 확보를 내세웠다. 이는 미래성장동력 정책의 잦은 변화와 정책 추진체계의 혼선에 의해 선정 분야가 확대됨에 따라 정부가 우선순위를 재조정한 것으로 볼 수 있다. 즉, 19대 미래성장동력 분야가 너무 광범위한 분야를 선정하고 있어 선택과 집중의 전략성이 떨어짐에 따라 다시 9대 국가전략 프로젝트를 선정하여 우선 지원하겠다는 것이었다. 이렇듯, 당시 정부는 다양한 부처에서 수차례에 걸쳐 성장동력을 선정하여 발표하고 관계부처 합동으로 발표된 미래성장동력도 지속적으로 변경함으로써 정책의 일관성 확보가 어려웠는데, 이러한 성장동력

<표 Ⅱ-3-2> 박근혜 정부에서의 연도별 미래성장동력 정책의 주요전략 비교

구 분		주요전략
2014	미래성장동력 발굴·육성계획	• 13대 미래성장동력 분야(9대 전략산업, 4대 기반산업) 선정 • 단중기 성과창출이 가능한 3-4개 분야를 발굴하여, '플래그쉽 프로젝트' 추진 • 종합적 지원을 통한 중소·중견기업 육성 • 규제·제도개선을 통한 산업발전 기반 마련
	창조경제 산업엔진 프로젝트	• 4대산업 분야(시스템, 에너지, 소재·부품, 창의) 13개 산업엔진 프로젝트 선정 • 산업 파급효과가 큰 핵심기술 중점개발 • 융합을 통한 산업 고도화 • 미래산업 경쟁력 확보 • 산업생태계 경쟁력 제고
2015	미래성장동력 종합실천계획	• 정책 통합을 통해 4대 산업분야(미래신산업, 주력산업, 공공복지·에너지산업, 기반산업) 19대 미래성장동력 분야 선정 • 정부와 민간 역할분담 및 분야별 사업 구조조정을 통해 투자 효율화 추진 • 조기성과 창출을 위해 6개 과제의 플래그쉽 프로젝트 및 12개 분야 징검다리 프로젝트 추진 • 기술 인프라 구축 및 중소·중견기업 사업화자금지원 펀드 조성
2016	미래성장동력 종합실천계획	• 19대 미래성장동력별 정량·정성분석을 통해 투자전략 고도화 • R&D세액공제 확대 및 정책자금을 통해 민간투자 활성화 • 실증사업 추진 및 플래그쉽 프로젝트 강화를 통해 미래성장동력 육성에 대한 국민체감도 제고
	국가전략 프로젝트	• 9대 국가전략 프로젝트(성장동력 확보 및 삶의 질 개선) 선정 • 민-관 역할 분담 및 기업 주도를 위한 유연한 관리시스템 마련 • 투자활성화 환경 조성을 위해 규제와 관행 철폐 • 부처간 칸막이를 제거한 신 협업모델 적용

자료 : 임길환(2016: 37)에서 인용

선정이 남발된 것은 관련 법제가 미흡하기 때문이기도 하다(권성훈, 2017).

3. 정책집행

2014년 4월 정부는 미래성장동력 정책을 원활하게 추진하기 위해 과학기술정책의 최고의사결정기구인 국가과학기술심의회 산하에 미래성장동력 특별위원회를 설치하고 분야별 추진단을 발족하였다. 미래성장동력 특별위원회는 당연직 위원으로 관계 부처 실장(1급) 10명과 산·학·연의 위촉직 민간위원 9명으로 구성되며, 위원장은 미래창조과학부 1차관이 수행하는 것으로 정해졌다. 동 위원회는 정부의 미래성장동력 관련 정책과 사업의 총괄조정 기능을 수행하며, 간사와 사무국 역할은 미래창조과학부 창조경제기획국(미래성장전략과)이 지원하게 되었다.

한편, 산업통상자원부와 미래창조과학부는 부처 간 칸막이를 허물고 미래성장동력 확보를 위해 손을 잡았으며, 차관급 정책협의회를 열고 '산업엔진 프로젝트'(산업통상자원부)와 '미래성장동력'(미래창조과학부)의 공통과제를 일원화 해 추진하기로 하였다. 이는 미래 성장동력을 효율적으로 육성하기 위해서는 긴밀한 협력체계를 구축해야 한다는 판단에 기인했다고 볼 수 있다. 양 부처는 2014년 4월 30일 '미래성장동력 추진단' 발대식을 열고 13대 미래성장동력을 효율적으로 육성하는 협조체계를 구축하기로 하였다. 이와 함께 미래성장동력의 효율적 운영을 위해 각 분야별 추진단장으로 구성된 '미래성장동력 추진단장 협의회'를 정기적으로 개최하여 미래성장동력 분야 간 연계협력을 강화하였고 부처 간 실무협의회(국장급)를 운영하여 관련 현안을 신속하게 협의·조정할 수 있도록 하였다. 이러한 협력

체계를 통하여 연구개발(R&D), 제도 개선, 인프라 구축, 인력양성, 사업화 등을 종합적으로 고려한 세부 실행계획을 수립하였다.

앞서 언급한 바와 같이 박근혜 정부의 미래성장동력 정책은 미래창조과학부와 산업통상자원부가 각각 13대 미래성장동력 분야와 13대 산업엔진 분야를 선정하였다. 범부처적으로 추진한 미래창조과학부의 13대 미래성장동력과는 별도로 산업통상자원부는 파급효과가 높은 산업분야의 기술개발과 산업 육성을 목표로 하는 13대 산업엔진프로젝트를 추진해 왔다. 그러나 두 정책은 국가 미래먹거리 발굴이라는 차원에서 유사한 정책목표를 가지고 있어 정책 연계 필요성이 지속적으로 대두되었다. 이에 박근혜 정부는 미래성장동력 정책의 이원화 문제를 해결하기 위해 2015년 3월에 국가과학기술심의회 산하 미래성장동력 특별위원회를 통해 '미래성장동력–산업엔진 종합실천계획' 발표회를 통해서 2개 부처의 정책을 통합하였다.

새로운 통합정책으로 '미래성장동력 종합실천계획'(미래창조과학부, 2015)은 같은 해 4월 미래성장동력 특별위원회에 상정되어 심의·확정되었으며, 동 계획에 따라 정부는 2015년 약 1조원, 2020년까지 약 5.6조원을 미래성장동력 19대 분야에 투자하기로 하였다. 이는 기존 미래창조과학부의 13대 미래성장동력 분야와 산업통상자원부의 13대 산업엔진을 통합·조정한 결과로, 양 부처의 6개 중복분야를 제외하고 기존 선정분야를 물리적으로 통합한 결과로 볼 수 있다. 이렇듯 두 정책의 통합과정에서 선정된 미래성장동력 분야는 〈표 Ⅱ-3-3〉과 같이 미래신산업, 주력산업, 공공복지·에너지산업, 기반산업 4개 산업분야에 걸쳐 총 19대 분야에 이른다. 동시에 분야별 상세 추진계획과 단계별 목표, 책임부처, 투자규모를 명시함으로써 앞으로 추진되는 미래성장동력 정책의 큰 틀을 제시하였다.

<표 II-3-3> 미래성장동력 19대 분야

미래신산업	주력산업	공공복지·에너지산업	기반산업
1. 지능형로봇 (공)	6. 스마트자동차 (공)	10. 맞춤형 웰니스케어 (공)	15. 융복합소재 (공)
2. 착용형 스마트기기 (공)	7. 심해저 해양 플랜트	11. 신재생 하이브리 (성)	16. 지능형 반도체 (성)
3. 실감형콘텐츠 (성)	8. 5G 이동통신 (성)	12. 재난안전시스템 (성)	17. 물인터넷 (성)
4. 스마트바이오생산 시스템(엔)	9. 수직이착륙무인 (엔)	13. 직류송배전 시스템 (엔)	18. 빅데이터 (성)
5. 가상훈련시스템 (엔)	-	14. 초소형 발전시스템 (엔)	19. 첨단소재 가공시스템 (엔)

* (성):미래성장동력분야 / (엔): 산업엔진분야 / (공): 공동분야

자료 : 경제백서 2015(기획재정부, 2015: 158)

미래성장동력 분야의 정책통합은 정책추진의 효율성과 책임성 확보라는 측면에서는 바람직하였지만 자칫 양 부처가 선정한 분야의 물리적 통합 수준에 머무를 수 있다는 우려도 제기되었다. 이에 따라 책임부처가 복수인 분야는 부처 간 의견 조율 등을 효과적으로 수행할 수 있도록 간사부처를 지정하여 부처 간 협력을 유도하고 관계부처 국장급 협의회를 개최하는 등 미래성장동력 추진주체 간 긴밀한 협업체계를 마련하여 실질적인 정책통합을 추진하였다고 밝히고 있다. 결과적으로 박근혜 정부의 미래성장동력 분야는 중복분야를 제외하고 19대 분야로 확대되었으며, 노무현 정부의 10대 분야에 비해 전략적 투자분야가 2배 가까이 늘어나게 되었다(임길환, 2016: 18).

한편, 박근혜 정부는 미래성장동력 정책과 별개로 저성장 뉴노멀(New Normal) 시대에 직면한 우리현실과 4차 산업혁명 시대를 맞이하여 새로운 성장동력 발굴이 절실하다는 상황인식하에, 국가차원에서 전략적으로 추진

할 분야를 선정하여 과감한 투자와 민관의 협업, 규제 혁파 등 생태계 조성을 통해 능동적으로 미래를 개척해 나가기 위해 '9대 국가전략 프로젝트'를 (그림 Ⅱ-3-1)과 같이 선정 발표하였다.

(그림 Ⅱ-3-1) 9대 국가전략 프로젝트

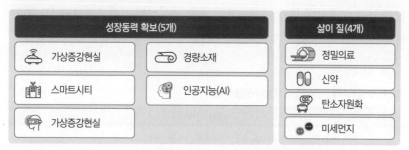

자료 : 미래창조과학부 보도자료(2016. 8. 9.), "대한민국 미래 책임질 9대 국가전략 프로젝트 선정"

9대 국가전략프로젝트는 대통령이 직접 주재하는 제2차 과학기술전략회의(2016. 8)의 안건으로 상정되었으며, 성장동력 확보를 위한 5개 분야와 국민행복과 삶의 질 제고를 위한 4개 분야의 과제로 구성되었다. 이 중 성장동력 확보와 관련된 과제는 기존의 19대 미래성장동력 분야에 포함되는 내용이지만 19대 미래성장동력 분야에 우선하여 국가전략 프로젝트를 집중적으로 지원하겠다는 정부의 정책의지로 해석할 수 있다(임길환, 2016: 18-19).

4. 정책평가

박근혜 정부의 미래성장동력에 대한 선행연구에서 제시된 다양한 평가와 정책적 시사점을 살펴보면 다음의 〈표 Ⅱ-3-4〉와 같다.

지난 정부의 성장동력 정책이 박근혜 정부의 혁신성장동력 정책으로서 정책승계가 이어졌으나, 구체적인 평가가 이루어지지 않은 상태에서 기존 정책이 다음 정부로 이어졌다고 할 수 있다. 미래성장동력은 박근혜 정부에서 추진한 창조경제 실현계획이 국가 전체의 발전 패러다임으로 제시되면서 실제 이를 성장동력 분야에 적용하기 위한 구체적인 정책으로서 추진되었다 할 수 있으나 당시에는 잦은 미래성장동력 분야의 정책변동이 이루어졌다.

<표 Ⅱ-3-4> 미래성장동력 정책평가 선행연구

저 자	내용(정책제언)	비 고
손석호 (2013)	• 정책의 지속성 확보를 통한 미래대비 선제적 투자 필요 • 산업생태계도 선진화 할 수 있는 정책추진 필요 • R&D 성과가 산업화로 이어질 수 있는 Total Solution형 정책 • 기술, 산업, 사회의 대융합을 위한 정책 추진 필요 • 단중장기 목표와 효율적 투자를 위한 자원배분 전략 제시 필요	
장석인 등 (2014)	• 창조경제 실현 차원의 차별적 정책추진과 실행력 강화 • R&D 및 산업화 단계별 차별적 지원정책 및 제도개선 • 성장동력 분야 기업투자여건 개선을 위한 패키지형 지원 강화 • 미래성장동력 산업화 과정의 혁신적 금융지원 활성화 • 공공조달의 혁신 및 정책수단화 등 수요측면의 정책 강화 • 성장동력 성과가시화를 위한 정책추진체계의 정비 필요	
김도훈 (2015)	• 새로운 산업의 등장을 가로막는 규제 개혁(정치권에서의 대타협) • 대기업들이 창업기업들을 M&A하는 길을 열어주는 길을 모색 • 기술개발을 넘어서서 미래 사회의 정치, 경제, 사회적 변화에 대해 진지하게 성찰하고 미래 소비자의 욕구를 읽어내는 노력이 필요	
이태규 (2015)	• 대상이 되는 산업에 대한 선택과 집중 • 국가혁신과의 연계 • 정책의 연속성과 추진체계의 정비 • R&D 성과 창출	
임길환 (2016)	• 정책의 중장기적 일관성 확보 방안 마련 • 시장 파급효과 극대화에 초점을 맞춘 투자전략 수립 • 정책효과성 제고를 위한 투자전략-계획간 재정렬	
권성훈 (2017)	• 성장동력 육성체계 확립 • 성장동력의 지속가능성 확보 • 구체적인 규정 마련	

먼저 성장동력 정책은 정부주도 의제로 설정되었으나 국정기조로서의 '창조경제 실현계획'의 수립이 늦어지는 관계로 정부출범이 1년이나 지나서야 계획이 수립되는 정책지연 현상이 일어났다. 이후 범부처적으로 추진해 온 13대 미래성장동력과 파급효과가 높은 산업분야의 기술개발과 산업육성을 목표로 하는 13대 산업엔진프로젝트를 추진해 왔으며, 이러한 두 정책은 국가 미래먹거리 발굴이라는 차원에서 유사한 정책목표를 가지고 있어 정책 연계 필요성이 대두되었다.

정부는 미래성장동력 정책이 이원화 되어 있는 문제를 해결하기 위해 2015년 3월에 국가과학기술심의회를 통해 2개 부처의 정책을 통합하였다. 이를 통합하여 19대 미래성장동력 분야로 확대하였으나, 2016년에는 9대 국가전략 프로젝트[10]를 선정하면서 4차 산업혁명 시대를 대비하는 성장동력 확보를 내세우고 있다. 이는 미래성장동력 정책의 잦은 변화와 정책추진 체계의 혼선에 의한 선정분야가 확대됨에 따라 정부가 우선순위를 재조정한 것으로 볼 수 있다. 즉, 19대 미래성장동력 분야가 너무 광범위한 분야를 선정하고 있어 선택과 집중의 전략성이 떨어짐에 따라 다시 9대 국가전략 프로젝트를 선정하여 우선 지원하겠다는 것이다.

이렇듯 다양한 부처에서 수차례에 걸쳐 성장동력을 선정하여 발표하고 관계부처 합동으로 발표된 미래성장동력에서도 변경이 계속됨으로써 정책의 일관성이나 연속성 확보가 어려운 측면이 있었다. 따라서 정책의 연속성 부재로 인한 성장동력의 지속가능성 확보가 어렵다는 평가들이 있어왔다

---

10) 대통령이 직접 과학기술 정책을 점검하겠다고 발표하면서 법적인 근거도 모호한 '과학기술전략회의'를 신설하여 그해 5월에 제1차 회의에서 필요성을 언급한 후, 8월 제2차 회의에서 선정·발표하였다.

(손석호, 2013; 이태규, 2015; 임길환, 2016; 권성훈, 2017). 또한, 연속성이 부족하면 중장기적 시간을 필요로 하는 성장동력의 육성성과가 부진하게 된다. 정책 추진체계상의 문제도 정책의 성과에 영향을 미치며 연속성의 부재와도 관련이 있으며(이태규, 2015: 85), 성장동력 선정이 남발된 것은 관련 법제가 미흡하기 때문이라는 지적도 있었다(권성훈, 2017).

제2절 정책변동 분석

1. 정부와 민간의 역할분담

박근혜 정부의 성장동력은 정부주도로 추진·진행되었고 기존의 기술중심적 관점에서 추진되었다. 그나마 '2016년도 미래성장동력 종합실천계획'(관계부처 합동, 2016)을 추진하면서 민간의 역할을 강조하기에 이르렀다.

미래성장동력 정책 추진 3년차에 접어든 2016년에 미래성장동력 성과창출을 촉진하기 위해 한정된 자원을 전략적으로 투자할 필요성이 제기되었다. 이에 산업생태계의 가치사슬 관점에서 미래성장동력 지원 분야를 평가·점검하여 우선순위에 따른 선택과 집중 전략을 마련하고 이에 맞춰 미래성장동력 투자전략 고도화 방안을 수립하여 종합실천계획에 반영하였다. 동 방안에서는 각 분야별 산업성숙도와 민간·정부 주도 여부 등을 기준으로 19대 미래성장동력을 유형화하여, 각 유형별 맞춤형 투자전략을 수립하는 방법으로 도출되었으며, 다음의 (그림 Ⅱ-3-2)와 같이 구분되었다.

(그림 Ⅱ-3-2) 성장동력화 수준과 추진주체를 고려한 유형구분

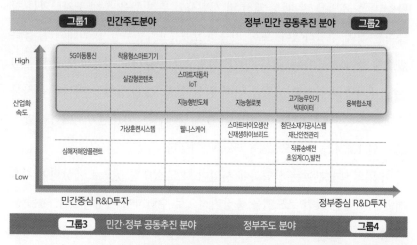

자료: 관계부처 합동(2016a: 4), 「2016년도 미래성장동력 종합실천계획」

19대 미래성장동력 분야의 유형을 구분하기 위해 기술·산업 관련 정보의 정량적 분석과 잠재력, 파급효과 등의 정성적 검토가 병행되었다. 기술·산업 관련 정보 분석을 위해 19대 분야별 기술역량, 성장잠재력, 산업확장성, 산업생태계 등을 보여줄 수 있는 통계와 조사자료를 기반으로 정량적 분석을 수행하였다. 또한 수치로 나타나기 어려운 2020년경 조기 성장동력화 가능성, 정부투자 필요성, 융복합 파급효과 등에 대해서는 산·학·연 전문가의 정성적 검토를 통해, 정량적 분석 결과를 보완하였다. 이후 각 유형별 산업 특성 및 기술성숙도 등을 고려한 유형별 투자전략을 도출하였다.

도출된 결과를 바탕으로 산업화 속도가 상대적으로 높은 10개 분야는 민간의 시장진출을 촉진하여 조기 성과창출이 가능하도록 지원 정책을 확대하는 전략을 수립하였다. 이 중에서 민간이 활발히 투자하고 있는 5G 이동통신, 착용형 스마트기기, 실감형 콘텐츠, 스마트자동차, 지능형 사물인터넷, 지능형 반도체 등 6개 분야는 '민간주도' 유형으로 구분하고 민간의 제품·서비스 개발을 법·제도 개선 및 시범사업 추진 등을 통해 조기성과를 창출하는 것에 주력하였다. 또한 지능형 로봇, 고기능무인기, 빅데이터, 융복합소재 등 4개 분야는 '정부+민간' 유형으로 구분하고 상용화에 근접해 있는 국내기업의 경쟁력 제고를 위해 원천·실증 R&D 등에 선제적인 투자를 확대하였다. 10대 전략분야에의 R&D 지원예산은 2016년 9,128억 원에서 2017년 1조 423억 원으로 14.2% 증가하였다.

이 외의 9개 분야는 산업화에 시일이 다소 소요될 것으로 예상되어 기술개발을 포함한 발전 로드맵을 중장기적으로 수립하여 이행하였다. 예를 들어, 심해저 해양플랜트, 가상훈련시스템, 맞춤형 웰니스케어 등 3개 분야는 '민간+정부' 유형으로 분류하였고 민간의 투자와 기술개발·사업화가 차질 없이 진행되도록 지원정책을 추진하였다.

마지막으로 신재생 하이브리드 시스템, 스마트바이오생산시스템, 첨단소재가공시스템, 재난안전관리 스마트시스템, 멀티터미널 고압직류 송배전시스템, 초임계 CO2 발전시스템 등은 '정부주도' 유형으로 구분하였으며, 6개 분야는 원천기술 개발 등의 중장기 R&D와 실증을 지속적으로 추진하여 미래 시장에서 국제경쟁력을 확보하기 위해 주력하였다.

이처럼 각 분야별 특성을 유형화하여 미래성장동력 투자전략을 차별화함에 따라 민간의 활동 영역과 투자의지를 고려하여 정부가 맞춤형 지원을 할 수 있는 기반을 확보하였다. 이에 더해 미래성장동력 분야에 대한 기업의 활발한 진출과 적극적 투자를 촉진하기 위해 신기술 실증, 규제혁신, 세액공제, 정책금융, 공공조달 활성화 등을 종합적으로 지원하는 계획을 구체화하였다. 또한 미래성장동력 종합실천계획과 국가연구개발 예산배분을 연계하여 상용화 R&D, 실증, 기초원천 R&D 등 각 분야의 특성에 맞게 정부의 연구개발 예산이 지원될 수 있도록 하였다. 이와 함께 미래성장동력에 대한 국민의 관심과 참여를 확대하기 위해 창조경제박람회 등을 계기로 일반 국민이 미래성장동력 분야 신기술을 시연하고 체험하는 '챌린지퍼레이드'와 관련 전문가들이 미래성장동력 분야 관련 정책과 기술·산업 동향을 공유하는 '오픈톡릴레이' 등을 개최하여 성과확산과 인식제고를 지속적으로 추진하였다. 다만, 추진단 중심의 정책 추진체계로 유기적이며 체계적인 정책집행은 미흡했던 것으로 평가된다. 분야별 추진단장이 부처 간 조정을 담당하였으나 실질적인 권한은 미약했던 것이었다(장석인 등, 2017: 50).

정부가 미래 성장동력 발전을 위한 제도적 기반(산업 생태계) 조성에 역점을 두면서도 구체적인 성장동력 후보 산업들을 제시하게 된 배경에는 다음과 같은 우리나라 산업계의 양면적 시각이 작용하고 있는 것으로 여겨진다. 산업계는 지금까지 정부가 추진해 온 성장동력 육성정책의 유효성에 의문을 제기하면서도 다른 한편으로는 여전히 정부가 이른바 '미래 먹거리'를 발굴·육성해주기를 바라는 목소리를 내는 양면성을 보이고 있다. 정부의 미래성장동력 육성정책이 '민간 투자의 마중물'로서의 기능이 아직도 유효하고 특히 투자가 부진한 경제여건에서는 정부의 선제적 투자와 산업발전 방향의 불확실성 완화(중견·중소기업에게 투자방향성을 제시)라는 측면에서 필요하다는 입장을 보이고 있다(김도훈, 2015: 54-55).

그러나 산업계 일부는 정부 주도로 미래 성장동력을 모색하는 정책적 노력이 적절한지에 대한 비판적 시각을 지니고 있었다. 먼저, 이러한 정책적 노력이 결국 대기업의 역할에 초점을 둔 사업대상을 선정함으로써 중소기업의 참여기회를 제약하고 있다는 지적이다. 과거 신성장동력으로 선정된 다수의 분야는 이미 대기업 주도로 민간에서 투자가 이루어진 분야이거나 특정 소수기업의 사업영역에 해당하여 육성정책의 과실이 소수 기업에게 편중되었다는 것이다. 또한 장기적 육성분야는 성장동력 산업 자체가 되어서는 안 되고 이들 산업의 지속적 발전을 위한 기반기술 확보, 미래기술 투자에 초점을 맞추어야 한다는 시각도 있다. 즉, 우리나라와 같은 시장경제 체제 하에서는 결국 산업발전을 담당해야 하는 것은 기업들이고 정부는 이를 뒷받침하는 분야 즉, 제도적 기초여건, 투자 여건 등을 조성하는 역할에 그쳐야 한다는 것이다(김도훈, 2015: 55).

2. 정책기조

박근혜 정부의 출범과 함께 '창조경제 실현'을 위한 성장동력 정책을 추진하던 당시의 대외적 정책환경을 살펴보면, 세계경제는 저상장이 지속되고 있었으며, IMF, OECD 등은 향후에도 세계 경제의 장기침체 가능성을 제기하고 있었다. 또한 대내적으로도 저성장·고령화가 진행되고 주력산업의 경쟁력이 약화되는데 동시에 신성장산업의 발전은 지연되고 있었다. 이러한 저성장을 극복하기 위해 새로운 성장 전략이 필요하게 되었으며, 선도형 경제성장 모델로 전환하고자 '창조경제 실현계획', '제3차 과학기술기본계획', '미래성장동력 종합실천계획'을 통해 19대 미래성장동력과 9대 국가 전략프로젝트를 집중적으로 육성·지원하고자 하였다.

당시 정책기조는 개인의 상상력과 창의성을 과학기술과 ICT에 접목한 경제 운영을 통해 새로운 성장동력, 시장과 일자리를 창출한다는 창조경제를 경제 분야의 대표적인 국정 기조로 제시한 창조경제 실현계획에 담겨있다. 동 계획은 '창조경제를 통한 국민행복과 희망의 새시대 실현'이라는 비전과 '창조와 혁신을 통한 새로운 일자리와 시장 창출', '세계와 함께 하는 창조경제 글로벌 리더십 강화', '창의성이 존중되고, 마음껏 발현되는 사회 구현'이라는 3대 목표를 제시하고 이를 구현하기 위한 부처별 추진과제를 종합하여 6대 전략 24개 추진과제를 선정하였다. 6대 전략 중 하나로 '신산업·신시장 개척을 위한 성장 동력 창출'을 설정하며 기존 주력산업의 경쟁력 제고를 넘어선 새로운 성장 전략을 시도하였다. 창조경제의 실현을 뒷받침하기 위해 제3차 과학기술기본계획에 의거하여 신성장동력 창출, 삶의 질 향상 등에 필요한 중점국가기술의 효과적 확보를 위해 국가차원의 종합전략이 수립되었으며, 구체적인 정책으로서 미래성장동력을 추진하게 되었다.

이러한 성장동력 정책 추진에 있어 역대 정부와의 차별성을 다음과 같이 언급할 수 있다. 첫째, 새로운 정책목표로 일자리 창출을 강조하여 국정기조로 정하였다. 둘째, 새로운 성장원천으로 기존 과학기술과 ICT에 추가하여 아이디어와 상상력을 강조하였다. 셋째, 추진방식으로는 융합과 생태계 구축, 중소중견기업의 성장을 강조하였다. 또한 발전 비전과 추진방식을 감안하여 보다 더 체계적이고 실행력 있는 추진전략과 구체적인 실행프로그램을 마련하고자 하였다. 기존 성장동력의 발굴과 육성에서 공급자 관점의 기술주도(technology push) 기획-발굴-육성 구도에서 벗어나 경제성장과 일자리 창출, 사회비용 절감과 효율화 및 사회적 문제 해결과 삶의 질 제고 등 새로운 정책목표를 효과적으로 달성하기 위한 전략적 세부과제를 발굴하고자 하였다.

그러나 박근혜 정부의 성장동력 정책은 국정기조인 창조경제 실현계획의 수립이 늦어지는 관계로 정부출범이 1년이나 지나서야 '미래성장동력 발굴·육성계획'이 수립되는 정책지연 현상이 일어났으며, 역대 정부에서와 같이 성장동력 분야별로 산업적 특성, 인프라가 다양한 데 획일적인 지원정책으로 수요기반 형성에 한계가 있었다. 또한, 성장동력의 선정과 발전비전 및 중간목표에는 상위 정책기조 변화가 어느 정도 반영되었으나, 세부 실행계획 단계에서는 발전패러다임 전환에 따른 세부 목표와 전략의 정합성이 다소 미흡한 것으로 평가받고 있다(장석인 등, 2014: 123).

3. 법률 제·개정

미래성장동력 정책의 주무부처인 미래창조과학부는 창조경제를 뒷받침하기 위한 성장동력 정책을 추진함에 있어서 관련 법제가 미흡하다고 판단하여, 이를 보완하고자 '과학기술기본법'을 개정하기에 이른다. 이러한 법 개정의 취지는 '과학기술이 신산업·일자리 창출 등 창조경제 실현에 기여할 수 있도록 하기 위하여 정부가 성장동력의 발굴·육성 등에 관한 시책을 수립·추진'할 수 있도록 하는 것이었다.

2013년 9월 정부 입법안이 국회에 제출되었으며, 여타 국회의원들에 의해 제출된 과학기술기본법 법률개정안과 대안검토를 통해서 2014년 5월 28일 국회 본회의를 통과하여 개정하기에 이른다. 이러한 법 개정이 이루어져 성장동력 정책과 관련된 법 조항이 추가되었으며, '정부는 과학기술에 기반을 둔 성장동력 발굴·육성 시책을 수립·추진하되, 경제적 효과, 신산업 창출 가능성, 일자리 창출 규모 등을 종합적으로 고려하여 성장동력 분야별 핵심기술의 개발·사업화, 관련 전문인력 양성 등에 대한 방안을 마련하도

록 함'이라는 법률내용이 개정되었다.[11]

한편으로, 산업통상자원부에서 추진했던 '산업엔진 프로젝트'는 「산업기술혁신 촉진법」에 근거를 두고 추진하였으며, 관련 법률의 조항은 지난 정부에서 추진된 내용으로 개정당시의 취지는 '급변하는 시장 환경에 탄력적으로 대응하고 새로운 성장 동력을 창출하기 위하여 민간의 핵심인재가 보유한 성공 경험을 산업기술혁신에 적극 활용할 필요'로서 민간부문의 혁신이 중요한 요인이었다.[12]

앞서 언급한 바와 같이 성장동력 정책이 이원화되어 추진된 것은 관련 법제가 미흡했기 때문이기도 하다. '과학기술기본법' 제16조의 5와 같은 법 시행령 제24조의 5에서는 미래창조과학부장관이 '과학기술 기반 성장동력'을 발굴하도록 규정하고 '산업기술혁신 촉진법' 제6조에서는 산업통상자원부장관이 '미래산업 성장동력'을 발굴하도록 하고 있다. '과학기술 기반 성장동력'과 '미래산업 성장동력'은 용어상으로만 구분이 가능할 뿐, 실제 성장동력 발굴 절차나 결과 측면에서는 차별성을 찾기가 어렵다.

---

11) 「과학기술기본법」 개정으로 추가된 법조항은 다음과 같다.
　　제16조의5(성장동력의 발굴·육성) ① 정부는 과학기술에 기반을 둔 성장동력을 발굴·육성하기 위하여 필요한 시책을 세우고 추진하여야 한다.
　　② 정부는 제1항에 따른 시책을 세울 때 다음 각 호에 관한 사항을 포함하여야 한다.
　　　1. 성장동력 분야별 핵심기술의 개발·사업화
　　　2. 성장동력 분야별 전문인력의 확보 및 육성
　　　3. 성장동력 분야별 일자리 및 시장창출 방안
　　　4. 성장동력에 대한 기업 등 민간의 투자를 촉진하기 위한 관련 제도나 규정의 개선
　　　5. 그 밖에 성장동력을 발굴·육성하기 위하여 필요한 사항
12) 「산업기술혁신 촉진법」 제6조에서는 산업통상부 장관이 '미래산업 성장동력'을 발굴하도록 하고 있다. 이 법에서의 관련조항은 지난 이명박 정부에서 개정된 법률(2011.5.24.)로서 지식경제부가 성장동력정책의 주무 관청이었다.

다음으로 당시 성장동력 추진과 병행하여 규제개선을 추진한 내용을 살펴보면, 미래성장동력에 대한 민간의 투자의욕을 고취하고 조기성과 도출을 위해 규제개선을 국정 추진의 우선 과제로 선정하였다. 특히 조기 산업화 과정에서 규제완화를 통해 민간기업의 진입장벽을 낮추는 것이 필수적이기 때문이다. 일부 성장동력은 기술과 시장의 변화가 매우 빨라 사회적 합의에 의한 규제가 그 변화속도를 따라가지 못하는 '규제지체현상'이 발생하므로, 이를 선제적으로 대응하기 위한 규제나 가이드라인을 마련함으로써 미래성장동력 분야에 대한 민간기업의 투자를 촉진하는 여건을 마련하고자 하였다.

2015년 12월에 관계부처 합동으로 규제프리존 도입을 통해 신기술 관련 규제의 틀을 네거티브 방식으로 개선하는 방안을 발표하였다. 규제프리존은 지역의 미래 먹거리 창출을 위해 전국 단위로 완화하기 어려운 신산업 관련 규제를 일부 지역에 한정하여 완화하는 것이다. 나아가 규제의 적용 여부가 불명확하거나 법적근거가 미비한 경우에도 안전성 검증을 위한 시범사업을 자유롭게 허용하고 실증을 통해 안정성이 입증되면 허가·승인 등 특례를 부여함으로써 신제품·신·서비스가 곧바로 시장에 출시될 수 있도록 하는 것이 특징이다. 이처럼 기존 규제를 원칙허용·사후규제 방식으로 정비하고 규제프리존 내에서 신기술 관련 규제특례를 부여할 수 있도록 법적 근거를 담은 '규제프리존 특별법'이 발의되었다.[13]

당시 박근혜 정부는 이러한 미래성장동력 분야 규제개선을 통해 다양한

---

13) 19대 국회에서 「지역전략산업 육성을 위한 규제프리존의 지정과 운영에 관한 특별법안」 (의안번호: 1918652, 강석훈 의원 대표발의)으로 발의되었으나 임기만료로 법안이 폐기됨에 따라 제20대 국회 들어 다시 발의된 법안이다.

의의를 찾고자 하였다. 첫째, 이미 기술 경쟁력을 확보하였으나 규제로 인해 초기 시장 진입에 어려움을 겪었던 부분을 일부 해소하는 효과를 기대하였다. 둘째, 기존 포지티브 규제에서 네거티브 규제로의 패러다임 변화를 통해 새로운 규제프레임을 제시하였다. 셋째, 실증·시험 기반, 각종 제도 및 표준화 등 미래성장동력의 발전단계별 '좋은 규제'를 마련하고 민간기업의 투자불확실성 해소에 기여하는 규제개혁을 시도하였다. 넷째, 규제의 일회성 발굴에만 그치지 않고 지속적으로 개선 여부를 점검할 수 있는 체계를 마련하였다. 이에 따라 19대 미래성장동력 분야에 대해 96건의 규제를 발굴하였고 5G 이동통신(무선국 허가절차 간소화), 지능형 사물인터넷(전용 주파수 대역 추가 공급), 빅데이터(개인정보 이슈 일부 해결) 등 기반기술 분야와 스마트 자동차(시험운행 관련), 맞춤형 웰니스케어(의료정보 익명화 기준 마련), 고기능 무인기(드론사업의 범위 확대), 신재생에너지(태양광 발전의 상계거래 시 허용용량 확대) 등의 분야가 다수를 차지한다. 이는 규제 개선 차원에서 다가오는 4차 산업혁명에 효과적이면서도 선제적으로 대비하였다는 의미를 지닌다(대한민국 정부, 2017). 당시 정부는 규제비용 총량제를 도입하거나 기존규제 감축 목표를 설정하는 등 규제개혁을 위한 노력을 기울였음에도 불구하고, 2016년 국정농단사태로 개혁드라이브가 약화되면서 규제개혁 역시 추진력을 상실하게 되었다.

4. 거버넌스

박근혜 정부는 출범과 함께 과학기술과 정보통신기술 발전을 통하여 일자리를 창출하고 경제부흥의 기반을 마련할 수 있도록 미래창조과학부를 신설하고 상설행정위원회인 국가과학기술위원회의 기능을 이관하는 한편, 범부처 과학기술정책의 심의·조정을 담당하는 국가과학기술심의회를 설치하는(2013년 7월) 등 국가 과학기술정책의 효율적 추진을 위한 과학기술 거버넌스를 구축하였다. 또한 새로운 과학기술의 발전에 신속하고 전략적으로 대응할 필요성이 커짐에 따라 국가연구개발의 종합·조정 기능을 강화하기 위해 미래창조과학부 내에 과학기술전략본부를 설치하고(2015년 9월) 국가 과학기술의 혁신을 통한 국가발전을 도모하기 위해 대통령이 주재하는 과학기술전략회의를 신설하는(2016년 5월) 등 지속적으로 과학기술 컨트롤타워를 강화하여 핵심 과학기술정책에 대한 전략을 마련하고 R&D 시스템의 근본적인 혁신을 추진하고자 하였다.

한편, 성장동력의 정책추진체계를 살펴보면, 「과학기술기본법」 제9조에서는 국가과학기술심의회가 성장동력 관련 정책의 수립·조정에 관한 사항을 심의한다고 규정하고 있다. 당시 국가과학기술심의회는 국무총리와 민간전문가를 공동위원장으로 하는 비상설 심의·조정기구로 과학기술행정체제에 있어서 최상위조정기구였다.

OECD의 과학기술행정체제 분류에 따르면 과학기술행정을 주도하는 부처와 상위조정기구를 동시에 유지하는 '조화형' 행정체제를 가장 이상적인 과학기술행정체제로 추천하고 있다.[14] 우리나라는 형식적으로 상위조정기구와 과학기술전담부처를 모두 운영하는 조화형 행정체제를 표방해 왔으나, 실질적인 범부처 정책조정 권한을 행사하고 있다고 보기 어려워 조정형

---

14) OECD의 과학기술행정체제 유형은 분산형(각 기관이 독립적으로 과학기술행정 추진), 조정형(분산형 체제를 기본으로 별도 자문조정 기구 설치), 조화형(주도부처와 상위 조정기구 동시에 유지), 집중형(단일 중앙 행정기구 집중)의 4가지 유형으로 구분하고 있다(OECD, 2005; 홍형득, 2013: 3-4).

체제에 가깝다고 할 수 있다. 상위조정기구는 주로 비상설자문기구 형태로 운영되어 왔으며, 사무국 역할을 담당한 과학기술전담부처가 상위조정기구의 역할을 대행해 온 것으로 볼 수 있다. 국가과학기술심의회의 사무국 역할을 수행하는 미래창조과학부에 국가R&D관련 정책기획·집행기능이 편중된 '집중형' 체제에 더 가까우며, 과거 정부의 행정체제에 비해 퇴보했다는 비판이 제기되었다.

또한, 미래성장동력 정책이 2개의 부처에서 개별적으로 수립·추진된 것은 정부조직 개편에 따른 부처 간 업무소관이 불분명해짐으로 인해서 발생한 결과라고 볼 수 있다. 박근혜 정부의 과학기술 관련 조직개편이 미래창조과학부의 확대된 통합에도 불구하고 실제 필요한 기능이 이관되지 않음으로 인해서 미래창조과학부 설립 초기의 역할이 기대에 비해서는 축소된 조직을 갖게 되었다. 이러한 기능축소를 보완하면서 성장동력을 창출할 수 있는 수단은 ICT의 활용을 통해 ICT와 과학기술 혹은 ICT와 기존산업의 융합을 촉진시키는 것이다. 이것은 미래창조과학부 운영의 중심축이 과학기술보다는 정보통신 부분에 치중될 가능성을 내포한다는 평가를 받았다(김성수, 2013: 524).

역대 정부에서 성장동력 정책은 항상 산업정책을 소관하는 부처에서 담당해 왔으며, 노무현 정부의 산업자원부, 이명박 정부의 지식경제부가 이에 해당한다. 과거 노무현 정부에서도 정보통신부의 책임과 역할이 증대되면서 'IT839 정책'과 같이 성장동력 정책을 별도로 추진한 바 있지만, 정보통신 분야라는 소관 영역을 중심으로 추진되었기 때문에 일부 중복이 있더라도 기존의 성장동력 정책과 전면적으로 배치되지는 않았다. 반면에, 박근혜 정부에서는 미래창조과학부와 산업통상자원부가 선정한 각각의 성장동력 분야 중 6개 이상이 중복되는데, 이는 미래창조과학부가 창조경제 실현전략의 주무부처로서 기존의 과학기술, ICT 영역을 넘어 기술사업화, 벤처·창업지원 등을 포괄 지원한 결과, 소관분야가 산업정책으로 확장되면서 산업통상자원부의 소관업무와 중복이 발생하기에 이른 것이다(임길환, 2016: 15).

이러한 상황에서는 성장동력 육성을 총괄하는 체계가 중요하다 할 수 있다. 그러나 당시 정부출범 이후 성장동력 관련 계획이 국가과학기술심의회 안건으로 상정되지 않았었다(권성훈, 2017). 이에 따라 성장동력의 구체적인 계획과 실행전략이 담긴 미래성장동력 발굴·육성계획은 '경제관계 장관회의'를 통해서 결정되었으며, 다음 해에 통합된 '미래성장동력 종합실천계획'은 국가과학기술심의회 산하의 미래성장동력 특별위원회에서 심의하여 계획이 수립됐다. 이에 더해 정부가 과학기술전략회의를 추가로 설치하면서15) 문제는 더욱 복잡해졌다. 대통령이 의장으로 있는 과학기술전략회의에서 선정한 국가전략 프로젝트가 미래성장동력과 중복되더라도 이를 국무총리가 위원장을 맡은 국가과학기술심의회에서 조정하기는 사실상 어렵기 때문이다.

박근혜 정부는 이러한 국가전략프로젝트가 성장동력 분야 중 시급성과 파급력 있는 과제를 선정하여 별도의 사업단(또는 총괄기관)을 통해 집약적

---

15) 2016년 5월에 과학기술전략회의의 원활한 운영을 위해서 대통령령인 '과학기술전략회의 설치 및 운영에 관한 규정'을 제정하였다. 동 규정에서는 과학기술 발전에 관한 중장기 정책방향 및 목표 마련, 국가적 현안에 대응한 과학기술정책의제 및 추진과제, 과학기술분야 관계부처 간 쟁점사항에 관한 추진전략, 국가연구개발사업에 관한 중장기 투자전략 기획 및 조정 방안, 국가전략분야 연구개발사업의 선정 및 추진전략 등에 대한 심의·조정을 주요 임무로 제시하였다.

으로 지원한다는 특징을 가지고 있다고 설명하고 있지만, 역대 정부별로 미래성장동력 분야가 지속적으로 확대되고 선정 분야가 수시로 변경되어 오면서 누적되었던 문제점이 드러난 사례라고 할 수 있다. 다시 말해 정부 출범 초기에 부처 간 정책 혼선에 따라 미래성장동력 정책이 이원화되어 운영되었던 것을 물리적으로 통합하여 훨씬 다원화된 성장동력 분야를 선정하더니, 이를 개선하기 위해 다시 9대 국가전략 프로젝트라는 명목으로 최우선순위 분야를 다시 선정한 것이다.

과학기술 거버넌스는 역대 정부를 거쳐 오면서 정권 초기마다 개편을 거듭하였고 정부R&D 정책이 부처별 특성에 맞게 분화되면서 이를 종합·조정하는 컨트롤 타워 기능이 그 어떤 분야보다 중요하게 부각되는 영역이다. 그럼에도 불구하고 당시 정부는 정권 중반기에도 잦은 과학기술 거버넌스 개편으로 정부R&D 정책의 혼선을 가중시키고 있었다.

종합하여 보면, 우리나라의 국가 R&D 정책은 집행부처를 중심으로 운영되는 분산형 체제에 가깝고 상대적으로 조정기능이 미약한 반면 집행부처간 기능은 유기적으로 연계하기 어려운 칸막이가 존재하였음을 알 수 있다. 정부조직 개편 시 특정 부처에 기능이 집중되는 경향이 여전하였으며, 새 정부 출범 시 영역 다툼의 원인이 되는 등 반복적인 부처 간 세력 경쟁의 양상을 보였다. 당시 미래창조과학부는 정부 R&D예산의 30% 이상을 차지하는 거대부처로 평가되지만 실제 과학기술분야의 집행기능은 과거 과학기술전담부처에 비해 미약하였다. 교육부와 산업통상자원부에 기능이 분산되어 있었고 조직개편과정에서 부처 간 이해충돌에 따라 국가R&D정책의 전주기적인 집행 기능은 미흡하다는 평가를 받고 있었다(김성수, 2013: 531).

5. 예산배분

박근혜 정부의 19대 미래성장동력 분야별 재정지원 규모는 2015년 약 1조 8백억 원에서 해마다 증가하여 2017년 정부예산안 기준 약 1조 3천억 원에 이르고 있으며, 분야별 현황은 〈표 II-3-5〉와 같다.

〈표 II-3-5〉 미래성장동력 분야별 재정지원 현황

단위: 백만 원, %

산 업	분 야	2015 결산	2016 예산	2017예산안
주력산업	스마트자동차	36,824	61,924	91,318
	5G 이동통신	85,918	114,237	114,409
	심해저/극한환경 해양플랜트	41,756	39,070	25,445
	고속 – 수직이착륙 무인항공기	25,242	41,655	54,106
미래 신산업	지능형 로봇	96,324	95,339	106,442
	착용형 스마트기기	5,000	8,920	20,480
	실감형 콘텐츠	63,702	65,392	72,442
	스마트 바이오 생산시스템	51,578	52,113	48,257
	가상훈련시스템	8,029	8,800	4,500
공공복지·에너지산업	맞춤형 웰니스 케어	39,893	44,558	41,780
	재난안전관리 스마트 시스템	25,214	35,980	45,275
	신재생에너지 하이브리드 시스템	8,000	15,398	22,280
	멀티미디어직류송배전시스템	—	—	5,197
	초임계 CO_2 발전시스템	—	—	—
기반산업	지능형 반도체	61,663	53,613	47,287
	융복합 소재	406,985	422,696	416,421
	지능형 사물인터넷	28,401	33,555	35,288
	빅데이터	15,500	15,504	84,140
	첨단소재 가공시스템	80,949	95,009	65,322
합 계		1,080,978	1,203,763	1,300,389

* 주 : 예산이 없는 분야는 예비타당성조사가 진행 중으로 별도의 예산이 확보되지 못함.

자료 : 임길환(2016: 10)에서 인용

미래성장동력 분야 지원 재정사업은 미래창조과학부, 산업통상자원부를 중심으로 7개 부처에 분산되어 있다. 이러한 미래성장동력 분야의 예산배분 집행체계에 있어서 부처 간 정책 통합 과정에서 난립한 19대 미래성장동력 분야의 대상사업을 재조정함으로써 정책의 효율성을 제고할 필요가 있다는 평가가 있었다(임길환, 2015: 123). 미래성장동력 분야 R&D사업의 2016년도 예산안은 4개 분야가 전년 대비 감액 조정되었고 53개 사업 중 감액사업이 18개에 달해, 정부의 집중 투자분야로 보기에는 미흡한 측면이 있었다.

또한 부처 간 정책 통합 과정에서 역할 분담과 분야별 사업 구조조정이 미진한 것으로 나타나, 정책과 사업간 연계 강화를 위해 일원화된 사업체계로 구조조정을 추진할 필요가 있었다(임길환, 2015: 110). 정부 투자는 투자방향, 예산배분 및 조정, 편성 과정에서 중점 투자대상이 조금씩 변화하였으며, 전략적 투자대상인 심해저 해양플랜트의 경우 오히려 6.4% 감액된 것으로 나타났다. 미래성장동력 분야의 정부계획, R&D투자방향과 예산배분 및 편성 내용이 서로 상이하므로 정책과 예산의 연계를 강화할 필요가 있었다.

제**4**장

혁신성장동력(제4차 산업혁명정책)

제1절 정책개요

1. 정책의제 설정

'제4차 산업혁명(이하 4차 산업혁명)'은 2016년 1월 세계경제포럼의 다보스총회에서 의제로 다루어지면서 관심이 집중되기 시작하였다. 특히, 국내에서는 그해 3월 이세돌 9단과 인공지능 알파고의 바둑 대국으로 제4차 산업혁명 기술에 대한 대중의 관심이 높아지기 시작하였다. 또한 제4차 산업혁명이라는 새로운 트렌드의 등장은 대통령과 정부 관료들의 이목을 집중시켰고, 마침 20대 국회 개원식 연설(2016년 6월)에서 박근혜 정부는 처음으로 4차 산업혁명을 언급하였다.[1] 이후 제4차 산업혁명정책은 정부 관료들을 중심으로 발 빠르게 논의되기 시작하였고 따라서 정부 내부로부터 정책의제가 설정되었다고 볼 수 있다.

정책의제로 제4차 산업혁명을 먼저 주목한 부처는 미래창조과학부(현,

---

[1] 2016년 6월 13일, 제20대 국회 개원식에서 박근혜 대통령은 "4차 산업혁명 시대가 빠르게 전개되고 있고 글로벌 환경이 급변하고 있다"고 제4차 산업혁명을 공식적으로 언급하였다(서울투데이, 2016.6.13.기사, "박대통령, 20대 국회 개원식서 연설-개원연설 전문").

과학기술정보통신부)로 과학기술전략회의(2016.08.)에서 제4차 산업혁명 시대에 맞는 새로운 성장동력 발굴의 필요성을 강조하고 9대 기술 분야를 국가전략 프로젝트로 발표하였다.[2] 이에 기획재정부는 2017년 미래성장 동력 창출분야 예산안(2016.09.)에 '4차 산업혁명 선제 대응 예산'을 포함 시켰다.[3] 또한 기획재정부 장관은 중장기 전략위원회(2016.11.)에서 제4 차 산업혁명의 경제적 영향을 분석하여 노동, 교육, 규제 등 경제시스템을 개혁하는 전략을 마련하겠다고 밝혔다.[4] 이를 위해 기획재정부는 전문가 토론회(2016.11.), 간담회(2016.11), 포럼 등을 통해 제4차 산업혁명 관련 논의를 본격화 하였다. 또한 교육부는 사회관계 장관회의(2016.12.)에서 제4차 산업혁명에 대응하는 인재 양성 교육 기반 등을 마련하였다.

국회 차원에서도 제4차 산업혁명 포럼을 개설하는 등 제4차 산업혁명정 책(안)이 논의되었는데, 논의를 불러일으킨 Klaus Schwab과의 특별대담 (2016.10.)을 통해 거시적 트렌드의 변화에 대한 이해와 대응방안을 고민 하였다. 당시 혁신성장이나 제4차 산업혁명과 관련된 중앙과 지방정부의

---

2) 2016년 8월 10일 청와대에서 열린 <제2차 과학기술전략회의>에서 미래창조과학부는 "저성장 시대 에 직면한 우리 현실과 4차 산업혁명 시대를 맞아 새로운 성장동력 발굴이 필요한 상황에서 국가 차 원의 추진 분야를 선정해 투자 및 민관 협업을 위해 '국가전략 프로젝트'를 추진한다"고 밝혔다. '9대 국가전략 프로젝트'는 성장동력 확보 분야와 국민의 삶의 질을 높이는 분야로 구성되었는데, 성장동 력 확보 분야는 ① 인공지능, ② 가상증강현실, ③ 자율주행자동차, ④ 경량소재, ⑤ 스마트시티 등 5 개 분야이고, 국민의 삶의 질 제고 분야는 ⑥ 정밀의료, ⑦ 탄소자원화, ⑧ 미세먼지, ⑨ 바이오신약 등 4개 분야이다(중앙일보, 2016.8.10.기사, "한국 먹여 살릴 9대 국가전략은").

3) 2017년 「미래성장동력 분야」 예산 총 15조3000억 원(2016년 대비 7.6%인 1조767억 원 증가)에는 4 차 산업혁명 선제대응(3298억 원)이 포함되었다(중앙일보, 2016.9.1.기사, "미래창조과학부, 문화체 육관광부, 산업통상부, '미래성장동력 창출분야 예산안' 합동 브리핑").

4) 중앙일보, 2016.11.16.기사, "유일호 '4차 산업혁명 전략 내년 3월까지 내놓겠다'" 참조.

정책연구를 살펴보면, 2016년 이전에는 전무 하였으나 2018년에 이르면 73건에[5]이르는 등 제4차 산업혁명에 대한 관심뿐만 아니라 정책적 접근을 위한 논의 및 연구들이(김규판 외, 2017; 김윤경, 2017; 현대경제연구원, 2017a, 2017b) 활발히 전개되었음을 알 수 있다.

2017년 대통령 선거가 앞당겨지면서 정치권은 제4차 산업혁명이라는 의제를 놓치지 않고 공약사항에 포함시켰고 이로써 차기 정치권을 중심으로 제4차 산업혁명에 대한 공식적인 논의가 활발해졌다. 공약사항으로 제4차 산업혁명정책이 제시됨으로써 정책의제로 형성된 동시에 선거 슬로건과 선거 캠페인을 통해 시민들에게 제4차 산업혁명에 대한 인식을 확산시키는 계기가 되었다.

당시 차기 대통령 후보로 주목받던 문재인은 벤처창업단지를 방문하여 "기회와 희망은 일자리에서 만들어지고, 일자리를 만드는 것은 제4차 산업혁명과 벤처"라고 밝혀(2016.10.)[6] 잠재적 최고 정책결정자가 제4차 산업혁명에 대한 이해와 문제의식을 나타냈다. 이후 대통령 후보 10대 공약의 일자리 분야에 제4차 산업혁명정책이 포함되었다.[7] 혁신적 4차 산업 경제

---

5) 온-나라정책연구(http://www.prism.go.kr)에서 '산업혁명', '혁신성장' 등의 키워드 검색(2019.7.10. 검색 결과).

6) 중앙일보, 2016.10.10.기사, "문재인 '집권하면 벤처 창업이 새로운 경제 성장 동력되게 하겠다'" 참조.

7) 문재인 대통령후보 10대 공약은 ① 일자리를 책임지는 대한민국, ② 국민이 주인인 대한민국, ③ 공정하고 정의로운 대한민국, ④ 강한 안보로 튼튼한 대한민국, ⑤ 청년의 꿈을 지켜주는 대한민국, ⑥ 성 평등한 대한민국, ⑦ 어르신이 행복한 9988 대한민국, ⑧ 아이 키우기 좋은 대한민국, ⑨ 농어민·자영업자·소상공인의 소득이 늘어나는 활기찬 대한민국, ⑩ 안전하고 건강한 대한민국이었다(중앙선거관리위원회. "정당 정책공약-제19대 대통령 선거"(http://policy.nec.go.kr/svc/policy/PolicyContent119.do) 참조.9) 중앙일보, 2016.10.10.기사, "문재인 '집권하면 벤처 창업이 새로운 경제 성장 동력되게 하겠다'" 참조.

생태계 구축으로 좋은 일자리 창출을 제시하면서, Smart KOREA 구현을 위한 민·관 협업체계를 구축하기 위해 법령을 정비하여 '대통령 직속 4차산업혁명위원회(이하 4차산업혁명위원회)'를 설치한다는 것이었다.

제4차 산업혁명정책의 정책의제설정 과정을 종합해 보면, 정치권을 중심으로 관련 부처(미래창조과학부, 기획재정부 등)와 정책결정에 접근할 수 있는 권한을 가진 전문가(과학기술전략회의, 중장기전략회의 등) 등에 의해 정책의제가 형성되었다고 볼 수 있다. 이는 정권 변동 이후 국가와 사회를 어떻게 성장시킬지 고민하는 관료들의 문제의식과 제4차 산업혁명이 세계 경제의 메가트렌드로서 우리 사회에도 변혁을 가져오리라는 전문가들의 문제 제기가 시의적절하게 결합된 것이라고 볼 수 있다.

따라서 제4차 산업혁명정책은 Cobb 등(Cobb, Ross & Ross, 1976)의 정책의제설정 모형 중 내부접근 모형에 해당된다고 볼 수 있다. 정책 주도자는 논의 초기부터 정부 부처(관료)였고, 여기에 대통령 선거라는 정치적 요소가 결합되어 빠르게 정책의제의 자리에 오를 수 있었다. 특히 제4차 산업혁명이라는 국가와 사회의 미래를 바꾸는 변곡점의 시작에서 정부 내 관료들과 정치권은 발 빠르게 정책형성을 준비하였다. 여기에 갑작스런 대선

(그림 Ⅱ-4-1) '4차 산업혁명' 연관어 검색

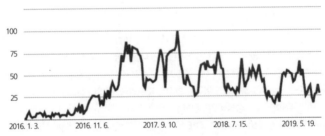

자료 : 구글 트렌드 분석(http://trends.google.co.kr (2019.10.10)

은 정치권과 정부에게 무엇인가 새로운 것을 제시해야 한다는 압박이 되었다고 볼 수 있다. 그러나 일반 대중을 포함한 사회 전체적으로는 아직 제4차 산업혁명에 대한 관심이 높지 않아(한국행정학회, 2018: 27), 제4차 산업혁명은 변화의 모멘텀이 되기는 하였지만 아직 시민들이 체감할 정도는 아니어서 일반 공중에게까지 정책적 논의가 확산되지는 못하였다. 구글 트렌드를 통한 연관어 검색에서도 이러한 현상을 짐작해 볼 수 있다.

2. 정책형성

일정이 당겨진 대선으로 인하여 문재인 정부는 기존 정책을 인수받아 평가하고 국정 계획을 수립하는 대통령직 인수위원회를 구성하지 않고 출범하였다. 대신 출범 직후 국정기획자문위원회를 구성하고[8] '문재인 정부 국정운영 5개년 계획(2017.07.)'을 발표하였는데, ① 국민 참여, ② 정부-민간 협치, ③ 여당-정부 공동 책임 등이 국정운영 방향으로 제시되었다. 한편, 제4차 산업혁명정책은 5대 국정 목표에 포함되었는데, 경제 부문 국정목표를 달성하기 위한 전략으로 과학기술 발전이 선도하는 4차 산업혁명이 제시되었고, 이를 위해 4차산업혁명위원회의 신설과 '4차 산업혁명 대응계획'을 수립할 것을 밝혔다.[9] 이는 대통령선거 공약사항이 반영된 것으로, 이전 정부들이 정부 출범과 성장동력정책을 발표하기까지 어느 정도 시간을 지체한 반면 문재인 정부는 출범과 동시에 성장동력정책을 제시한 것이

---

8) '국정기획자문위원회'는 국회의원, 민간전문가, 각 부처 전문위원(국장급)으로 구성되었으며, 산하에 '국민인수위'를 설치하고 국민제안을 받아 국정계획에 반영하였다(국정기획자문위원회, 2017: 2-5, 63).

다. 이로써 이전의 성장동력정책과 달리 제4차 산업혁명정책은 정권 초기부터 추진될 수 있었다.

제4차 산업혁명정책은 2017년 9월의 4차산업혁명위원회 설치, 2017년 11월의 혁신성장을 위한 사람 중심의 4차 산업혁명 대응계획(이하 4차 산업혁명 대응계획)이 발표됨으로써 정책으로 형성되었다. 문재인 정부의 중장기 혁신성장동력인 4차 산업혁명 대응계획은 해당 부처에서 내용을 작성하고 4차산업혁명위원회의 심의를 거쳐 결정되었다. 주요 내용은 과학기술과 ICT를 통해 혁신성장을 달성하고 그 성과가 국민의 삶의 질로 연결되도록 한다는 것으로, '12대 혁신프로젝트'와 '3대 기반과제'로 구성되었다. 이를 구체적으로 살펴보면 다음과 같다.

첫째, 12대 혁신프로젝트는 산업 분야와 사회 분야의 지능화를 통한 혁신을 담고 있는데, 산업 분야는 의료, 제조, 이동체, 에너지, 금융·물류, 농수산업 등이 포함되고, 사회 분야는 시티, 교통, 복지, 환경, 안전, 국방 등이 포함된다. 둘째, 3대 기반과제는 혁신성장동력 확보를 위한 기술 분야, 산

---

9) 「국정운영 5개년 계획」은 국가비전, 국정목표·전략(5대 국정목표와 20대 국정전략), 100대 국정과제, 복합·혁신과제로 구성되어 있다. "더불어 잘사는 경제" 국정목표 아래 "과학기술 발전이 선도하는 4차 산업혁명"이 국정전략으로 포함되었고, 이의 실천을 위한 국정과제로 ① 소프트웨어 강국, ICT 르네상스로 4차 산업혁명 선도 기반 구축(미래부), ② 고부가가치 창출 미래형 신산업 발굴·육성(산업부, 미래부, 국토부), ③ 자율과 책임의 과학기술 혁신 생태계 조성(미래부), ④ 청년과학자와 기초연구 지원으로 과학기술 미래역량 확충(미래부), ⑤ 친환경 미래 에너지 발굴·육성(산업부), ⑥ 주력산업 경쟁력 제고로 산업경제의 활력 회복(산업부) 등이 선정되었다(국정기획자문위원회, 2017: 19). 또한 복합·혁신과제에 '4차 산업혁명을 선도하는 혁신 창업국가'가 포함되었고, 주요 내용은 '4차 산업혁명위원회'의 신설, 초지능·초연결 기반 구축, 신성장 동력 확보, 규제개선 및 제도 정비, 사회혁신, 교육혁신, 공공혁신 등이다. 한편, 이를 위한 입법계획으로 '4차산업혁명위원회 설치·운영 등에 관한 규정(대통령령) 제정, 국가정보화기본법 전면 개정, 네거티브 규제원칙 마련을 위한 정보통신융합법 개정, 소프트웨어 기업 성장 환경조성 관계 법령 개정 등을 계획하였다(국가기획자문위원회, 2017: 150~153).

업 인프라·생태계 조성을 위한 산업 분야, 미래 사회에의 변화 대응을 위한 사회 기반 분야의 과제를 담고 있다. 이전 정부의 성장동력정책들이 산업과 경제 중심의 양적 성장을 위주로 하였다면, 제4차 산업혁명정책은 과학·기술–산업·경제–사회·제도의 연계를 통해 경제성장과 사회발전을 동시에 추구하였다는 점이 특징이라고 할 수 있다.

한편, 정책형성 과정은 정책의 방향을 설정하거나 대안탐색에 있어 전문가 및 일반 대중의 의견이 반영되기도 하는데, 제4차 산업혁명정책에 대한 공식적인 의견수렴 과정은 따로 없었지만 2016년 12월 발표된 「2017 경제정책방향」에 경제 전문가와 일반국민을 대상으로 '4차 산업혁명과 대응' 관련 설문조사가 포함되어 있다. 조사결과를 살펴보면 교수, 기업인 등 전문가와 일반 시민들은 인식의 차이가 있는 것으로 나타났다. 제4차 산업혁명에의 대응 필요성에 대해 전문가들은 18.8%가 필요하다고 본 반면, 일반

<표 Ⅱ-4-1> 4차 산업혁명 대응계획의 정책내용

비전	모두가 참여하고 모두가 누리는 사람 중심의 4차 산업혁명 구현	
12대 지능화 혁신 프로젝트	산업분야	의료 / 제조 / 이동체 / 에너지 / 금융물류 / 농수산업
	사회분야	시티 / 교통 / 복지 / 환경 / 안전 / 국방
3대 기반 과제	기술 기반 (성장동력 확보)	• 지능화 기술경쟁력 확보 • 혁신성장동력 육성 • R&D체계 혁신
	산업 기반 (산업인프라 생태계 조성)	• 초연결 지능형 네트워크 구축 • 데이터 생산공유 기반 강화 • 신산업 규제개선 • 중소·벤처/지역거점 성장동력화
	사회 기반 (미래사회 변화 대응)	• 핵심인재 성장지원 • 미래사회 교육 혁신 • 일자리 안전망 확충 • 사이버 역기능·윤리 대응 강화

자료 : 관계부처 합동·4차산업혁명위원회(2017: 10)에서 재작성

<표 Ⅱ-4-2> 경제정책 방향 결정 설문조사 결과

단위: %

구 분	경제활력 제고	4대 구조개혁	기업·산업 구조조정	4차 산업혁명대응	저출산 고령화 대응	일자리 창출 민생안정	리스크 관리강화
전 문 가	40.6(1)	4.6(5)	3.1(6)	18.0(2)	1.9(7)	15.2(3)	14.9(4)
일반국민	9.6(4)	10.0(3)	6.5(7)	8.9(5)	11.1(2)	44.0(1)	8.4(6)

자료 : 관계부처합동(2016: 50)에서 재작성. ( )안은 순위임

시민은 8.9%에 그치고 있다(〈표 Ⅱ-4-2〉 참조). 이는 제4차 산업혁명이 일반 시민들에게는 아직 피부로 와닿지 않고 있다는 반증이기도 하다.

한편, 2016년 12월에 발표된 2017년 경제정책방향에 이미 4차 산업혁명 대응계획의 내용이 논의되어 있었다. 정책 추진체계로서 4차산업혁명전략위원회를 설치할 것을 계획하고 있었는데, 이는 구성 및 성격 등에 있어 4차산업혁명위원회와 유사하다. 또한 정책의 주요내용도 범위의 차이는 있지만 경제·사회 전반의 혁신을 담고 있다. 따라서 문재인 정부의 제4차 산업혁명정책은 새롭게 형성된 정책이라기보다는 기존 정책이 유지된 것이라고 볼 수 있다.

3. 정책집행

제4차 산업혁명정책의 집행은 다양한 계획의 발표를 통해 구체화되었다. 2018년 8월에는 혁신성장 전략투자 방향[10]이 관계부처 합동으로 발표되었는데, 이는 2017년 12월의 혁신성장동력 추진계획의 연장선상에 있는

---

10) 혁신성장의 전략투자 분야 선정은 전문가, 민관 연구기관, 대중소기업, 관계부처의 의견수렴을 거쳐 ① 데이터경제, ② 인공지능(AI), ③ 수소경제, ④ 혁신인재 양성(공통분야)을 선정하였다(관계부처합동, 2018: 2 참조).

것으로[11] 기존의 내용을 수정·보완하여 사업 분야는 축소하고 예산은 확대한 것이다.[12] 즉, 박근혜 정부의 미래성장동력(2015.03.)의 19대 분야와 국가전략프로젝트(2016.08.)의 9대 과제가 문재인 정부의 혁신성장동력 추진계획(2017.12.)의 13대 분야로 수정되었고, 이는 다시 혁신성장 전략 투자 방향(2018.08.)에서 3대 분야와 8대 사업으로 수정된 것이다. 2015년 이후 국가 성장동력으로 제시되는 내용은 〈표 II-4-3〉에서 보는 바와 같이 매년 그 내용이 수정된 것이다.

예를 들면, 2015년의 융복합 소재는 2016년 경량소재, 2017년 첨단소재로 명칭이 바뀌었고, 2018년에는 성장동력에서 제외되었다. 소재산업은 기술경쟁력의 핵심요소이고 원천기술 개발에서 상용화까지 20년 이상 소요되고 파급효과가 크므로 핵심품목에 대한 진단을 통해 꾸준한 투자가 필요한데(과학기술정보통신부, 2018: 2~3), 핵심 품목에 대한 진단 없이 세부 투자 분야가 계속 변화된 것이다. 급기야 2019년 7월 일본의 수출규제 발표로 소재산업 관련 예산이 추경에 예산이 편성되어[13] 핵심품목에 대한

---

11) 미래성장동력특별위원회는 2017년 10월 27일 「혁신성장동력 추진전략」을 수립하였고, 국가과학기술심의회와 미래성장동력특별위원회는 이에 근거하여 혁신성장동력을 선정하고 지원계획을 구체화한 「혁신성장동력 추진계획(안)」을 2017년 12월 22일 발표하였다. 이 추진계획은 혁신성장 선도사업과 4차 산업혁명정책 등 정부의 신산업 정책의 성과 달성을 위해 R&D 기반의 전략적 육성, 성장동력 분야의 효율화 및 지원전략을 담은 것이다. 또한 과학기술기본법 제9조, 제9조의2 및 제16조의5에 근거를 둔 성장동력정책으로 혁신성장동력을 13개 분야로 통합하고 있다.

12) 2017년 12월의 「혁신성장동력 추진계획」에는 19대 미래성장동력과 9대 국가전략프로젝트를 연계·통합하여 13대 혁신성장동력이 포함되었다. 13대 혁신성장동력은 다시 2018년 「혁신성장 전략투자 방향」에서 3대 분야와 8대 선도사업으로 재구성되었다(관계부처합동, 2017d: 2~4).

13) 일본의 수출규제 이후 정부는 2019년 추경에 핵심품목 관련 예산 2,232억 원을 편성하였고, 이 예산은 지출 구조조정 제외 및 일몰관리를 면제하는 등 안정적이고 지속적인 정책집행을 보장하였으며, 특히 2022년까지 5조 원 이상의 집중 투자계획을 발표하였다(관계부처합동, 2019d: 8. 참조).

<표 Ⅱ-4-3> 혁신성장동력 분야의 변화

미래성장동력 (19대 분야) 2015.03.	국가전략 프로젝트 (9대 과제) 2016.08.	혁신성장동력 추진계획 (13대 분야) 2017.12.	혁신성장 전략투자 방향(3대 전략분야, +8대 선도사업) 2018.08.
(1) 빅데이터		(1) 빅데이터	(1) 데이터
(2) 지능형 사물인터넷		(2) 차세대통신	
(3) 5G이동통신			
(4) 스마트자동차	① 자율자동차	(3) 자율주행차	① 미래자동차
(5) 고기능무인기		(4) 드론(무인기)	② 드론
(6) 맞춤형 웰니스케어	② 정밀의료	(5) 맞춤형 헬스케어	③ 바이오헬스
(7) 착용형스마트기기			
(8) 실감형콘텐츠	③ 가상증강현실	(6) 가상·증강현실	
(9) 가상훈련시스템			
(10) 지능형로봇		(7) 지능형로봇	
(11) 지능형반도체		(8) 지능형반도체	
(12) 융복합소재	④ 경량소재	(9) 첨단소재	
(13) 첨단소재가공시스템			
(14) 스마트바이오생산시스템	⑤ 바이오신약	(10) 혁신신약	④ 스마트공장 ⑤ 스마트팜
(15) 신재생에너지 하이브리드시스템		(11) 신재생에너지	(2) 수소경제 ⑥ 에너지신산업
(16) 재난안전관리스마트시스템	⑥ 스마트시티	(12) 스마트시티	⑦ 스마트시티
(17) 멀티터미널 직류송배전시스템			
(18) 초임계 CO2발전시스템			
(19) 심해저해양플랜트			
	⑦ 인공지능	(13) 인공지능	(3) 인공지능
	⑧ 미세먼지		
	⑨ 탄소자원화		
			⑧ 핀테크

*분야는 ( ), 과제 또는 사업은 ○로 표시함.

자료 : 관계부처합동(2017d: 2-4, 2018: 3)에서 재작성)

진단을 추진하는 등 관련 대책을 마련하였다.

제4차 산업혁명정책은 분야별로 관련 부처에서 로드맵을 제시하며 집행되고 있는데, 데이터·AI 경제 활성화 계획(과학기술정보통신부, 2019.01.), 수소경제 활성화 로드맵(산업통상자원부, 2019.01.), 4차 산업혁명 선도인재 집중양성 계획(기획재정부, 2018.12.) 등과 실행계획인 바이오헬스 산업 혁신전략(보건복지부, 2019.05.), 혁신금융 추진방안(금융위원회, 2019.03), 스마트팜 확산방안(농림축산식품부, 2018.04) 등이 추진되고 있다. 특히 2019년에는 8대 핵심 선도사업 세부추진계획(관계부처 합동, 혁신성장 전략회의, 2019.02.), 혁신성장 확산·가속화 전략-성장동력 업그레이드, 삶의 질 제고(기획재정부, 2019.08.) 등은 관계부처 합동으로 추진되고 있다(관계부처합동, 2019a, 2019b).

이처럼 제4차 산업혁명정책은 정부 각 부처들이 참여하기 때문에 부처별 정책의 조정이 요구되었고, 종합·조정을 위해 민간 중심의 심의·의결 기구인 4차산업혁명위원회를 설치하였다. 그러나 이러한 민간 중심의 심의·의결기구는 집행 주체인 각 부처에 대한 감독 권한이나 예산 권한 등이 없어 실질적인 종합·조정에는 한계를 안고 있다. 특히 혁신성장동력의 사업들이 각 부처에서 추진됨에 따라 집행 주체, 감독 주체, 재정당국, 일선 R&D 사업부처나 연구 현장 등 거버넌스의 구성이 복잡해지고 그에 따라 문제 인식과 진단에 있어 차이가 발생할 수 있어 집행 주체의 행정 부담이 가중되고 있다는 지적이다(한국과학기술기획평가원, 2019: 33). 이는 전문가 인터뷰에서도 지적되고 있는 것으로 범부처 조정력을 높일 수 있기 위해서는 종합·조정 기구의 권한을 확대하는 것이 필요하다.[14] 한편, 정책의 효율적 집행을 위해 혁신성장동력은 국가 정책적 추진사업[15]으로 관리되고 있다.

정책과정	년 도	주요 활동
정책의제 설정	2016.6- 2017.4	• '2016.06. 국회개원식 대통령 연설:처음 언급 • '2016.08. 과학기술전략회의:새로운 성장동력 필요성 강조 　　미래부, 「9대 국가전략 프로젝트」발표 • '2016.11. 중장기전략위원회:4차 산업혁명 대응정책 검토 • '2017.03. 대통령선거 공약사항에 포함
정책형성	2017.5-11.	• '2017.07. 국정기획자문위원회, 「문재인 정부 국정운영 5개년계획」발표 　　(과학기술 발전이 선도하는 4차 산업혁명 국정전략 포함) • '2017.09. '4차 산업혁명위원회' 발족 • '2017.11. 범부처, 「4차 산업혁명 대응계획」 발표
정책집행	2018-2019	• '2017.12. 혁신성장동력 추진계획(13대 분야) • '2018.08. 혁신성장 전략투자 방향(3대 분야+8대 선도사업)

　제4차 산업혁명정책의 의제설정부터 정책형성, 정책집행까지의 과정 및 주요 내용은 〈표 II-4-4〉와 같다.

4. 정책평가

　제4차 산업혁명정책은 과거의 추격형 성장방식이 국민의 삶의 질 향상에 기여하지 못했다는 반성에서 문재인 정부의 국정목표인 혁신성장과 연계하여 산업 및 사회 부문의 실질적 효과를 위한 종합적 지원 정책이다(관계부처합동 2017b: 1). 이를 위해 정부는 과학기술정보통신부의 출범, 대

---

14)　전문가 인터뷰(2019.11.8.)에서 정부출연(연) 전문가들(4인)의 공통적인 지적사항임.

15)　'국가 정책적 추진사업'은 국가 전략기술 분야의 경우 신속하고 집중적인 지원을 위하여 top-down 방식으로 관리되는 것으로, 혁신성장동력 확보를 위해 민관 협업시스템을 마련하고 범부처 조정기구의 주도 아래 하향식 정책집행이 이루어진다(박석종, 2019: 10~13). 4차 산업혁명정책은 4차산업혁명위원회가 범부처 조정기구의 역할을 하고 있고, 8대 선도사업은 국가과학기술자문회의가 주도하고 있다.

통령 직속 4차산업혁명위원회의 신설, 과학기술혁신본부 신설, 과학기술 최상위 의사결정 기구인 국가과학기술자문회의 출범, 과학기술관계장관회의 복원, 예산 증액, 규제 샌드박스의 시행 등을 추진하여 왔다(과학기술정보통신부 보도자료. 2019.05.13.).

제4차 산업혁명정책은 현재 집행중이어서 실질적인 성과에 대한 평가가 이르기는 하지만, 성공적 정책이 되기 위해서는 혁신성장이라는 새로운 패러다임이 체감될 수 있도록 하여야 한다. 제4차 산업혁명정책은 성장동력 확보와 사회문제의 해결이라는 경제와 사회 부문에 대한 병렬적 접근이 특징으로 기술개발 및 산업생태계 조성과 함께 사회문제의 해결을 동시에 달성하고자 하였는데, 이를 위해서는 규제혁신의 관점에서 제도 개선이 시급하다(윤정현, 2018: 254). 특히 문재인 정부는 제도 개선 과정에서 기존 산업과 새로운 산업 간의 소통과 사회적 합의를 중시하여 규제개선 해커톤 등을 추진하였다.

그러나 이러한 당초의 의도와 달리 정책에 대한 접근 방식은 여전히 과거 방식에서 벗어나지 못하고 있다고 보여진다. 민·관 공동 추진을 표방하여 설치된 4차산업혁명위원회를 보더라도 부처 간 정책 조정이라는 컨트롤타워 역할을 실질적으로 수행하기 위해서는 예산조정권이나 정책결정에 영향을 미칠 수 있는 심의·의결권이 필요한데 이에 대한 권한이 없어(정준화, 2018: 37), 부처별로 추진되고 있는 다양한 사업들이 어떻게 추진되고 어떤 성과를 내는지 파악이 어렵다. 특히 기술혁신으로 인한 경제구조의 변화와 사회 제도의 변화가 서로 맞물려 있는 가운데, 제4차 산업혁명정책은 국가 차원에서 다뤄지는 것처럼 보이지만 실제는 부처별 사업의 물리적 조합에 의한 관계부처 합동 방식으로 이루어지고 있다. 즉, 정부 부처 사업의 묶음 형태로 집행되고 있다고 보여진다.

또한 광범위한 투자와 지원책으로 구성되어 있는 제4차 산업혁명정책에 대해 정부는 조력자로 역할 변화를 명시하고 있지만 실질적으로는 컨트롤 타워로서의 역할을 하고 있다(윤정현, 2018: 247). 혁신성장을 촉발하는 기술혁신은 정부의 직접적 개입으로는 한계가 있고 민간의 자발적 투자에 의해 가능함에도 불구하고 정부는 하향식 집행에 의한 직접 개입의 방식을 취하고 있는데, 예를 들면 세부 사업의 경우 목표 년도와 양적 성과목표 등을 구체적으로 제시함으로써 간접적·후원적 지원이라기 보다는 세부적·계획적 개입을 하고 있다고 볼 수 있다.

한편, 과학기술의 혁신이 경제·사회 혁신으로 확산·이전되기 위해서는 규제개혁 등 사회 제도의 변화가 수반되어야 한다. 혁신 기술들이 신산업·신제품의 도입과 시장화로 연결되기 위해서는 기존 규제 및 규범에 대한 혁신이 수반되어야 함에도 불구하고 규제혁신이 늦어지고 있다. 또한 부처별 칸막이식 규제 집행 때문에 신산업·신제품의 도입과 시장화가 늦어지고 있다는 지적이다(중앙일보, 2019). 예를 들면, 바이오·헬스 산업은 「개인정보보호법」과 「의료법」에 의해, 드론 산업은 「개인정보보호법」과 「항공안전법」 등이, 핀테크 산업은 「신용정보법」과 「자본시장법」에 의해, 인공지능(AI)은 「개인정보 보호법」과 「정보통신망법」 등의 규제에 묶여 있어 기술혁신으로 인한 신산업 발전의 걸림돌이 되고 있다.

따라서 제4차 산업혁명정책은 과학·기술의 혁신이 경제·사회·제도 혁신으로 공진화하는 것을 지향하지만 아직까지 산업진흥과 기술개발 위주로 집행되고 있고, 사회적 발전에 필요한 법·윤리적 논의는 상대적으로 지체되고 있는 실정이다. 혁신성장의 결과를 국민의 삶의 질과 연결시키기 위해서는 산업·경제의 논의를 넘어 사회 운영의 원리 및 규범 인프라에 대한 논의도 필요하다(이원태, 2017: 33).

제2절 정책변동 분석

1. 정부와 민간의 역할 분담

　제4차 산업혁명정책의 특징은 AI(인공지능)와 ICBM(IoT, Cloud, Big data, Mobile) 등 기술혁신을 경제 및 사회 구조적 혁신으로 확산시켜 국민의 삶의 질과 연계하고자 하는 것이다. 따라서 정부의 역할도 민간의 혁신 역량을 키우는 조력자, 미래 사회 변화에 대응하는 지원자로서 규정하고 있다. 이는 이전 정부들의 성장전략이 정부 주도의 정책이었다면 제4차 산업 혁명정책은 민간 중심의 민·관 협력 거버넌스를 통해 추진하고자 한 것이다. 특히 첨단 융·복합 기술을 기반으로 하는 제4차 산업혁명정책에 있어서 기술혁신을 통한 성장의 주요 활동과 변화는 민간 부문에서 이루어지고, 정부는 그러한 활동과 변화에 대한 제도적 뒷받침과 생태계 조성 등의 간접적 지원 역할이 요청된다.

2. 정책기조

　과거 추격형의 경제발전 전략이 국가 성장을 이끌어온 것이 사실이다.

그러나 효율성을 중심으로 특정 산업과 기업을 선택하여 집중적으로 지원하는 전략은 2000년대 이후 한계를 드러냈고 선도형 전략으로 수정되어야 한다는 논의가 지속되어 왔다(이홍권 등, 2017; 이태규, 2015; 장석인, 2017). 특히 2016년 다보스 포럼과 알파고의 등장으로 정치권과 언론을 중심으로 제4차 산업혁명에 대한 논의가 확산되면서 선도형 전략으로의 전환은 불가피하였다. 제4차 산업혁명은 국내에서 네 번째가 맞는지, 산업혁명이 맞는지에 대한 논란을 불러일으키면서도 기술혁신 영역에 머무르지 않고 사회 전반의 혁신을 추동하거나 요구하는 담론으로 형성되었다(하태정 등, 2018: 53~55).

문재인 정부 출범 이후 제4차 산업혁명정책에 대한 논의가 본격적으로 시작되면서, 지능정보기술이 지금까지와는 다른 경제·사회 구조의 변화를 야기하기 때문에 기술·산업 중심의 정보화를 넘어 교육, 고용, 복지 등 사회정책을 포괄하는 대비책이 필요하다는 문제의식이 있었고(황병상, 2019: 12), 이러한 문제인식은 '혁신성장을 위한 사람 중심의 4차 산업혁명 대응계획'으로 구체화 된 것이다. 과거 성장전략이 경제발전에 초점이 맞추어져 산업화에는 성공하였으나 사회 변화로 연계되지 않았기에 패러다임의 전환과 전략의 수정을 통해 국민의 삶의 질 향상과 연계시키고자 하였던 것이다(관계부처합동, 2017b: 2).

문재인 정부의 혁신성장동력의 정책기조는 '사람 중심 경제'라고 할 수 있다. 특히 4차 산업혁명 대응계획에서 'I-KOREA 4.0'이라는 정책 브랜드를 개발하여 제시하였는데,[16] 이는 과거 정보정책을 이끌었던 e-Korea(2002년), u-Korea(2006년) 등과 맥을 같이 하고 있다. 그러나 과거 정책기조가 정보기술을 기반으로 한 경제적 성장이었다면, I-Korea 4.0

은 사람 중심 경제로의 전환을 위한 과학·기술, 산업·경제, 사회·제도 등 전 영역을 포괄하는 국가적 성장동력 정책으로(관계부처합동, 2017b:4~12) 변화된 것이다.

또한 혁신성장동력의 정책 비전은 '모두가 참여하고 모두가 누리는 사람 중심의 4차 산업혁명 구현'을 제시하고 정책 방향은 ① 지능화 혁신으로 다양한 신산업 창출과 주력산업 육성, ② 고질적 사회문제를 해결하여 국민 삶의 질 제고, ③ 양질의 새로운 일자리 창출, 일자리 변화 대응 등 사회안전망 강화, ④ 누구나 이용할 수 있는 세계 최고 수준의 지능화 기술·데이터·네트워크 확보 등이다. 이는 과거 산업화가 성공하였음에도 불구하고 균형 잡힌 성장의 부족, 지속적인 기술혁신 노력에도 불구하고 핵심 산업의 경쟁력 부족, 새로운 사회문제의 등장 등에 따른 기존 성장 패러다임의 한계 인식을 반영한 것이다. 따라서 문재인 정부는 정책기조의 전환을 통해 국가 성장의 방향, 전략, 내용 등을 혁신적으로 변화시키고자 하였고 이러한 인식하에 혁신성장동력의 정책기조가 형성되었다고 볼 수 있다.

종합해 보면, 제4차 산업혁명정책으로 구체화된 혁신성장동력의 정책기조는 첫째, 정책의 지향점을 사람 중심에 두고 있는 점이 특징인데, 이는 과거의 양적 성장 중심의 정책기조는 대기업 위주의 성장과 기술 공급에 치중하여 단기간에 산업화는 성공하였으나 중소·벤처 등 산업의 다양성 부족과 소득 및 일자리 양극화의 심화, 환경과 안전 및 교육 이슈 등에는 소홀하다

---

16) I-KOREA 4.0에서 I는 계획이 지향하는 Intelligence(지능), Innovation(혁신), Inclusiveness(포용통합), Interaction(소통)을 의미하며 또한 In은 사람(人) 중심을 강조하는 중의적 표현이고, 4.0은 4차 산업혁명 대응, 4개의 I, 4대 전략(지능화 혁신 프로젝트 추진, 성장동력 기술력 확보, 산업 인프라·생태계 조성, 미래사회 변화 대응)을 의미한다(관계부처 합동-4차산업혁명위원회, 2017: 2).

는 지적을 수용한 것이라고 볼 수 있다. 특히 정책 명칭에 사람 중심이라는 정책기조를 나타냄으로써 과거의 양적 성장정책과는 분명히 다른 정책지향을 하고 있음을 나타냈다.

둘째, 과학·기술, 산업·경제, 사회·제도를 연계한 국가 사회 전 영역의 혁신을 지향하고 있다. 경제성장의 지속적인 둔화, 주력산업의 성숙기 진입 등은 특정 부문의 혁신만으로는 한계가 있음을 인식하고, 과거의 창조경제정책(2015), 제조업 혁신 3.0전략(2015), 지능정보사회 중장기 종합대책(2016) 등의 경제성장 기조와는 달리 경제성장과 사회발전을 동시에 추구하는 점이 특징적이다.

셋째, 정부의 역할을 '조력자'로 한정하고 있다. 과거 국가 발전에서 정부의 역할은 '주도자'였고 이에 따라 top-down의 하향식 방식과 추격형 성장전략은 어느 정도 성과를 거두었으나, 우리나라의 경제 규모가 커지면서 하향식에 의한 자본 투입형의 선택과 집중 전략은 생산성 저하와 삶의 질 문제는 해결하지 못하였고 이에 따라 정부의 역할을 조력자로서 기조를 전환하였다고 볼 수 있다. 따라서 정부의 역할은 시장 환경을 개선하는 일, 혁신을 공공분야에 먼저 도입하는 일 등이 될 것이다.

3. 법률 제·개정

제4차 산업혁명 기술은 새로운 산업을 탄생시키기도 하지만 기존 경제 영역과 갈등하기도 하며 새로운 사회문제들을 야기하기도 한다. 그동안 경험하지 않은 경제 및 사회 현상들을 해결하기 위해서는 과거의 법·제도로는 한계가 있어 정책의 근거가 되는 법률적 근거가 먼저 마련되어야 한다.

그러나 제4차 산업혁명정책을 뒷받침할 수 있는 법적 근거가 현재는 부재한다. 다만, 정책 추진체계 설치를 위한 시행령인 「4차산업혁명위원회의 설치 및 운영에 관한 규정」만[17) 2017년 8월 공포와 동시에 시행되었다. 이 규정은 정책을 추진할 조직에 대한 설치와 운영을 담고 있을 뿐, 정책집행의 기준이 되는 정책목표, 정책수단을 담고 있지 않다. 따라서 제4차 산업혁명정책의 목표나 수단 등을 담고 있는 직접적 근거가 아니고, 정책의 판단 근거가 되는 관련 규정이 없는 실정이어서 정책의 실효성에 대한 의문이 제기되고 있다. 다행인 점은 규제혁신을 위한 「개인정보보호법」, 「신용정보법」, 「정보통신망법」 등 데이터 3법이 2021년 2월 통과됨으로써 혁신기술을 활용한 새로운 서비스와 산업의 규제가 완화될 전망이다.

4. 거버넌스

문재인 정부는 취임 이후 「정부조직법」 개편을 통해 미래성장동력과 ICT업무를 담당했던 미래창조과학부를 과학기술정보통신부로 변경하였다. 또한 연구개발의 전문성과 독립성을 보장하기 위한 목적으로 과학기술정보통신부에 차관급의 과학기술혁신본부(이하 혁신본부)를 설치하였다. 이를 통해 과학기술정보통신부는 과학기술정책 전담부처로 예산 배분·조

---

17) 「4차산업혁명위원회의 설치 및 운영에 관한 규정」은 2017. 8. 22. 제정된 대통령령으로, '4차 산업혁명의 총체적 변화 과정을 국가적인 방향 전환의 계기로 삼아, 경제성장과 사회문제 해결을 함께 추구하는 포용적 성장으로 일자리를 창출하고 국가 경쟁력을 확보하며 국민의 삶의 질을 향상시키기 위하여 4차산업혁명위원회를 설치하고, 그 구성 및 운영에 필요한 사항을 규정함'(제1조)을 목적으로 하고 있다(https://www.lawnb.com/Info/ContentView?sid=L000012976).

정 역할이 강화되고 부처간 조정 역할을 할 것으로 기대되었다. 따라서 제4차 산업혁명정책의 추진체계는 4차산업혁명위원회, 과학기술정보통신부, 산업통상자원부 등의 정부 부처와 중간 관리기관, 그리고 실제 사업을 수행하는 정부출연연구기관 및 대학 등으로 구성되었다.

혁신성장동력인 4차 산업혁명 대응계획의 추진체계는 (그림 Ⅱ-4-2)와 같이 민간 부문이 주도하는 4차산업혁명위원회가 컨트롤타워 역할을 하고, 정부 부처가 집행 기능을 하며, 과학기술정보통신부의 혁신본부가 부처간 조정 역할을 수행하고 있다. 이를 구체적으로 살펴보면, 4차산업혁명위원회는 민간 위원장과 국무총리가 공동위원장을 맡고, 20명의 민간 위원이 주도하고 정부 위원은 파트너로서 참여하고 있다.

4차산업혁명위원회의 역할은 규정 제2조에 의하면, 4차 산업혁명 관련 주요 정책을 심의·조정하는 것으로 종합적인 국가전략 수립과 각 부처별

(그림 Ⅱ-4-2) 4차 산업혁명정책의 추진체계

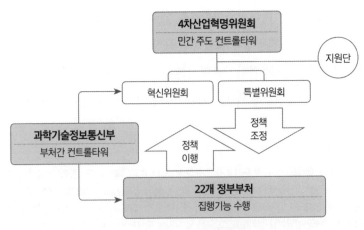

자료 : 4차 산업혁명위원회(https://www.4th-ir.go.kr)에서 재작성

실행계획 및 주요 정책의 추진성과를 점검하는 것으로 행정위원회의 성격을 갖는 것으로 보인다. 그러나 실제적으로 위원장의 지위에 대한 규정이 없고 업무지원을 지원단이 하고 있으며, 민간 위원 임기가 1년인 점 등으로 미루어볼 때 행정위원회라기보다는 자문위원회의 성격이 강하다.[18] 일반적으로 위원회 조직의 설치는 정책과정에의 민간 전문가가 참여함으로써 정책의 투명성과 전문성을 강화하기 위한 목적으로 집행력을 담보하기 어렵다는 한계를 갖고 있다. 4차산업혁명위원회는 2017년 10월 설치 이후 2019년 7월까지 총 12차례의 회의를 개최하고 관련 안건을 심의하였는데, 주요 안건은 다음 〈표 Ⅱ-4-5〉와 같다. 4차산업혁명위원회는 혁신성장 및 4차 산업혁명에 대한 대중의 관심과 공감대를 불러일으켰지만[19] 실질적인 심의·조정기능은 미약한 것으로 보인다.

---

18) 정부위원회는 행정위원회와 자문위원회로 구분할 수 있다. 행정위원회는 독립된 관청의 지위를 갖고 있고, 위원회 결정이 법적 구속력이 있어 집행력을 갖는다. 한편, 자문위원회는 참모기관의 성격이 강하고, 위원회 결정이 법적 구속력이 없다. 일반적으로 행정위원회는 지원하는 기구로 '사무처'를 두고 있고 민간위원의 임기가 2년 이상 연임이 가능하다. 그러나 '4차산업혁명위원회'는 '지원단'을 두고 있고, 민간위원 임기가 1년이며, 역할이 심의·조정에 그치고 있어 자문위원회의 성격이 강하다.

19) 4차산업혁명위원회의 성과로서 규제·제도 혁신 해커톤 개최를 들 수 있다. 2017년 12월 21일-22일 「제1회 규제·제도혁신 해커톤」을 시작으로 2019년 3월까지 모두 다섯 차례의 해커톤을 개최하여 13개의 주제를 다루었다. 그동안 다룬 주제들은 ① 금융정보의 자기결정권, ② 위치정보보호법 개선 방향, ③ 첨단의료기기 규제 개선, ④ 공인인증서 제도 개선, ⑤ 개인정보 보호와 활용의 조화, ⑥ 데이터 활용과 개인정보보호의 조화, ⑦ 드론산업 활성화, ⑧ 공분야 클라우드 이용 활성화, ⑨ ICT를 활용한 교통서비스 혁신, ⑩ 도시지역 내 내국인 공유숙박 허용, ⑪ 융복합 의료제품 규제 그레이존 해소 방안, ⑫ 식품의 기능성 표시제도 개선을 통한 식품산업 활성화 방안, ⑬ 개인형 이동수단 확산에 따른 규제 그레이존 해소 등이다. 규제·제도혁신 해커톤은 민간의 규제혁신 요구에 대해 민간과 정부가 논의를 거쳐 규제혁신 합의안을 만들어내는 과정이다(hppts://www.4th-ir.go.kr). 해커톤을 통해 합의사항이 도출되기도 하지만, 해커톤은 그 결과보다는 사회적 논란이 되고 공론화가 필요한 영역에서 민·관이 참여하여 사회적 합의를 이끌어내고자 하는 노력이라고 할 수 있다.

<표 Ⅱ-4-5> 4차산업혁명위원회 심의·의결 안건(2017.10.~2019.7.)

회 의	심의·의결 안건	담당부처
1차 (2017.10.11.)	• 4차 산업혁명 정책방향 • 4차산업혁명위원회 운영세칙 제정(안)	4차산업혁명위원회
2차 (2017.11.30.)	「혁신성장을 위한 사람 중심의 제4차 산업혁명 대응계획」	과기부 등 관계부처 합동
3차 (2017.12.30.)	• 초연결 지능형 네트워크 구축전략	과학기술정보통신부
	• 2020 신 산업·생활 주파수 공급계획	과학기술정보통신부
	• 드론산업 활성화 방안	국토부 등 관계부처 합동
	• 스마트공항 종합계획	국토교통부
	• 발명교육 확산방안	특허청
4차 (2018.01.29.)	• 스마트시티 추진전략	국토부 등 관계부처 합동
5차 (2018.03.08.)	• 스마트공장 확산 및 고도화 전략	중기부 등 관계부처 합동
	• 2016–2030 제4차 산업혁명에 따른 인력 수요전망	고용노동부
6차 (2018.05.15.)	• 인공지능 R&D 전략	과학기술정보통신부
	• 지능형 산림재해 대응전략	산림청
7차 (2018.06.26.)	• 데이터산업 활성화 전략	과기부 등 관계부처 합동
8차 (2018.9.27.)	• 클라우드컴퓨팅 발전 기본계획(비공개)	과기부 등 관계부처 합동
9차 (2018.12.10.)	• 4차 산업혁명 대응 추진방향 및 향후계획(비공개)	과학기술정보통신부
	• 헬스케어 발전전략	복지부 등 관계부처 합동
	• 로봇 제품의 시장창출 지원 방안	산업통상자원부
10차 (2019.02.26.)	• 오픈이노베이션 네트워크 구축방안	중소기업벤처부
	• 민간부문 정보보호 R&D 중장기 전략(비공개)	과학기술정보통신부
	• 게임콘텐츠 진흥 중장기 계획(비공개)	문화부
11차 (2019.05.02.)	• 5G시대 선도를 위한 실감콘텐츠산업 활성화 전략	관계부처 합동
	• 스마트시티 국가 시범도시 시행계획 수립현황 및 향후 추진계획	
12차 (2019.07.04.)	• 4차 산업혁명 스마트 국방혁신 추진계획	국방부
	• 4차 산업혁명 대국민 인식제고 추진현황 및 향후계획	4차산업혁명위원회

자료 : 4차산업혁명위원회·관계부처합동(2019: 15), 4차산업혁명위원회 홈페이지
(https://www.4th-ir.go.kr/article/list#menu2)에서 재구성

한편, 2018년 4월 과학기술정책의 최상위 자문·심의기구로 대통령을 의장으로 하는 국가과학기술자문회의(이하 자문회의)가 출범하였는데,[20] 이는 과거 R&D 예산배분 정책 심의기구인 국가과학기술심의회를 폐지하고 그 기능을 통합한 것이다. 자문회의는 전원회의, 자문회의, 심의회의로 구분하여 운영되며, 모든 회의의 의장은 대통령, 부의장은 민간위원, 간사위원은 대통령실의 과학기술보좌관이 맡고 있다. 주요 기능은 자문기능과 심의기능으로, 국가 과학기술의 혁신과 정보 및 인력개발을 위한 과학기술 발전전략 및 주요 정책 방향과 제도 개선 및 정책 등에 관한 사항을 대통령에게 자문한다. 한편, 과학기술 주요정책과 과학기술 혁신 및 산업화 관련 인력정책 및 지역기술혁신정책에 대한 조정, 연구개발계획 및 사업에 대한 조정, 연구개발 예산의 운영에 관한 사항을 심의한다(국가과학기술자문회의,

(그림 Ⅱ-4-3) 국가과학기술자문회의 통합 전후 비교

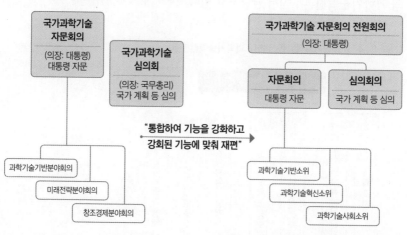

자료 : 과학기술정보통신부(2019: 13)에서 발췌

---

20) 국가과학기술자문회의는 헌법 제127조 제3항, 국가과학기술자문회의법 제1조에 의하여 설치되었다.

https://www.pacst.go.kr).

또한 문재인 정부는 과학기술정보통신부 내에 2017년 7월 과학기술혁신본부를 설치하였다. 과학기술혁신본부는 산하에 1, 2차관과 별도로 설치된 차관급 조직으로 과학기술정책 총괄, R&D 사업예산 심의·조정, 연구 성과평가를 전담하는 조직이다. 또한 예산 규모 1,000억 원 이상의 R&D사업에 대한 예비타당성 조사 권한, 정부출연(연)의 운영비·인건비 조정 권한 등이 있고 차관급이지만 국무회의에 배석하여 과학기술 정책결정에 관여할 수 있다. 혁신본부는 이명박 정부에서 폐지되었다가 9년 만에 부활한 것으로, 차관급 조직으로 체급이 같기는 하지만 소속 부처의 수장이 부총리가 아닌 장관이기 때문에 정책 조정에 한계가 있다는 지적도 있다(동아사이언스, 2017). 따라서 제4차 산업혁명정책은 정부 각 부처와 과학기술정보통신부에서 수립하고, R&D 사업의 예산 배분·조정은 자문회의의 심의회의와 과학기술혁신본부에서 담당하고 있다.

(그림 Ⅱ-4-4) 과학기술정보통신부 내 과학기술혁신본부

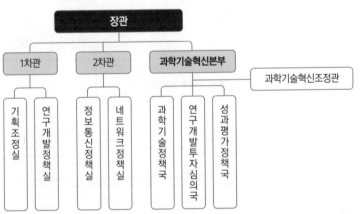

자료 : 과학기술정보통신부(https://www.msit.go.kr)에서 작성

제4차 산업혁명정책의 집행은 각 부처에서 담당하고 있는데, 현재 22개 부처에서 핵심과제 및 추진전략을 마련하고 집행을 관리하고 있다. 따라서 정책의 실질적인 집행기구는 각 부처이며, 과학기술정보통신부는 R&D 예산 배분·조정과 부처간 종합·조정 기능을 수행하며 4차산업혁명위원회를 지원하고 있다(관계부처 합동·4차산업혁명위원회, 2017: 51). 이처럼 4차 산업혁명 대응계획의 추진체계가 심의·조정기구와 집행기구로 이원화됨에 따라 일관된 정책 수립 및 집행이 어려운 실정이다. 정책의 성공적 수행을 위해서는 22개 부처에서 산재되어 수행하고 있는 사업에 대한 종합전략 및 예산배분을 총괄하는 정책결정 및 집행 권한이 있는 컨트롤타워가 필요하다고 보여진다. 제4차 산업혁명정책은 과학·기술, 산업·경제, 사회·제도 등 정책 범위가 매우 포괄적이고 종합적인데 반해, 종합적 시각에서 실질적 정책집행을 담보할 수 있는 정책 관리체계가 부재하여 산재되어 있는 법제와 사업들에 대한 통합 관리가 어렵다(이시직, 2017: 59). 따라서 과학기술의 혁신이 가져오는 다양한 경제·사회적 변화에 대해 종합적이고 체계적으로 대응하기 위해서는 정책수립 및 집행을 총괄적으로 수행할 수 있는 새로운 추진체계가 요구된다.

5. 예산배분

　제4차 산업혁명정책 관련 예산은 2016-2020년 국가재정운용계획(2016. 08.), 2018년도 예산안 편성 및 기금운용계획안 작성지침(2017.03.) 등에 나타나 있다. 특히 2018년도 예산 작성지침의 재정운용 기본방향은 제4차 산업혁명 등 경제·사회 구조적 변화에 대응하기 위한 소요에 대한 집중 투자로, 산업구조 혁신을 위한 핵심 기술개발, 인력 양성, 인프라 조성 등에 대한 재원배분이 있었다.

한편, 정부 R&D 사업 예산 배분·조정(안)의 각 년도 증가율은 2010년 이후 감소하여 최근 정체되고 있으나, 제4차 산업혁명 대응 예산은 크게 증가하고 있는데 2019년 정부 R&D 총 15조 7,810억 원 중 1조 7,467억 원을 편성하고 있고, 이는 2017년 4,707억 원과 2018년 15,397억 원

<표 Ⅱ-4-6> 4차 산업혁명 대응 및 8대 선도 분야 예산

단위: 억 원

분 야	예 시	2017	2018	2019	증 감
4차 산업혁명 대응역량 강화	계	13,867	15,397	17,467	13.4% ↑
	(기초과학 연구) 양자컴퓨팅, 뇌과학 등		927	1,074	15.8 ↑
	(지능화핵심·기반기술) AI, 빅데이터, 블록체인, IoT 등		6,046	6,653	10.0% ↑
	(산업공공분야 지능화) 스마트제조, 자율주행차, 스마트에너지·의료 등		5,393	6,228	17.8% ↑
8대 혁신성장 선도분야 중점추진	계	-	6,664	8,476	27.2% ↑
	초연결지능화		1,974	2,374	20.3% ↑
	자율주행차		1,138	1,237	11.9% ↑
	고기능무인기		507	596	17.6% ↑
	스마트시티		77	373	383% ↑
	스마트공장		173	346	100% ↑
	스마트팜		514	581	13% ↑
	정밀의료		1,559	1,944	24.7% ↑
	지능형로봇		722	989	37.0% ↑

자료 : 관계부처합동(2016: 50)에서 재작성. ( )안은 순위임

과 비교하면 크게 증가한 것이다. 특히 2019년의 경우 4차 산업혁명 대응역량 관련 예산은 13.4%, 8대 혁신성장 선도 분야 예산은 27.2% 증가하였다. 4차 산업혁명 대응 및 성장동력을 확충하기 위해서는 기초·핵심·기반기술과 융합기술을 지원하고 있는데, 2018년 예산 15,397억 원에서 2019년 17,467억 원으로 13.4% 증가하였다. 또한 혁신성장을 선도할 8대 사업 분야에는 2019년 8,476억 원을 책정하였다(국가과학기술자문회의 심의회의, 2018: 3, 320-322).

그동안 R&D는 경제성장의 유효한 정책수단으로 인식되어 투자규모가 지속적으로 확대되어 왔고, 각 부처는 다양한 형태의 정부 R&D 사업을 추진하였다.[21] 특히 혁신성장이라는 경제패러다임으로의 전환에 따라 각종 사회문제 해결 수요가 증가하면서 정부 R&D 예산에 대한 전략적 배분이 중요하다. 2018년 1월 「과학기술기본법」, 「국가과학기술자문회의법」, 「국가재정법」이 개정되어 R&D 예산은 과학기술정보통신부를 중심으로 배분·조정 역할이 강화되고 있다. 기존 개별 기술 단위의 지원방식에서 탈피하여 핵심기술, 지능형 인프라, 인력양성 등 관련 사업을 유기적으로 연계·통합할 수 있도록 조정할 필요가 있다.

예산은 기획을 구체화한 것으로 기획과 예산은 연계되어 편성되어야 한다. 그러나 현재 과학기술 분야 기획은 과학기술기본계획, 중장기 투자전략, 4차 산업혁명 대응계획, 혁신성장동력 추진계획, 8대 선도사업 등 산재해 있어 유기적 연계가 약하다. 따라서 중장기적 관점의 전략적 예산 편성,

---

21) 1982년 최초의 국가연구개발사업인 특정연구개발사업 당시 과학기술처에서 시작한 이래, 2016년 기준 34개 중앙부처에서 19.1조원의 정부 R&D 예산이 투자되고 있다(박석종·강문상, 2018: 3).

정책목표와 하위 사업의 유기적 연계 등을 고려하여 예산이 편성되어야 한다. 특히 과학기술 R&D 사업의 다양성, 대규모의 예산 규모, R&D 주체 간 수요 및 예산배분 갈등 가능성 등을 고려하여 국가 중장기 계획에 따라 효율적인 R&D 예산제도 및 배분 체계의 정립이 필요하다.

참고문헌

강인수 (2017), 「신성장동력 정책 평가와 새로운 정책 방향」, 현대경제연구원.

경남신문 (2019), "마산마산로봇랜드 '재단-운영사 갈등' 점입가경", (2019.12.09), (http://www.knnews.co.kr/news/articleView.php?idxno=1313417)(검색일: 2021.06.21.)

구지선 (2019), "국내 4차 산업혁명 대응정책과 시사점-독일의 Industry 4.0과의 비교를 중심으로", 한국산업은행, 「산은조사월보」 제759호 이슈분석.

국가과학기술자문회의 심의회의 (2018), 「2019년도 정부연구개발사업예산 배분·조정(안)」.

국무총리실 (2009), "100대 국정과제 추진상황: 지난 1년간 추진성과 및 향후 관리계획" 보도자료 (2009.02.17.).

국민경제 자문회의 (2021), "혁신경제: 성장동력 발굴 육성 정책", (https://www. neac.go.kr/board/board_view.do?bd_idx=95&bct_idx2=7&searchCate=7&bcst_sub_idx=16&searchOrder=1&status=&searchVal=&searchCate2=16&ord=&searchCate=7&searchDel=N&searchType=&listSize=8&bmt_idx=3&spe=&page=1&searchKind=&adv) (검색일: 2021.06.16.)

국정기획자문위원회 (2017), 「문재인정부 국정운영 5개년 계획」(2017.07).

국정홍보처 (2008), 「참여정부 국정운영백서 1: 총론/대통령발언록」.

국회예산정책처 (2009), 「신성장동력 육성 정책: 예산과 입법과제」.

_____ (2017a), 「4차 산업혁명 대비 미래산업 정책분석 Ⅰ-총론:4차 산업혁명과 정책 대응」.

_____ (2017b), 「4차 산업혁명 대비 미래산업 정책분석Ⅱ-과학기술 거버넌스와 R&D 혁신 대책 분석」.

교육과학기술부 (2010), 「21C 프론티어 사업, 10년을 말하다」.

기획재정부 (2015), 「경제백서 2015」.

_____ (2018), "혁신성장 전략투자 방향 발표", 보도자료(2018.08.13.).

김규판·이형근·김종혁·권혁주 (2017), 「주요국의 4차 산업혁명과 한국의 성장전략 : 미국, 독일, 일본을 중심으로」, 대외경제정책연구원, 연구보고서 17-07.

김난영 (2011), 「신성장동력 육성정책 비교·분석 및 감사 시사점」, 감사연구원.

김도훈 (2015), "미래의 성장동력 모색을 위한 과제와 해법", 한국경제학회 춘계 정책심포지움 발표자료(2015.05.15.).

김상봉·이상길 (2007), "국가R&D사업 과정에 있어서 정부부처간 조정에 관한 연구: 참여정부 신성장동력사업 선정을 중심으로", 한국행정학회 학술발표논문집. pp. 135-156.

김석필·이상남·김동현·이주희·김선재·이미화·임영선·김미화 (2015), 「국가 성장동력 정책과 R&D사업의 상관관계 분석을 통한 전략적 투자방안 제시: ICT분야를 중심으로」, 한국과학기술기획평가원.

김성수 (2008), "과학기술 행정체제 개편의 특성 및 정책운영 쟁점 분석", 「한국공공관리학보」, 22(1):49-75.

_____ (2013), "미래창조과학부: 과학기술 행정체제의 진화와 역행", 「한국사회와 행정연구」, 24(2): 509-539.

김윤경 (2017), 「제4차 산업혁명 시대의 국내환경 점검과 정책 방향」, 한국경제연구원, KERI Brief. 16-33(2017.01.09): 1-16.

김재윤 (2003), 「'성장동력' 추진의 성공조건」, 삼성경제연구소.

김치용·안승구·박지영 (2005), 「대형 국가연구개발 실용화사업 추진에 관한 종합기획 연구」, 과학기술부.

과학기술부 (2006), "선진한국의 미래, 과학기술 8대 강국", 2006년 연두업무보고자료(2006.02).

_____ (2007), "과학기술 중심의 선진한국 건설", 2007년 업무계획자료(2007.02.08.).

과학기술부·한국과학기술기획평가원 (2006), 「국가 R&D사업 Total Roadmap: 증장기 발전전략(안)」.

과학기술정보통신부·한국과학기술기획평가원 (2018), 「2018 과학기술통계백서」, 기관 2018-016.

과학기술정보통신부 (2010), 「출연(연) 감사 효율화 및 제도발전에 관한 연구」.

_____ (2017), "혁신성장동력 추진전략' 마련" 보도자료(2017.10.30.)

_____ (2019a), 「정부R&D제도개선 설명회 자료집」.

_____ (2019b), 「국가과학기술자문회의 심의회의 운영 효과성 제고방안 연구」.

_____ (2017). 「혁신정책의 변인 수용과 과학기술 법제 간 정합성 제고 방안」.

곽노성 (2018), 「혁신성장의 길」, 서울: 렛츠북.

관계부처 합동·미래기획위원회 (2009), 「미래한국 프로젝트: 신성장동력 비전과 발전전략」, (http://www.smalllake.kr/wp-content/uploads/2014/07/D09_3_1.pdf)(검색일: 2021.07.13.)

관계부처합동 (2013), 「창조경제 실현계획(안): 창조경제 생태계 조성방안」.

관계부처합동 (2014), 「국민소득 4만불 실현을 위한 미래성장동력 발굴·육성계획(안)」, 경제관계

장관회의(2014.03.19.).

관계부처합동 (2016a), 「2016년도 미래성장동력 종합실천계획(안)」, 국가과학기술심의회 미래
성장동력특별위원회(2016.03.30.).

관계부처합동 (2016b), 「2017년 경제정책방향」.

관계부처합동·4차산업혁명위원회 (2017), 「혁신성장을 위한 사람 중심의 4차 산업혁명 대응계획
I-KOREA 4.0」.

관계부처합동 (2017a), 「새정부 경제정책방향-경제 패러다임의 전환」.

_____ (2017b), 「혁신성장을 위한 사람 중심의 4차 산업혁명 대응계획」.

_____ (2017c), 「4차 산업혁명 대응계획」(ppt 발표자료).

_____ 2017d), 「혁신성장동력 추진계획(안)」, 국가과학기술심의회·미래성장동력특별위원
회 의안번호 제1호.

_____ (2018a), 「혁신성장 전략투자 방향」, 혁신성장 관계장관회의 18-14.

_____ (2018b), 「국가R&D 혁신방안 실행계획(안)」(2018.11.14.).

_____ (2019a), 「8대 핵심 선도사업 세부추진계획」, 혁신성장전략회의 19-7.

_____ (2019b), 「혁신성장 확산·가속화 전략-성장동력 업그레이드, 삶의 질 제고」, 혁신
성장전략회의 19-21-1(공개).

_____ (2019c), 「제3차 지능형 로봇 기본계획」(2019.08.)

권성훈 (2017), "정부의 성장동력 발굴·육성체계의 문제점과 개선방향", 국회입법조사처 이슈와
논점(2017.01.25.).

노화준 (2004), 「정책평가론」, 서울: 법문사.

동아사이언스 (2003) "초고속 무선 광통신 등 '포스트 반도체 기술' 50개 선정", (2003.05.28.),
(https://www.dongascience.com/news.php?idx=-63774) (검색일: 2021.07.21.)

대통령자문 정책기획위원회 (2008), 「차세대 성장동력산업 육성: 미래산업 창출을 위한 블루오션
전략」, 참여정부 정책보고서 2-07.

대한민국 정부 (2017), 「박근혜정부 정책백서: 3편 경제부흥2」.

류중익 (2004), "과기부 국가기술혁신체계 구축, 범부처적으로 추진", 「과학과 기술」, 2004년 9월호
특별기고.

문혜선 (2006). 「기업 R&D의 양극화 현황진단과 정책과제」, 한국과학기술기획평가원, ISSUE
PAPER 06-01.

미래창조과학부 (2015), 「미래성장동력 종합실천계획(안)」. 국가과학기술심의회 미래성장동력특별

위원회(2015.04.17.).

미래창조과학부 (2016), "대한민국 미래 책임질 9대 국가전략 프로젝트 선정: 성장동력 확보 (5개) 및 국민행복과 삶의 질 제고(4개)" 보도자료(2016.08.09.), (https://www.korea. kr/news/policyNewsView.do?newsId=148819984) (검색일: 2021.06.16.)

민철구·홍형득·홍정임 (2006), 「과학기술부총리체제 2년의 성과와 과제에 대한 인식조사」, 과학기술 정책연구원.

매일경제(2005), "차세대성장동력 사업단장 권한 강화", (2005.02.24.), (https://www.mk.co.kr/ news/home/view/2005/02/69065/) (검색일: 2021.07.21.)

매일경제 (2009), "과기정책 기술만 있고 과학은 없다" (2009.03.04.) (https://www. mk.co.kr/ news/economy/view/2009/03/138687/) (검색일: 2021.07.10.)

박상욱 (2010), "국과위 개편, '과기부 부활'에 그쳐선 안 된다", 사이언스온 (2010.09.15.), (http:// scienceon.hani.co.kr/35662) (검색일: 2021.07.10.)

_____ (2018), "R&D 혁신환경 조성을 위한 제언", 과학기술정책연구원, FUTURE HORIZEN (35), (2018.02). pp. 22-25.

박석종·강문상 (2018), "정부 R&D예산 편성의 전략성 제고를 위한 혁신 과제", 한국과학기술기획 평가원, 「KISTEP Issue Weekly」, Vol. 230.

박석종 (2019), "다부처 협력 R&D 사업 활성화를 위한 예산편성 체계 제언", 한국과학기술기획평가원, 「KISTEP ISSue Paper」, Vol.264.

방연호 (2017), "정부의 혁신성장동력 추진전략", 「KIET 산업경제」. 2017(11): 71-74.

사공목·주대영(2016), 「일본의 4차산업혁명 대응 실태와 정책방향-제조업을 중심으로」, 산업연구원, 정책자료 2016-285.

산업통상자원부 (2014), 「창조경제 산업엔진 창출전략」.

서중해 (2018), "혁신성장 정책연구의 방향과 과제", 경제·인문사회연구회 혁신성장연구단, 「Research Brief」, 2018-07.

선우 (2016), 「독일의 인더스트리 4.0과 노동 4.0」, 한국노동연구원, 국제노동브리프(2016.09), pp. 43-53.

성지은·송위진 (2006), 「참여정부 과학기술정책과 제도의 변화 분석: 정책 아키텍쳐의 변화」, 서울 행정학회 2006년 춘계학술대회 발표논문.

성지은 (2010), "미래지향형 과학기술혁신 거버넌스 설계 및 개선방안", STEPI Working Paper Series.

손석호 (2013), "미래성장동력 발굴 정책의 변화와 시사점", 제2회 KISTEP 창조경제 포럼 발표 자료(2013.04.11.).

신성장동력기획단 (2008), "新성장동력 비전과 발전전략: 대한민국 號에 새 엔진을". (http://www.motie.go.kr/motie/ne/presse/press2/bbs/bbsView.do?bbs_cd_n=81&bbs_seq_n=43440) (검색일: 2021.07.13.)

안승구·박세인·황지호·강진원·이도형·김용정·이상혁·천세봉·권정은·홍세호·홍은경·김혜영·한유미 (2008), 「차세대 성장동력사업의 종합분석을 통한 부처공동 연구개발사업의 전략적 추진 방안 수립에 관한 연구」, 한국과학기술기획평가원.

양승우·이민형·이명화·신은정·이혜진·김영린·김재경 (2016), 「정부 R&D 전략과 추진체계 개선 방안」, 과학기술정책연구원, 정책연구 2016-03.

양승일 (2014), 「정책변동론: 이론과 적용」, 서울: 박영사.

엄익천 (2006), 「2005~2006년도 정부연구개발 예산현황 분석」, 한국과학기술기획평가원.

오동훈·김치용·정상기·이흥권·김석필·박정일·도계훈·김민기·박노언·엄익천·조성식·김정권·이현숙·김미정·김성수·김숙현·최종원 (2011), 「전략적 R&D 예산배분정책 및 예산편성 효율과 기반 연구」, 한국과학기술기획평가원.

용태석 (2018), 「과학기술기반 사회혁신지수 개발을 위한 기초연구」, 한국과학기술기획평가원.

유훈 (2002), 「정책변동론」, 서울: 대영문화사.

윤정현 (2018), "한국사회의 4차 산업혁명 수용과정과 대응전략의 시사점", 중앙대학교 국가정책연구소, 「국가정책연구」, 32(1): 21-53.

이경옥 옮김(1995), 「정책평가개론」, 서울: 대영문화사, 에버트 비둥 지음.

이상희 (2010), "저탄소 녹색성장기본법의 제정과 심사경과", 법령해설 및 심의경과 (https://www.moleg.go.kr/mpbleg/mpblegInfo.mo?mid=a10402020000&mpb_leg_pst_seq=131923) (검색일: 2021.07.13.)

이세준·홍사균·황석원·양승우·김치용·오동훈·신나윤 (2011), 「국가 과학기술정책 및 R&D 예산 조정체계개선방안」, 과학기술정책연구원.

이시직 (2017), "4차 산업혁명 시대, 지능정보기술의 사회적 영향과 법적 과제", 연세대학교, 「연세 공공거버넌스와 법」, 8(1): 47-74.

이윤식 (2010), 「정책평가론」, 서울: 대영문화.

이원태 (2017), "4차 산업혁명과 지능정보사회의 규범 재정립", 정보통신정책연구원, 「KISDI Premium Report」, 17(10).

이장재·김치용·안승구·박수동·김인호·류영수·박금주·엄천일·정태영·조경목·박태진·장수익·
　　황지호·최광희·정동덕·박준서·정상기·이종석·김병수·이승훈·유경만·김현철 (2006), 「
　　차세대 성장동력사업을 위한 세부기술기획에 관한 연구」, 한국과학기술기획평가원.

이정원 (2004), "차세대성장동력 확보를 위한 기술혁신전략의 방향", 「과학기술정책」, 통권 145,
　　과학기술정책연구원.

이정원·배용호·이광호 (2004), 「미래선도산업의 육성을 위한 중장기 기술혁신전략」, 과학기술정책
　　연구원.

이찬구 (1997), "메타평가의 구성요소 및 모형설계에 관한 연구", 「정책분석평가학회보」, 7(2): 5-19.

이찬구·이장재·고용주·최병철·황규희·황병상 (2018), 「한국 제4차 산업혁명 연구」, 대전: 임마누엘.

이태규 (2015), 「성장동력정책의 현황과 정책적 시사점」, 한국경제연구원 정책연구 2015-14.

이흥권·박소영 (2017), "제4차 산업혁명 시대, 과학기술 혁신정책 방향과 과제", 한국과학기술기획
　　평가원, 「KISTEP InI」, Vol. 20.

임길환 (2015), 「국가 R&D 정책 평가: 지원체계 및 재정 운영을 중심으로」, 국회 예산정책처, 사업
　　평가, 15-10.

임길환 (2016), 「미래성장동력 정책 평가」, 국회 예산정책처, 사업평가 16-24.

의학신문 (2009), "업계 '저탄소녹색성장기본법' 반대" (2009.02.04.), (https://www. bosa.
　　co.kr/news/articleView.html?idxno=132242) (검색일: 2021.07.10.)

장석인 (2010), "신 성장동력 창출을 위한 국가전략과 과제", 「상장협연구」, 61: 14-31.

장석인·정은미·박승록 (2014), 「한국의 성장동력정책 평가와 향후 발전 과제」, 산업연구원, 2014-
　　723.

장석인·정은미·서동혁·김종기·김경유·이상헌·이자연·권문주 (2017), 「범부처 성장동력 정책·사업
　　평가 및 개선방안 연구」, 과학기술정보통신부 과학기술종합조정지원사업 보고서, 2017-07.

장영배 (2009), 「과학기술정책과 사회적 불평등」, 과학기술정책연구원.

장윤종·서동혁·정은미·곽대종·김경유·김종기·박광순·이경숙·주대영·최윤희·홍성인·이임자·
　　문혜선·최재영·진혜진·박정수·조현승·박문수·이경희·노영진 (2012), 「산업현장에서 바
　　라본 신성장동력 정책의 추진성과 및 발전방향」, 산업연구원.

장필성 (2016), "2016 다보스포럼: 다가오는 4차 산업혁명에 대한 우리의 전략은?", 과학기술정책
　　연구원, 「과학기술정책」, 26(2).

전국경제인연합회 (2008), 「기업이 전망한 신성장동력: 주요기업 대상 설문조사 결과」, FIP-2008-
　　0019.

전용수·유인규·강삼규·김성은·변재연·이형진·한정수 (2009), 「신성장동력 육성 정책: 예산과 입법 과제」, 국회예산정책처.

전용수 (2010), "신성장동력 관련 입법과제", 「신성장동력 산업 육성의 재정법적 과제」, 한국법제 연구원 재정법제 자료 10-12-③.

전종인·박장호 (2007), "차세대 성장동력사업 추진현황과 과제", 한국은행 조사국 산업지역팀, 한은조사연구 2007-21.

정정길·최종원·이시원·정준금 (2005), 「정책학원론」, 서울: 대명출판사.

정준화 (2018), "4차 산업혁명 대응 현황과 향후 과제", 국회입법조사처, 「입법·정책보고서」, Vol. 16.

정혁 (2014), 「ICT와 불평등」, 정보통신정책연구원. KISDI Premium Report 14-11.

주원·서행아 (2017), 「포용적 성장과 과학기술 정책 방향」, 한국과학기술기획평가원.

지식경제부 (2008), "성장동력 과제 발굴을 내 손으로 내가 직접: 신성장동력 아이디어 공모" 보도자료 (2008.05.27.),(https://www.korea.kr/news/pressReleaseView.do?newsId= 155297351) (검색일: 2021.07.07.)

지식경제부 (2009), "62개 스타브랜드를 중심으로 신성장동력 본격 추진" 보도자료 (2009.05.26.), (http://www.motie.go.kr/motie/ne/rt/press/bbs/bbsView.do?bbs_seq_n= 51276&bbs_cd_n=16) (검색일: 2021.07.07.)

진상기·박영원 (2017), "제4차 산업혁명의 미래전략체계에 관한 연구-AHP분석을 중심으로", 「한국 지역정보화학회지」, 20(3): 31-58.

최윤희·이항구·박정수·문선웅·유현선·오형나·안기철 (2005), 「차세대 성장동력산업의 경쟁력 현황과 시장전략」, 산업연구원.

최한림·오세홍·김기봉·이인혜·정수현·정혜경·황서연 (2015), 「미래성장동력 육성 실행계획 수립 및 이행관리에 대한 기획연구」, 미래창조과학부.

하태정·박찬수·선인경·최이중·배용호·이종혁 (2019), 「과학기술 정책현안 분석 및 의제 발굴」, 과학기술정책연구원, 정책자료 2018-03.

한국과학기술기획평가원 (2016), 「국가과학기술 성과 50년 미래 50년」, 한국과학기술기획평가원.

_____ (2018), "우리나라 민간기업 연구개발활동 현황", KISTEP 통계브리프, 2018년 제20호.

_____ (2019), 「정부 R&D 투자 이슈와 정책 과제: 오래된 쟁점에 대한 새로운 논쟁」, 일반 2018-027.

한국과학기술단체총연합회 (2017), 「합리적 의사결정을 위한 과학기술 거버넌스 개편 긴급 토론회」,

KOFST ISSUE PAPER, Vol. 08.(2017.06.).

한국특허전략개발원 (2017), 「공공 R&D의 효율성 제고와 KISTA의 역할론」, KISTA ISSUE PAPER, Vol.2.(2017.08.).

한국행정학회 (2018), 「4차 산업혁명 대응 거버넌스 원칙과 적용방안」, 4차산업혁명위원회 연구용역보고서.

현대경제연구원 (2017a), "4차 산업혁명 시대의 국가혁신전략 수립 방향", 「VIP리포트」, 17–21 (통권 694호): 1–16.

현대경제연구원 (2017b), "주요국 정책으로 살펴본 우리나라 제4차산업혁명 정책 수립 방향–차세대 산업·사회구조 구축의 체인저로 활용", 「VIP리포트」, 17–26(통권 699호): 1–22.

홍성주·이정원·엄미정·이상엽·오승환·홍창의 (2015), 「전환기의 한국형 과학기술혁신 시스템」, 과학기술정책연구원.

홍형득 (2013), "우리나라 과학기술 행정체제 변화와 쟁점: 2012년 개편논의 과정을 중심으로", 「한국행정과 정책연구」, 11(2): 1–22.

환경부 (2005), "2005 유엔 아·태 환경과 개발 장관회의" 개막 보도자료 (2005.03.23.), (https://www.me.go.kr/home/web/board/read.do;jsessionid=+W8ZFJduI0Tn9ZlcOm08j7GF.mehome1?pagerOffset=12690&maxPageItems=10&maxIndexPages=10&searchKey=&searchValue=&menuId=&orgCd=&boardId=83695&boardMasterId=1&boardCategoryId=&decorator=) (검색일: 2021.07.07.)

환경부 (2008), "제13회 환경의 날 기념식 개최" 보도자료 (2008.06.04.), (http://www.me.go.kr/wonju/web/board/read.do?pagerOffset=850&maxPageItems=10&maxIndexPages=10&searchKey=&searchValue=&menuId=1057&orgCd=&condition.hideCate=1&boardId=298695&boardMasterId=258&boardCategoryId=528&decorator=) (검색일: 2021.07.07.)

황병상 (2019), "한국 제4차 산업혁명 정책의 발전방향 논고–정책문제 정의 및 정책의 구성요소를 중심으로", 과학기술정책연구원, 「과학기술정책」, 2(1).

Bryson, J. M. and Cullen, J. W. (1984), "A contingent approach to strategy and tactics in formative and summative evaluations", Evaluation and Program Planning, 7(3).

Cobb, Roger, Jennie-Keith Ross, and Marc Howard Ross (1976), "Agenda Building as a Comparative Political Process", The American Political Science Review,

70(1): 126-138.

Hogwood, B. W. & Peters, B. Guy (1983), Policy Dynamics, N.Y.:Martin's Press.

Kidder, L. (1981), Research Methods in Social Relations(4th ed.), N.Y.: Holt, Rinehart and Winston.

OECD. (2005). Governance of Innovation Systems, Vol. 1: Synthesis Report. Paris: OECD Publishing.

Patton, M.Q. (1979), Qualitative Evaluation Methods, C.A.: Sage Publications.

Rossi, Peter H. and Richard A. Berk (1981), "An Overview of Evaluation Strategies and Procedures", Human Organization, 40(4): 287-299.

Schwab, Klaus (2016), 「클라우스 슈밥의 제4차 산업혁명(송경진 역)」, 서울: 새로운현재.

Scriven, Michael (1969), "An Introduction to Meta-evaluation", Educational Product Report, 2: 36-38.

Vedung, Evert (2019), Public Policy and Program Evaluation, New Brunswick : Transaction Publishers.

ZDNet Korea (2003), "과기·산자부, 新성장엔진사업 「밥그릇」 논쟁", (2003.05.29.), (https://zdnet.co.kr/view/?no=00000010061825) (검색일: 2021.07.21.)

충남대학교 국가정책연구소 과학기술정책 기획연구 ❶

국가 성장동력 정책 | 정책변동과 혁신방향 |

초 판 2021년 2월 28일

연구총괄 이찬구
지 은 이 이찬구·장문영·이향숙·손주연
펴 낸 곳 충남대학교 국가정책연구소(공진화정책연구단·과학기술정책사업단)
34134 대전광역시 유성구 대학로 99 사범대학(W15) 210호
Tel. 042.821.8066 Email. stp_gnppcnu@cnu.ac.kr
https://coev.cnu.ac.kr/policy
디 자 인 이성현
발 행 처 임마누엘
등록번호: 대전 중구 143호 (2002년 11월 27일)
발 행 인 오인탁
디자인연구소: 소장 김윤학, 선임연구원 이성현
대전광역시 중구 선화로 106 (임마누엘 빌딩 1층)
Email. 2536168@hanmail.net Tel. 042.253.6167~8 Fax. 042.254.6168
총 판 가나북스 www.gnbooks.co.kr
문의. 031.408.8811 Fax. 031.501.8811

ISBN 978-89-98694-63-0 93350 (값 15,000원)

이 저서는 2019년 대한민국 교육부와 한국연구재단의 지원(NRF-2019S1A5C2A02081304)과 2020년 과학기술정보통신부의 '과학기술정책전문인력육성·지원사업' 및 국회미래연구원의 지원을 받아 이루어졌습니다.